7つの習慣 ティーンズ

ショーン・コヴィー 著
フランクリン・コヴィー・ジャパン 編

リニューアル版

THE
SEVEN HABITS OF
HIGHLY EFFECTIVE
TEENS
by SEAN COVEY

キングベアー出版

THE SEVEN HABITS OF HIGHLY EFFECTIVE TEENS
by Sean Covey

Touchstone
A Division of Simon & Schuster, Inc.
1230 Avenue of the Americas
New York, NY 10020

Names of some of the teens portrayed in the anecdotes in the book have been changed. In a few instances, the stories are composites.

『7つの習慣　ティーンズ』を推薦します

私の『完訳　7つの習慣　人格主義の回復』と違って、本書は、楽しく、目にも訴えかけながら、ティーンに直接語りかけます。（ところで、ショーン、私が言ったことを聞いていたとは思わなかったよ。）えこひいきと思われるかもしれませんが、これは素晴らしい本であり、必読です！

ショーン・コヴィーの父で、『7つの習慣』の著者
スティーブン・R・コヴィー博士（1932〜2012）

『7つの習慣』シリーズを、世界中の子供たちの教科書とし、すべての大人の必読書にしたなら、私たちは輝かしい未来を手に入れることができるだろう。人生のゴールとは自分で創るもの。そして、その幸せを追い求めるプロセスこそが充実した人生と言えるのだ。本書を手に取るティーンズの成功を祈る。

明治大学大学院教授　野田 稔

これからの「よのなか」の生き方に、親や先生はモデルにならない。正解はないのだから、まず思い思いに自分でやってみて修正していくしかないでしょう。大事なのは、友だちだけじゃなく、異なる考え方の人ともWin-Winのネットワークを築くこと。この本は、そのためのセルフマネジメントを教える新時代の道徳の教科書だ。

教育改革実践家・元杉並区立和田中学校校長　藤原 和博

年齢よりも心の若さこそが大切です。いくつになっても元気な人は、くよくよせず、いつも前向きで決して諦めません。生活習慣病という言葉があるように、毎日の習慣が心とからだの健康をつくるのです。『7つの習慣　ティーンズ』は、あなたの人生を元気づける、究極のサプリメントとなるに違いありません。

アンチエイジング専門医師・横浜クリニック院長　青木 晃

成功している人がみんな同じような道をたどったわけではありません。学ぶペースも、それぞれの得手不得手もさまざまです。実りある人生を送った人たちに共通点があるとすれば、むしろ通り一遍でない、個性的な人たちだったということでしょう。新しい人生を生きてください。

女優・国連開発計画親善大使　紺野 美沙子

過去と他人は変えられないけど、自分と未来は変えられるのだ。あなたの夢は何だろう？　人生は夢に向かって行く過程こそが、もっとも楽しいし幸せなのだ。夢は見るものじゃなくて叶えるもの。『7つの習慣　ティーンズ』を、あなたの夢が実現した世界に向かうパスポートにしよう！

ブリキのおもちゃ博物館館長　北原 照久

「7つの習慣」を読みながら、自分の可能性がすごい勢いで広がっていくことに衝撃を覚えました。この感覚を日本の子どもたちにも知ってもらいたい。そのための会社をつくって以来、子どもたちの考え方が変わり、人生が変わる瞬間を何度も目の当たりにしてきました。「子どもたちにこそ『7つの習慣』を」。これが私たちの願いであり答えです。

株式会社FCEエデュケーション　代表取締役会長 石川 淳悦

『7つの習慣　小学校実践記』に登場してくる教え子に「7つの習慣」を教えている頃、ほとんどの子どもの片手には『7つの習慣　ティーンズ』がありました。強制で買わせたわけではなく、子ども自らの意志で購入していたのです。『ティーンズ』は小学生にもわかりやすくて素晴らしい本でしたが、アメリカの子どもたちの事例が日本の子どもたちの実態に合いづらいところが唯一の難点でした。

それが今回、リニューアルされ、より日本の子どもたちが手にとりやすくなったことは喜ぶべきことであり、『7つの習慣』を学ぶ子どもが増えることは容易に想像できます。子どもが読める成功哲学の本は、そうありません。人生の指針となる一冊が小・中学生の頃から手にとれることに、「7つの習慣」の実践者の一人として感謝の気持ちしかありません。コヴィー博士の影響の輪がさらに広まることを願って。

『7つの習慣　小学校実践記』著者　渡邉 尚久

「この親にしてこの子あり」と言いますが、ショーンはこの決まり文句が真実であることを証明しました。ショーンは彼の父と同じように雄弁に、ティーンの生活を意味あるものにする助言を行っています。ショーンの『7つの習慣　ティーンズ』は、一〇代の子たちが読んで見習うべき本です。

ガンジー・ワールドワイド・エデュケーション・インスティテュート所長　アルン・ガンジー

私はかねてから、スティーブン・コヴィーと彼の本『7つの習慣』のファンです。実際、彼の原則をとても気に入り、オフシーズンには、リーダーシップの原則として、選手に教えています。ショーンの本『7つの習慣　ティーンズ』を見たとき、選手やチームの気質をさらに高める新しい武器を手に入れて、わくわくしました。ティーンであろうとなかろうと、この本を読むべきです！

全米大学選手権で二二回の優勝を誇るノースカロライナ大学女子サッカーチームのコーチ　アンソン・ドーランス

『7つの習慣　ティーンズ』に書かれているシンプルでわかりやすいアドバイスを、一〇代の子たちや若い人たちとその親に強く勧めます。人生に良い影響を与え、より大きな幸せをもたらす、関係やリーダーシップスキルを向上する方法について、新しい視点を得ることができます。また、これらの変化を今日から始めることが、思っているよりも簡単なこともわかります。それだけではありません。自分がやろうと決めたことをやり遂げることができるようになります。私自身もこの本を読んで、時代を超えた原則を娘たちに実践しています。

米マクドナルドの研修開発責任者　ダイアナ・トーマス

ショーンの本は、一〇代の子たちが、今のままでよしとせず、さらに上を目指し、目標を考えながら生活し、心を開いて障害に立ち向かう手助けをしてくれます。彼は若い人たちに「自分の人生を素晴らしいものにする」ことを勧め、目標を達成するための道筋を示しています。気をそらすものや誘惑の多い世界で、彼の指針は、目的のある成功した人生を送るのに欠かせないものです。

盲目の冒険家、講演者、作家、映像制作者　エリック・ヴァイエンマイヤー

もしあなたがティーンなら、あるいはもうすぐティーンになる子を知っているなら、この本を読ませましょう。変化や失望、さらには成功にどう向き合うべきか導いてくれます。まさに説得力のある、人生を変える本です。

エミー賞を受賞した写真家　デレク・ハフ

『7つの習慣　ティーンズ』は、思春期の悩みや不安をどう乗り越えていくのか手引きする、とても役立つ本です。私が一〇代のときに、誰かがショーン・コヴィーの本をくれていたらと思います。この本は、ティーンが生きていく上で重要な手引きです。自身の目標を達成する、適切な仲間を見つける、親とのつながりを深めるにはどうすればよいかなど、この本には一〇代の子たちが成功を収め、未来への土台を築くための秘訣が書かれています。私の子どもたちには、思春期になったらすぐに、『7つの習慣　ティーンズ』をあげるつもりです。

オリンピック女子体操の米国人金メダリスト　ドミニク・モセアヌ

私はショーン・コヴィーの『7つの習慣 ティーンズ』を強く勧めます。なぜなら、この本は、読者に目標を定め、整理し、優先順位をつけ、適切な判断を下し、良い人格を形成するにはどうすればよいか教えてくれるからです。本当です。これらは、人生で成功を収めるのに役立つことすべてです。ショーンは、この本で素晴らしい仕事をしました。

ネイスミス賞、ウッデン賞を受賞したNBA選手 ジマー・フレデッテ

ティーンは多くの難しい問題に直面しています。しかし、素晴らしいことに、『7つの習慣』がティーンを前向きな生き方へと導いてくれます。私の財団では、提供しているプログラムを通じて、夢の力を実感しており、自分の夢に近づくための詳細なプランを実行することの重要性を強調しています。

オリンピックで通算二二個のメダルを獲得 マイケル・フェルプス

プロのアスリートにとって、バスケットボールの試合に勝つことは重要ですが、人生というゲームを勝つことは、もっと重要です。『7つの習慣 ティーンズ』は、人生、家族、友だちとチームを組み、チームプレーヤーになるためのゲームプランをティーンに提示し、何でもできるより良い人になり、個々のスキルを高めるための戦略を示してくれます。

WNBAで四回優勝し、オリンピックで三つの金メダルを獲得したロヨラ大学女子バスケットボールチームのヘッドコーチ シェリル・スウープス

「リニューアル版」発刊にあたって

著者　ショーン・コヴィー

私がこの本の初版を書いたときから、世界はすっかり変わりました。当時、フェイスブックやツイッターはありませんでした。スマートフォンもなければ、ディレクTV（米国最大の衛星放送会社）も、ネットフリックス（米国オンラインDVDレンタルと映像ストリーミング会社）もありませんでした。なんて退屈だったのでしょう！

こうした変化の一方で、変わらないものもあります。「選択する」ことは変わっていません。私たちにはまだ、自分の人生をどう生きるかを選ぶ自由があります。また、人間関係の大切さも変わっていません。人間関係は今でも一番大切なものです。そして、責任、洞察、チームワーク、奉仕、再新再生といった原則も変わっていません。これらは今なお、世界を支配しています。

「7つの習慣」が決して時代遅れにならないのは、そのためです。なぜなら、これらは、時が流れても変わらない原則に基づいているからです。実際、世界がおかしくなっていくにつれて、「7つの習慣」の重要性は高まる一方です。主体的に、率先して行動することの必要性はこれからも決して変わりません。また、理解してもらう前に、まず相手を理解する必要性も決して変わらないでしょう。「7つの習慣」は常に必要なのです。

何年もの間、私は、世界中のティーンの読者から、彼らの問題や成功を伝える何千通ものメールや手紙を受け取ってきました。これらに繰り返し登場するテーマは次の三つです。

まず、誰もが、友だち、ボーイフレンドやガールフレンド、お父さんやお母さん、おばさんやおじさんなどとの関係で問題を抱えています。もしあなたが関係で問題を抱えていたとしても、一人ではありません。私たちも同じです。

二番目に、私に手紙を書いてきたほとんどのティーンが、変わりたい、もっとよくなりたいと思っています。学校での成績を上げたい、やせたい、憂うつから抜け出したいなどと、彼らと同じように思っているなら、あなたももっとよくなりたいと思っています。

三番目に、「7つの習慣」は本当に効果があります。驚くほどです！　失敗を乗り越えたり、友情を築いたり、デートやその先のことについて賢い判断をしたり、学校での成績を上げたり、人生を自分で切り開いたり、自分に自信を持ったりするだけでなく、信じられないかもしれませんが、両親とうまくやっていくのにも役立ちます。

ある一〇代の女の子からの手紙には、第1の習慣の「主体的になる」を学んで、いかに人生が変わったかが書かれていました。

この六ヵ月間、いろいろなことを経験しました。大切な恋人に失恋し、彼は私と話すことを拒否した上に、私の親友と交際を始めました。両親は離婚するかしないかでもめていました。兄は麻薬にはまりました。私の人生は崩れ始めていました。母が買ってきてくれたこの『7つの習慣　ティーンズ』が、私の考え方を変えてくれました。特に私の心に突き刺さったのは、あなたがそうさせようとしなければ、誰もあなたを怒らせたり、あなたの一日を台なしにさせたりすることはできないという箇所です。それまでは、誰と話をしたとか、何があったかなどで、一日を判断していました。でも、今は気にしません。嫌なことがあったときは、笑ってやり過ごします。彼が私にあいさつしてくれないときは、別の誰かにもっと温かくあいさつして、自分で楽しい一日にします。自分で楽しい一日にするのは、誰かにそうしてもらうよりもずっと簡単です。友だちはみんな、違いに気づきました。笑うと幸せになります。

あなたが人生のさまざまな困難に立ち向かわなければならないことを私は知っています。ヘアスタイルが決まらない日もあります。意地悪なことを言う人たちもいます。親が離婚したり、大好きな人が亡くなったり、事故が起こったりすることもあります。もっと広い世界を見てみれば、テロ、戦争、エイズ、ガン、国際競争、ネットいじめ、麻薬、ポルノグラフィなどと向き合わなければなりません。

つまり、たとえどの時代に生きるかを選べるとしても、今ほどいい時代は見つけられないだろうということです。本当に、今ほど生まれてよかった時代は他にありません。エジプト人やローマ人、アステカ人や明朝の人々が営んできた生活よりもはるかによい生活です。考えてみてください。昔よりも自由、情報、富、機会がたくさんあり、しかも、より多くの人たちが享受できます。

たとえば、情報や技術。インターネットを通じて、世界は身近なものになりました。テレビチャンネルやラジオ局は何百もあります。ギリシャ神話について知りたいと思ったとき、両親があなたの年にしたように、図書館に行ったり、詳しい人を見つけたりする必要はありません。ギターの弾き方、チーズケーキのつくり方、さらにはヘリコプターの操縦方法（ただし、お勧めはしません）を知りたいと思ったら、ユーチューブを検索すれば、すぐに見つかります。

スマートフォンから、ジャカルタの一週間の天気予報をチェックしたり、飼い犬の写真を高画質で撮影したり、文明世界のすべての通りをマップで見たりすることができます。想像してみてください！

しかも、そのスピードが減速することはありません。ムーアの法則には、マイクロチップの計算能力は一八～二四ヵ月で倍になるとあります。ホバーカー（空中を浮遊して走る車）が手に入る日が待ち遠しいです！また、変化のスピードも加速しています。たとえば、インドや中国はあらゆるものに影響を及ぼしています。アマゾンやフェイスブックのような会社が一夜にして立ち上がり、世界企業へと成長しています。

機会はいたるところにあります。ピエール・オミダイアのような二八歳のプログラマーが、買いたい人と売りたい人がインターネットで集うイーベイと呼ばれる会社用にコードを書き、一夜にして億万長者になるとは、誰が想像できたでしょうか。

もちろん、現代にもさまざまな問題はありますが、生きていくのに素晴らしい時代です。できることはたくさんあります。助けられる人たちも大勢います。ある賢明な指導者が言ったように、「今は生きるのに素晴らしい時代です。私たちは今、のどかな時代の一〇倍の影響を及ぼすことができます」。

ベンおじさんがスパイダーマンに言ったことを忘れないでください。「大いなる力には大いなる責任が伴う」もちろん、あなたはスパイダーマンでもなければ、カットニス・エヴァディーン（『ハンガー・ゲーム』の主人公）でもありません。しかし、あなたには、これまで生きたどの世代よりも、大きな自由と機会があり、それには大きな責任を伴います。

では、インターネットの時代に合わせて改訂されたこの新しい『7つの習慣 ティーンズ』をお楽しみください。この本に盛り込まれた新しい表現、ストーリー、逸話をきっと気に入ることでしょう。あなたが築く未来が、サングラスを掛けなければならないほど明るいものになりますように。

ママへ――子守歌と真夜中のおしゃべりに感謝を

THE SEVEN HABITS OF HIGHLY EFFECTIVE TEENS

目次

クイズです

常にあなたのそばにいて、一番頼れる助っ人になったり、一番やっかいな重荷になったりするもの。

あなたが前へ進めるように背中を押すこともあれば、逆に足を引っ張ることもある。

どうなるかはあなた次第。

任せた仕事のうち半分は、素速くかつ正確にやり遂げます。


扱いは簡単――厳しくするだけでいいのです。

どうすべきか、はっきりと指示してください。何度か練習すれば、後はひとりでにやってくれます。

一人ひとりの素晴らしい人間のしもべであり、残念ながらすべてのダメ人間のしもべでもあるもの。

素晴らしい人はより素晴らしく、ダメな人はもっとダメになります。

機械ではありませんが、同じくらいの正確さで、しかも人間の知能を使って仕事をこなします。

ためになることにも、損になることにも使えます。

これを手に入れ、厳しくしつければ、世界はあなたのもの。

甘やかせば、待っているのは破滅。


さて、それはいったい何でしょう？

習慣です

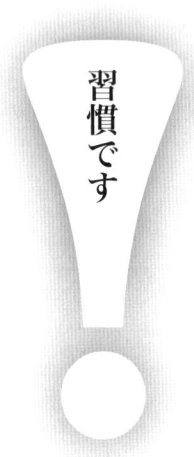

Part 1

「７つの習慣」の基礎

「習慣」この素晴らしきもの

——成功の鍵はここにある

パラダイムと原則

——何を人生の中心に置いたらいいの？

THE SEVEN HABITS OF HIGHLY EFFECTIVE TEENS

Part 1 「習慣」この素晴らしきもの
——成功の鍵はここにある

こんにちは！　私はショーン・コヴィー、この本の著者です。あなたはこの本をどうやって手に入れられましたか。面白そうだから読みなさい、とお母さんがくれたのか、それともタイトルが目に留まって、自分のお小遣いで買ったのか。ともかく、あなたがこの本を手にしてくれて、とてもうれしいです。後は読むだけですね。

読書の好きな若者はたくさんいます。でも私は違いましたが。あなたが私のようなタイプだったら、この本を棚にしまおうとするかもしれませんね。でもちょっと待ってください！　私の話を最後まで聞いてください。きっと、わくわくするような冒険になると約束します。実際、楽しく読めるように、この本にはイラスト、気のきいたアイデア、金言・名言、世界中の若者の驚くべき実話をたっぷり詰め込んであります。それに、あっと驚く仕掛けもいくつか。少しは、読む気になりましたか？

We first make our habits, then our habits make us.
最初に習慣ありき、そはわれらを作れり。
—イギリスの詩人—

「7つの習慣」の基礎

いいですか？　では始めましょう！

さて、この本ですが、私の父、スティーブン・R・コヴィーが約二〇年前に書いた『7つの習慣』*という本を土台にしています。なんと、その本は空前のベストセラーになりました。でも実は、それは私たち子どものおかげなんです。父は私たちを本の実験台にしたのです。私たち兄弟が大きな精神的問題を抱えているのもそのせいかもしれません！　運よく、私は無傷ですみました。というのは冗談ですが。

なぜこの本を書いたのかというと、若者たちにとって人生が楽しい場ではなくなったからです。それどころか、周囲は怖いジャングルです。だからこの本を（うまく書けていればですが）、皆さんがジャングルで生き延びるためのコンパス代わりにしてほしいのです。それに、父の本は大人向けですが（そのせいでだいぶ退屈なところもあるんです）、この本はティーン（一三歳から高校を卒業するまでの青春まっさかりの年代）を対象にしているので、どこを読んでも興味が持てるはずです。

ぼくはティーンを卒業しましたが、それがどんなものだったかは覚えています。正直な話、いつも精神的に不安定でジェットコースターに乗っているような気分でした。振り返ってみて、よく無事に過ごすことができたものだと自分でも思います。

今でも忘れられないのは、中学一年のとき、ニコルという女の子に初めて恋をしたことです。ぼくは友だちのクラーに、自

『完訳 7つの習慣―人格主義の回復』
世界でもっとも影響力のあるビジネス思想家（イギリス『エコノミスト』誌より）と言われる、コヴィー博士が1990年に書いたミリオンセラー（原題“The Seven Habits of Highly Effective People”）。「成功」の土台となるのは人格である、というテーマのもと、行動の裏に深いレベルでの誠実と廉潔がなければ成功はありえない、と説いて、自分を変えるために実践したい「7つの習慣」を非常にわかりやすく具体的に書いている。日本でも企業人向けに多くのセミナーが開かれ、ビジネスマン必読の書とされる。

分の気持ちを伝えてくれと頼みました（女の子に直接話しかけるのが怖かったので、メッセンジャーが必要だったのです）。クラーはこの任務を終えて、報告してくれました。

「おい、ショーン、おまえの気持ち、ニコルに言っといたぞ」

「彼女は何て言ってた？」

ぼくはせっかちに聞きました。

「『ええー、ショーン？　あの太ってる子でしょ！』だってさ！」

クラーは笑っていましたが、ぼくは大ショックでした。部屋の中にこもって二度と出たくない心境で、世界中の女の子を一生憎んでやると心に誓いました。幸い、ぼくのホルモンはしたたかで、その後また女の子を好きになりましたけれど。


この本を書くとき、私は大勢のティーンから話を聞きました。一〇代の子たちが私に話してくれたこんな苦労話は、あなたにも身に覚えがあるものばかりでしょう。でも、現実の人生のスイッチをオフにすることはできませんし、できるふりもしません。その代わり、現実の人生をなんとかするのに役立つツール（道具）を提供しましょう。それは、**幸せと成功を手に入れるための、世界共通、『7つの習慣　ティーンズ』**です。

その「7つの習慣」っていったい何だろう、と思っているでしょうね。もうお待たせするのはやめましょう。一つひとつ、簡単な説明をしていきます。

やることがありすぎて、時間が足りない。

学校も宿題もアルバイトもあるし、友だちやパーティー、家族のこと。ストレスがたまってどうしようもないよ。助けてくれ!


こんなさえない自分にどうしたら自信が持てるの? どっちを見ても、私より頭がよかったり、かわいかったり、人気のある子がいるのを思い知らされる。いつも考えちゃう。あんな髪だったら、あんな服があったら、あんな性格だったら、あんな彼氏がいたら、私もハッピーなのにって

私は情緒不安定で、よく落ち込むんです。でもどうしたらいいのかわかりません

うちの家族は最低。

親がほっておいてくれたら、自分らしく生きられるかもね。うちの親ときたら、しょっちゅうガミガミ言うし、あの人たちを満足させるなんてとても無理

また違うダイエットを始めたの。今年で五回目かな。本気で自分を変えたいのに、意志が弱くて長続きしない。新しいダイエットを始めるたびに、これはいけるかなって思うんだけど。でも、いつもすぐだめになって、すごく落ち込んじゃう

自分の人生がどうにもならない気がする

今、学校の成績があまりよくないんだ。このままじゃ大学に行けないよ

こんな生き方をしちゃいけないのはわかってる。
なんでもハマっちゃうんだ。
ドラッグも酒もセックスも。
だめだと思っても、友だちといるとすぐ言いなりになって、
みんなと同じことをしてしまう

これが『7つの習慣　ティーンズ』だ！

第1の習慣――主体的になる
自分のやることに責任を持つという原則

第2の習慣――終わりを考えてから始める
自分のミッションと目標をはっきりさせるという原則

第3の習慣――一番大切なことを優先する
時間管理と優先順位づけの原則

第4の習慣――Win-Winを考える
相手も勝ち、自分も勝つという原則

第5の習慣――まず相手を理解してから、次に理解される
人の話を誠実に聞くコミュニケーションの原則

第6の習慣――シナジーを創り出す
創造的な協力の原則

第7の習慣――自分を磨く
定期的自己再新再生の原則

「7 つの習慣」の成り立ち

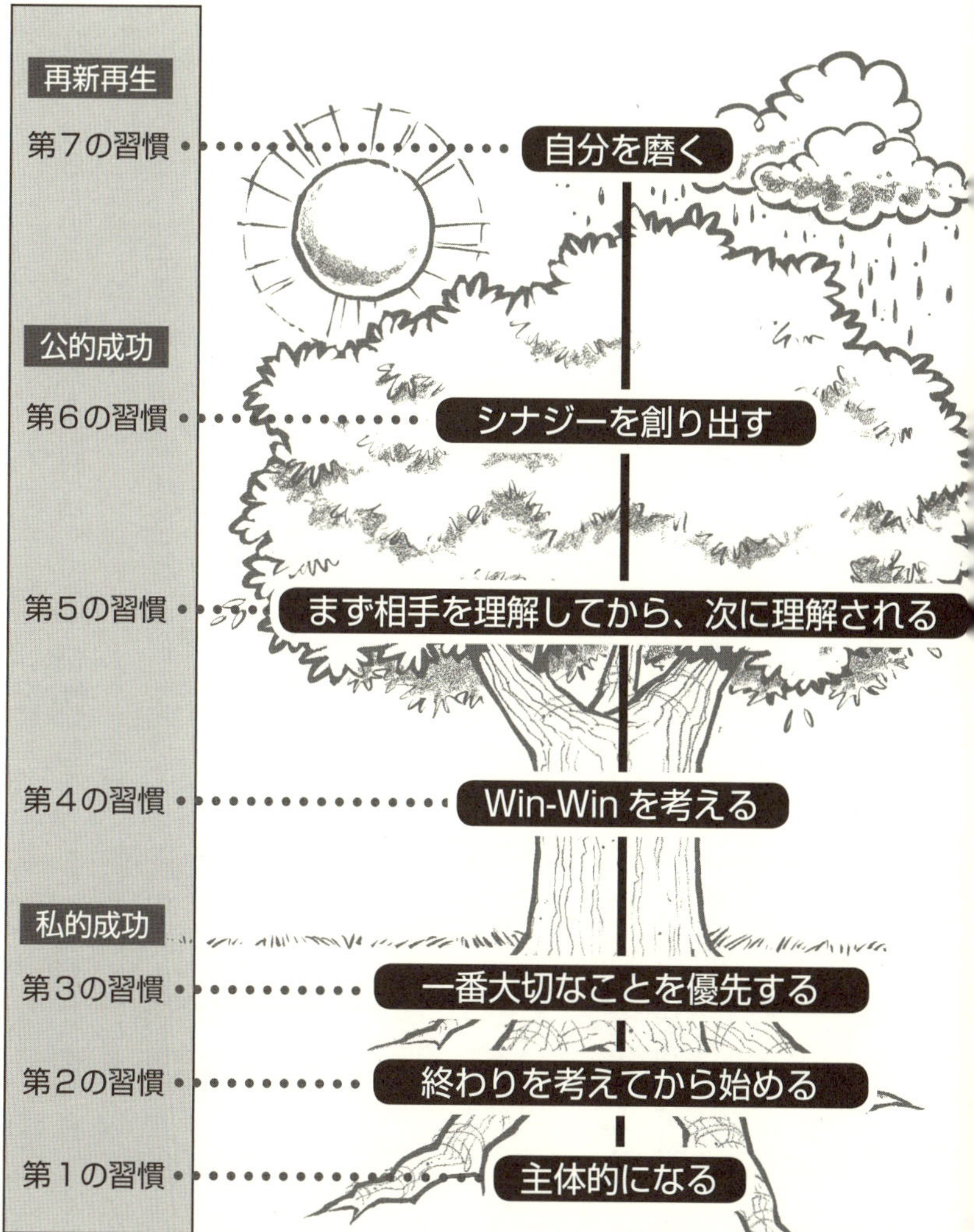
再新再生
第7の習慣
自分を磨く
公的成功
第6の習慣
シナジーを創り出す
第5の習慣
まず相手を理解してから、次に理解される
第4の習慣
Win-Win を考える
私的成功
第3の習慣
一番大切なことを優先する
第2の習慣
終わりを考えてから始める
第1の習慣
主体的になる

この図でわかるように、「7つの習慣」は一つひとつ積み重ねていくものなのです。第1、第2、3の習慣は自分で身につけるもの。これが「私的成功」です。第4、第5、第6の習慣は人間関係やチームワークに関係します。これが「公的成功」です。いいチームプレーヤーになる前に、自分を確立しなくてはなりません。だから「私的成功」が「公的成功」の前に来ます。最後の第7の習慣は自分を磨く、「再新再生」の習慣です。これが、他の六つの習慣すべてを育てるのです。

こうしてみると簡単に見えるでしょう？　でも、「7つの習慣」の本当の威力を知るまで結論を出すのはちょっと我慢してください。「7つの習慣」を理解する一番いい方法は、そうではないものを知ることです。そこで、「7つの習慣」とは反対の悪習慣を挙げてみます。

◎不幸せになる7つの悪習慣

第1の「悪」習慣――人のせいにする

自分の問題を全部、親やムカつく教師、近所のいかがわしい連中、ボーイフレンドやガールフレンド、政治、その他もろもろのせいにする。自分はいつも犠牲者。自分の人生に何の責任も持たない。動物のように振る舞う。腹が減ったら食べ、本能のままに行動する。誰かに怒鳴られたら、怒鳴り返す。いけないとわかっていることでも、やる。

第2の「悪」習慣――行きあたりばったりで始める

計画を立てない。どんなことがあっても目標を設けない。明日のことは考えない。自分のしたことがどんな結果を招いても気にしない。刹那的に生きる。どうせ明日は死ぬかもしれないのだから、今やりたいことをやる。

第3の「悪」習慣――大切なことは後まわし

自分の人生で一番大切なことが何であれ、ユーチューブでかわいい動物のビデオを見たり、延々とメールやSNSをしたり、だらだらしてからでないとやらない。宿題はいつも明日に延ばす。大切なことよりも、楽しいことを必ず先にやってしまう。

第4の「悪」習慣――人生は勝ち負けだ

人生は過酷な競争だ。クラスメートに負けるくらいなら、先に負かしたほうがいい。自分以外の誰かが成功するなんて許せない。すべてのことを勝ち負けでしか考えられない。負けそうな雲行きなら、相手も一緒に引きずり下ろす。

第5の「悪」習慣――まず自分が話し、それから聞くふりをする

生まれつき口があるのだから、使わない手はない。いつもたくさんしゃべろうとする。必ず自分の言い分を先に言う。まわりが自分の考えをちゃんと理解したら、話を聞くふりをしてうなずいたり、ふんふん、と相づちを打ったりしながら、今日のお昼は何にしようかなどと考える。本当にまわりの意見が聞きたいときだけ、真剣に聞く。

第6の「悪」習慣――頼れるのは自分だけ

正しいのは自分だけ。おかしいのは他人のほうだ。そういう連中とうまくやろうとしても無駄。チームワークなんてくそ食らえ。自分の考えが常にベストなんだから、何もかも一人でやったほうがいい。自分だけの世界に生きる。

第7の「悪」習慣――自分をすり減らす

忙しすぎて、リフレッシュしたり、自分を磨いたりする暇がない。勉強は嫌い。新しいことは何も学ばない。運動も極力避ける。いい本とか自然とか、心の栄養になるものには決して近づかない。

もうおわかりのように、「悪」習慣は不幸のレシピです。ところが、たいていの人はこの「悪」習慣に溺れてしまいます……それも定期的に（私もそうです）。これでは、生きていくのが時々シンドクなるのも不思議ではありませんね。

そもそも習慣って何？

習慣は、人が「繰り返し行うもの」です。でもふだんは、自分に習慣があることにほとんど気づいていません。無意識に行動しているからです。

習慣の中にはよいものもよくないものもあります。

よいものの例は

・定期的に運動をする
・先の計画を立てる
・他の人を尊重する

よくないものの例は

・悪いほうに考える
・劣等感を持つ
・人を非難する

どうでもいいものの例は

・朝ではなく、夜寝る前にシャワーを浴びる
・何にでも辛いソースをかける
・音楽を聴きながら運動する

長い人生で成功するかしないかは、どんな習慣を身につけるか次第なのです。なぜなら繰り返しているうちに、そういう自分になってしまうからです。古くからのことわざにこんな言葉があります。

思いの種をまき、行動を刈り取り
行動の種をまいて、習慣を刈り取る
習慣の種をまき、人格を刈り取り
人格の種をまいて、人生を刈り取る

でもご心配なく。人間は本来、習慣よりも強いので、自分で習慣を変えることができるんですよ。たとえば、腕を組んでみてください。今度は逆向きに腕を組んでください。どんな感じがしましたか？かなり違和感があるでしょう？　でも、三〇日間逆向きに腕を組み続けていると、違和感はなくなります。何も考えなくてもできるようになります。その「習慣」が身についたのです。

時間があるときに鏡で自分を見て、自分の悪い習慣を挙げながら、「おい、おまえのそんなところが好きじゃないぞ」と言ってみてください。そうすることで悪い習慣をよい習慣と交換できます。すんなりいくとは限りませんが、できないことではありません。

この本に書いてあるアイデアが全部うまくいくわけではありませんが、完璧ではなくても結果は出ます。「7つの習慣」のうち、どれかを身につけるだけでも、あなたの毎日に思いがけない変化が起きる、そう約束します。

「7つの習慣」の効果

・自分の人生をコントロールできるようになる
・友だちといい関係になる
・賢い判断ができる
・親とうまくいく
・誘惑に勝ち、自分をだめにする習慣を断ち切る
・自分の価値観や自分にとって一番大切なものがはっきりする
・少ない時間でたくさんのことをできるようになる
・自信が増す
・ハッピーになれる
・学校、仕事、友だち、その他何でもバランスがとれる

最後に一つ。これはあなたの本です。だから使い込んでください。鉛筆やペン、マーカーで印をつけましょう。遠慮せず自分の好きなアイデアに線を引き、マーカーで塗ったり、丸で囲んだりしてください。余白にメモしたり、走り書きしてもかまいません。ひらめくものがあったら、その箇所を読み返してみてください。希望がわいてくる文句は暗記してみてください。各章を読み終わったら、「最初の一歩」をやってみましょう。その習慣をすぐ実践することによって、効果的に身につけられます。

そうすれば、この本からもっと多くのものが得られるはずです。

ポイントや面白い話だけを拾い読みしたいなら、それでもかまいません。でも、一回は最初から最後まで読んでみてくださいね。「7つの習慣」は連続していて、一つひとつ積み重ねていくようになっています。第1の習慣から第2の習慣へという順番には、それなりの理由があるのです。

さあ、ぜひこの本を読んでみてください！

予告

次は、世にも愚かな迷セリフトップテンを紹介します。見逃したくなければ、ページをめくりましょう！

Part 1 パラダイムと原則
――何を人生の中心に置いたらいいの？

次のリストは、大昔にその道の専門家が述べた言葉を集めたものです。当時は知的に聞こえたようですが、時が経った今はバカバカしく思えるものばかりです。

世にも愚かな迷セリフトップテン

10位「個人が自宅にコンピューターを持つ理由はない」
デジタル・エクイップメント社の創業者兼社長ケネス・オルスン、一九七七年

9位「飛行機は面白いおもちゃだが、軍事的な価値はない」
フランスの軍事戦略家でのちの第一次世界大戦の司令官、フェルディナン・フォシュ元帥、一九一一年

8位「将来、どんな科学的進歩があっても人が月に到達することはない」
音声チューブ*の発明者でラジオの生みの親、リー・ド・フォレスト博士、一九六七年二月二五日

7位「テレビは半年もすれば市場から消える。毎晩、合板の箱を凝視することに、人はすぐ飽きるだろう」

20世紀フォックス映画社長。ダリル・F・ザナック、一九四六年*

6位「彼らのサウンドは好きになれない。ギターのグループはすたれつつある」

ビートルズを拒んだデッカ・レコーズ、一九六二年

5位「多くの人にとって、喫煙は有益な効果がある」

ロサンゼルスの外科医イアン・マクドナルド。一九六九年一一月一八日付『ニューズウィーク』より

4位「この『電話』なるものには欠陥が多すぎて、コミュニケーションの手段としては実用的ではない。この装置は本質的に無用のしろものだ」

ウェスタン・ユニオン社内のメモ、一八七六年

3位「地球は宇宙の中心だ（天動説）」

エジプトの偉大な天文学者プトレマイオス*、紀元二世紀

2位「今日起こったことは重要ではない」

イギリスの国王ジョージ三世*、一七七六年七月四日（アメリカ独立宣言の日）

1位「二年後には迷惑メールの問題は解決される」

ビル・ゲイツ、二〇〇四年世界経済フォーラム

ではここで、別のリストを紹介します。あなたと同じ一〇代の子たちが実際に言った言葉ばかりです。聞き覚えはありませんか？　こちらも前のリストと同じくらいおかしなところがあります。

Better keep yourself clean and bright; you are the window through which you see the whole world.
あなたという窓をきれいに磨いておくほうがいい。
その窓から世界を見るのだから。
—ジョージ・バーナード・ショウ*—

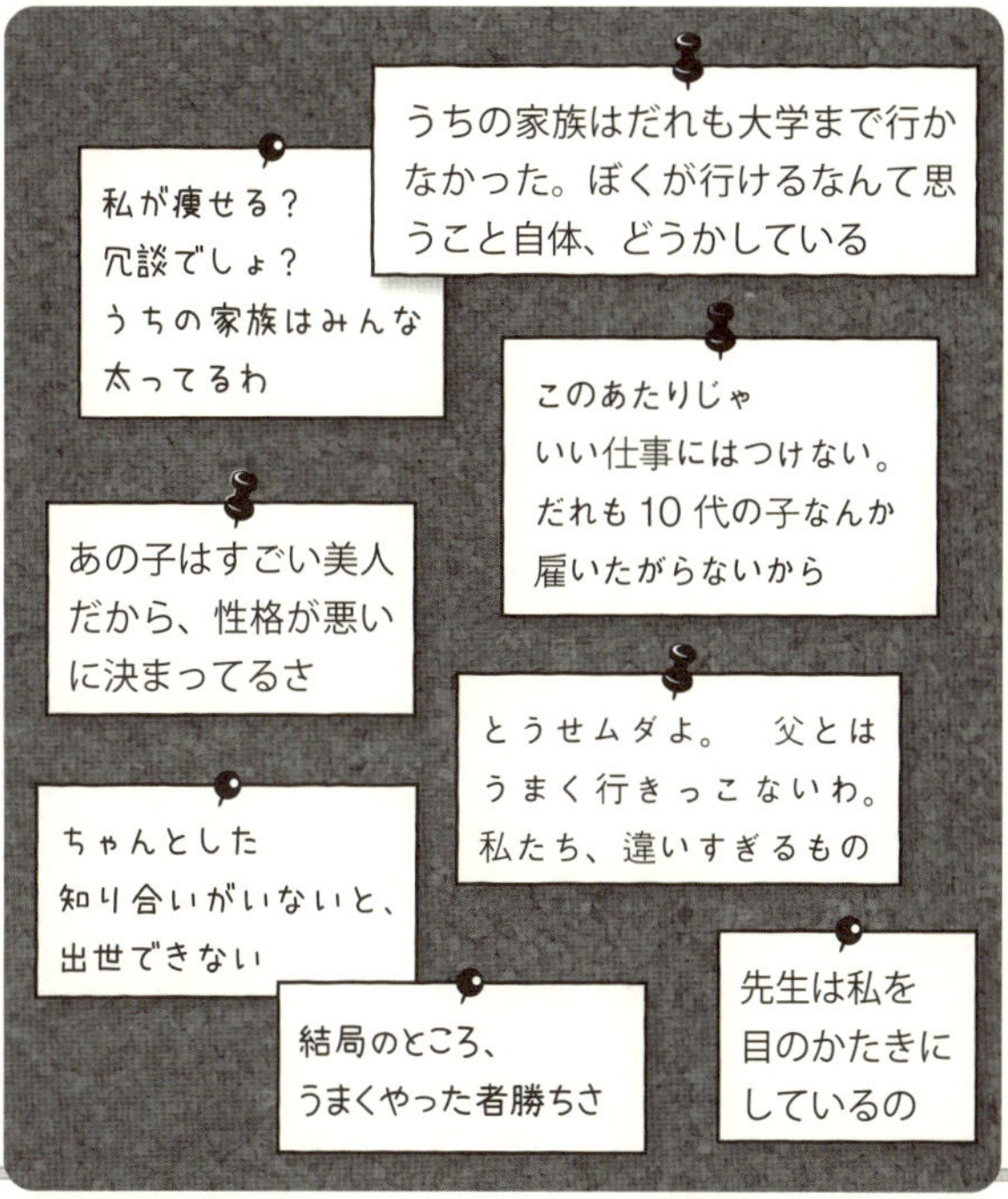
うちの家族はだれも大学まで行かなかった。ぼくが行けるなんて思うこと自体、どうかしている
私が痩せる？冗談でしょ？うちの家族はみんな太ってるわ
このあたりじゃいい仕事にはつけない。だれも10代の子なんか雇いたがらないから
あの子はすごい美人だから、性格が悪いに決まってるさ
どうせムダよ。父とはうまく行きっこないわ。私たち、違いすぎるもの
ちゃんとした知り合いがいないと、出世できない
先生は私を目のかたきにしているの
結局のところ、うまくやった者勝ちさ

【音声チューブ】

ラジオやテレビの真空管を生むきっかけとなった、電気のシグナルをコントロールし増幅させる画期的な装置。エンジン以来の発明とも言われる。


【20世紀フォックス映画】

人気の『スターウォーズ』シリーズや『タイタニック』など大ヒット作を世に送り出したハリウッド映画の老舗配給会社。ファンファーレとともに映写機の光がサーチライトのように画面を照らし出すおなじみのロゴマークが有名。


【プトレマイオス】

彼の唱えたこの説はキリスト教思想の根底を支えたが、やがてコペルニクス、ガリレオ・ガリレイが地動説を唱え世界の根幹をくつがえす。著書『アルマゲスト』で48星座を初めて分類、古代天文学の集大成として功績大。


【ジョージ3世】

イギリス、ハノーヴァー朝第3代目の国王（在位1760～1820）。ドイツ出身が多い中で初の生まれも育ちもイングランドの国王である。「愛国王」を自認し、王権の回復を目指す。1782年のアメリカ植民地政策が独立戦争によって失敗に終わるや、国民の不興を買った。しばしば暗殺の危機にあったが、国民は質実剛健の精神を持った王として愛した。


【ジョージ・バーナード・ショウ】

アイルランド出身、イギリス近代演劇の確立者。多くの著名な戯曲を書いた。オードリー・ヘップバーン主演で大ヒットした映画『マイ・フェア・レディ』の原作（『ピグマリオン』）の作者としても知られる。大変な皮肉家としても名を馳せ、多くの格言を生み出した。1925年ノーベル文学賞受賞。社会主義者でもある。

不完全です。

ではパラダイムとは？

二つのリストに共通しているのは何でしょう？　まず、どちらも、状況・物事に対する見方・考え方（とらえ方）を表しています。次に、言った本人は本当のことだと思い込んでいますが、どれも不正確で不完全です。

見方・考え方の別名が、**パラダイム**です。パラダイムは知覚、観点、判断基準、信念でもあります。もうお気づきかもしれませんが、パラダイムというのは的外れなことがよくあります。その結果、限界をつくり出してしまうのです。もしあなたが大学にいく能力がないと信じ込んでいるとしたら、思い出してください。あの天文学者プトレマイオスも地球が宇宙の中心だと信じ込んでいたのです。

母親の再婚相手とうまくいきっこないと信じている子の場合、それが彼女のパラダイムなら、たぶんうまくいかないでしょう。その思い込みが足かせとなっているからです。

パラダイムは眼鏡みたいなものです。自分自身や人生全般について不完全なパラダイムを持っていると、間違った処方の眼鏡をかけているのと同じことになります。そのレンズがあなたの見るものすべてを歪めてしまいます。そうすると、見たままが「本当」になってしまいます。自分は頭が悪いと思っていれば、その思い込みのせいで本当に悪くなります。妹は頭が悪いと思っていれば、その思い込みを裏づける証拠を無意識に探し出すので、妹はあなたの目から見ればいつまでも頭の悪い子になります。反対に、自分は頭がいいと思っていれば、その思い込みから、自分のすることは何でもよく見えます。

クリスティという女の子が以前、こんな話をしてくれました。ある日、眼科で検査をしたら、思ったよりも自分の視力が悪いことがわかり、コンタクトをつくったそうです。そして新しいレンズをつけてびっくり！　世界がこんなに美しかったなんてと驚いたのです。

「山も木も、道の脇にある標識まで、想像もしなかったほど細かく見えたわ。本当に変よね。自分の目がよくなって初めて、今までどんなに目が悪かったかわかるなんて」

そういうものなのです。彼女は自分の目は悪くないと思い込んでいた、つまりパラダイムが間違っていたために、たくさんのものを見逃していたのです。皆さんはどうでしょう。

パラダイムにはいろいろありますが、自分自身に対して、他人に対して、人生全般に対してのパラダイムを、一つひとつ見ていきましょう。

自分に対するパラダイム

ここでちょっと考えてみましょう。自分自身に対するパラダイムは、あなたの役に立っていますか、それとも邪魔になっていますか？

私の妻、レベッカがアイダホのマディソン高校の二年生だったときのことです。ミス・マディソン・コンテスト*の参加申し込み用紙がクラスで回されました。レベッカも他の大勢の女の子たちと一緒に自分の名前を書きました。レベッカの隣の席のリンダは、名前を書かないで次に回しました。

「申し込もうよ、リンダ」レベッカは言いました。

「だめ。私には無理だわ」

「いいじゃないの。きっと楽しいわよ」

【ミス・マディソン・コンテスト】
アメリカのミスコンの中でも屈指の権威あるコンテスト。ミスコンの代名詞のように使われている。ヤスミン・フリース、ジル・クレイバーク主演のサスペンス映画『妬む女』の舞台ともなった。

「だめなの、本当に。私はそんなタイプじゃないから」

「いいえ、そんなタイプよ。あなたはかわいいもの！」

レベッカとまわりの女の子たちはリンダを励まし、ついにリンダは申し込み用紙に名前を書きました。

当時のレベッカはそのことを別に何とも思いませんでした。でも、七年後にリンダは手紙をくれて、あの日の心の葛藤に触れ、レベッカが与えてくれた刺激が彼女の人生を変えるのに役立ったと感謝したのです。高校時代、自分のさえないイメージに悩んでいたリンダは、レベッカが彼女をミスコンに応募させようとしたことにショックを受けました。しぶしぶ申し込んだのは、レベッカや他の女の子たちにそれ以上せっつかれたくなかったからです。

リンダはミスコンに出るのがどうしても苦痛で、翌日、ミスコンの責任者に連絡して、自分の名前をリストからはずしてくれと頼みました。ところが、レベッカと同じように、責任者からも参加するように強く勧められました。

仕方なく、リンダは参加することにしました。

必要なのはたったそれだけのことだったのです。イベントに参加するからには、最高の自分にならなくてはなりません。リンダは思い切って参加することで、自分自身を新たな目で見られるようになりました。手紙の中でリンダは、レベッカがしてくれたことはまるで、自分の歪んだ眼鏡を外して、新しい眼鏡をかけなさいと言っているみたいだった、と心から感謝していました。

リンダは手紙にこうしたためています。ミスコンでは何の賞ももらえなかったけれど、自分を悪く見るパラダイムという大きな障害を乗り越えられたのだと。後日談ですが、彼女の例にならって、二人の妹たちもミスコンに参加し、それが家族のビッグイベントになったそうです。

翌年、リンダは生徒会の役員になりました。妻の話では、活発で社交的な性格になったということです。

リンダは、**パラダイム・シフト**（パラダイムの転換）と呼ばれるものを体験したのです。つまり、新しい眼鏡をかけたみたいに、急に物事を新しい目で見られるようになったのです。

自分を悪く見るパラダイムは、自分に限界を設けてしまいます。自分をよく見るパラダイムは、ベストの力を引き出してくれます。フランスの国王、ルイ一六世の息子がそうだったように。

ルイ一六世は王座を追われ、投獄されました。彼の若い息子である王子は、王座を奪った人々に連れ去られました。この王位継承者を道徳的に堕落させれば、生まれながらに授けられた偉大な宿命にも気づかないだろうと、人々は考えたのです。

彼らは遠く離れた村に王子を連れて行き、これ以上ないほど乱れた生活を送らせました。豪勢な食事も与えました。そうすれば王子は食べることにしか関心がない人間になるはずだと考えたのです。王子のまわりにはみだらでさもしい女たちがはべっていて、いつも汚い言葉を使っていました。不名誉なことや信用を落とすようなことを王子にやらせようとしたのです。王子は来る日も来る日も、どんな人でも堕落して不思議はない環境におかれました。このような扱いを半年も受けましたが、その王子は一度たりとも屈しませんでした。なぜ負けないのか、染まらずにいられるのか、どたくらみにうしても知りたくなって、人々はついに王子に尋ねました。快楽や欲望になぜ屈しないのかと。王子は答えました。「君たちがさせたがっていることをするわけにはいかない。私は王になるために生まれてきたのだから」

ルイ王子は自分に対するパラダイムに強くこだわり、何物も彼の心を揺るがすことはできませんでした。同じように、「私ならできる」とか「私はかけがえのない人間だ」という眼鏡をかけて人生を歩めば、その信念からすべてがいい方向に向かうでしょう。

でも疑問に思う人もいるかもしれませんね。「自分自身に対するパラダイムが歪んでいたら、どうやって直せばいいの？」と。

一つの方法は、自分を信じ、力づけてくれる人と一緒に過ごすことです。私にとっては、母がそういう人でした。成長期の私に、母はよく言ったものです。「ショーン、もちろんあなたなら学級委員に立候補できるわよ」とか、「その子を誘ってごらんなさい。あなたとデートできるなら死んでもいいと思っているわよ」と。

背中を押してほしいときはいつでも、私は母と話をしました。すると母は、私の眼鏡のくもりを取ってくれたのです。

成功した人に聞くと、ほとんどの場合、自分を信じてくれる人がいたと答えます……先生、友人、親、後見人、姉妹、おばあちゃんかもしれません。誰か一人でいいのです。自分を信じてくれる人から学び、栄養をどんどんもらってください。アドバイスをしてもらい、その人と同じ目で自分を見るようにしてください。

すると、この新しい眼鏡がびっくりするほど前の眼鏡と違うことがわかります！　誰かがこう言いました。

「神さまが自分に望んでおられる人間像を心に描くことができるなら、今までの自分から抜け出し、決して前と同じことはしないだろう」

ときには頼る人がいなくて、一人で歩かなくてはいけないこともちろんあるでしょう。そういうときは、次の章を読んでみてください。自分のイメージを高めるきっかけが見つかるかもしれません。

他人に対するパラダイム

私たちは、自分に対してだけでなく、他人に対してもパラダイムを持っています。これも相当、的が外れているときがあるものです。けれど今までと違った目で物事を見ると、なぜ他の人がそういうふうに振る舞うのかわかってきます。

ベッキーは自分のパラダイム・シフト（パラダイム変換）について話してくれました。

高校二年のとき、キムという友だちがいました。本当はいい子なんだけど、その一年間に、少しずつ付き合いにくくなっていきました。すぐむっとするし、ちょっとしたことでのけ者にされていると勘違いしてしまうんです。気分屋で付き合いも悪くて。だから、だんだんと私の友人たちはキムに声をかけなくなって、最後には誰も誘わなくなりました。

その夏、私は家を空けがちでした。戻ってきた後、親しい友だちに、私がいなかった間の出来事をいろいろと聞きました。誰が誰とデートしたとか、そういうわさ話をしつくした後で、ふと彼女が言いました。「そうそう！　キムのこと話したっけ？　両親の離婚話が泥沼化して、彼女も大変みたい。すごくつらそうよ」

この話を聞いて、私の見方はすっかり変わりました。キムのことよりも、自分が嫌になりました。助けを求めているときに彼女を見捨てたみたいで。そのことを知っただけで、私はキムに対して今までとは全然違う態度をとるようになりました。本当に、目からうろこが落ちるってこういうことですね。

ベッキーがパラダイムを変えるには、新しい情報をほんの少し手に入れるだけでよかったのです。ベッキーがそうだったように、私たちはよく知りもしないで人を判断しがちです。

モニカも同じような経験をしました。

カリフォルニアに住んでいた頃は、仲よしの友だちが大勢いました。すでに友だちがいた私は、転入生のことなど気にも留めませんでした。自分で何とかすれば、と思っていました。その後、引っ越しをして、自分が転入生になったとき、誰か話しかけてきてくれないかな、仲間に入れてくれないかなと思いました。物事の見方が大きく変わったのです。今は、友だちが一人もいないのはどういう気持ちかを知っています。

別の観点からものを見ると、他人に対する態度も大きく変わることがあるのです。モニカは新入りに対してこれまでと同じように接することは二度とないでしょう。
『リーダーズ・ダイジェスト』*（ダン・P・グレーリング寄稿）の次のエピソードも、パラダイム・シフトの典型的な例です。

私の友人はヨーロッパに長く滞在した後で南アフリカに戻ってくるとき、ロンドンのヒースロー空港で時間をつぶすことになりました。彼女はコーヒー一杯とクッキーを一袋買い、荷物をたくさん持ってよろよろしながら空いている席に着きました。彼女が朝刊を読んでいると、誰かが同じテーブルでかさかさ音をさせています。新聞の陰からのぞいてみると、なんと、きちんとした身なりの若い男性が彼女のクッキーを失敬しているではありませんか。騒ぎを起こしたくなかったので、彼女は黙って身を乗り出し、クッキーを一枚取りました。一分ほどすると、またかさかさ音が……。その彼がもう一枚クッキーを失敬していたのです。

袋の中のクッキーが最後の一枚になったとき、彼女はひどく頭に来ましたが、文句を言う勇気はありませんでした。すると彼は最後のクッキーを半分に割って彼女によこし、もう半分は自分で食べて去って行きました。

しばらくしてアナウンスがあり、搭乗手続きが始まりましたが、彼女の怒りはまだおさまりません。ところがハンドバッグを開けたら、なんと自分が買ったクッキーの袋が！　他人のクッキーを食べていたのは彼女のほうだったのです。

【リーダーズ・ダイジェスト】
1922年創刊、米国の総合月刊誌。新刊書や雑誌記事の抜粋と要約、オリジナル記事からなる。ポケットに入れて持ち運べるコンパクトサイズであることが特徴。いつまでも読むにたえる、面白いものを選ぶのがこの雑誌の基本編集方針。日本語版は、1946年に発行され1986年に廃刊した。

真相が明らかになる前に、彼女は彼のことをどう思ったでしょうか。

「なんて礼儀知らずの、ずうずうしい人かしら」

後でどう思ったかも想像してください。

「恥ずかしいわ！　最後のクッキーを分けてくれるなんて、本当に親切な青年だわ」

これはどういうことでしょう？　簡単なことです。往々にしてパラダイムというものは不完全で不正確だったり、めちゃくちゃだったりするということです。だから、他人のことだけでなく自分のことも、軽率に判断したり、レッテルを貼ったり、こうに違いないと頭から決めつけたりしてはいけません。限られた視点から全体像が見えることはめったにありません。事実をすべてつかめるわけがないのです。

大切なことは、新しい情報や考え方、新しい観点を受け入れる頭と心を持つことです。自分のパラダイムが間違っているとわかったら、進んで変えるようにしましょう。

自分の人生を大きく変える秘訣は、パラダイム、つまり世の中を見る眼鏡を変えることです。これはとても重要なことで、後は黙っていても、すべてが変わってきます。

自分の人間関係や自分に対するイメージ、態度を細かく見ていくと、ほとんどの問題は、パラダイムが一つ二つ歪んでいるせいで起こっているのがわかると思います。たとえば、あなたがお父さんとうまくいっていないとしたら、それはたぶん、お互い相手に対して歪んだパラダイムを持っているからではありませんか。あなたはお父さんを時代遅れの人間だ、あなたにプレッシャーを掛けすぎるなどと思っているし、お父さんのほうはあなたのことを、甘やかされた恩知らずの悪ガキだと思っているかもしれません。本当は、両者のパラダイムが不完全なせいで、気持ちが通じにくくなっているだけなのです。

これから、この本はあなたの持つたくさんのパラダイムに挑戦していきます。読んでいくうちに、あなたももっと正確で完全なパラダイムが持てるようになるはずです。

人生のパラダイム

自分や他人に対するパラダイムの他に、世の中全般に対するパラダイムもあります。自分のパラダイムがどんなものか知りたければ、こう自問すればいいのです。「私の人生の原動力になっているものは何?」「私は何を考えて過ごしている?」「私がいつも気になっている人や物は何?」

何であれ、あなたにとって一番大切なことが、あなたのパラダイムまたは眼鏡であり、私なりの言葉で言えば、**「人生の中心にあるもの」**なのです。ティーンの人生や生活の中心にあるのは、たいてい友だち、物、ボーイフレンド／ガールフレンド、学校、両親、スポーツ／趣味、ヒーロー、敵、自分、仕事などです。どれもいいところはありますが、欠点もあります。これから理由をお話ししますが、そういうものを人生の中心にすれば、傷つくのはあなたなのです。幸い、一つだけ人生の中心にふさわしいものがありますが、それは一番最後のお楽しみ。

友だち中心

友だちの大きな輪の中に自分が入っていると、最高の気分ですよね。反対に自分がのけ者のように感じるのは、最悪の気分です。友だちは大切ですが、生活の中心にはしないほうがいいのです。なぜでしょうか？　友だちは移り気なときがあります。本当はあなたのことを思っていないこともあります。陰で悪口を言ったり、新しい友だちをつくって、あなたのことを忘れたりもします。機嫌がいいときもあれば、悪いときもあります。引っ越してしまうこともあります。

それに、友だちの間で人気者になること、あるいはフェイスブックで一番多く友だちを持つことを土台にしてしまうと、友だちに合わせて毎週のように、自分の基準を変えなくてはならなくなります。

今は信じられないかもしれませんが、友だちがあなたの人生の一番大きな部分ではなくなる日が、いつかはやって来ます。高校時代は私にも素晴らしい仲間がいました。何でも一緒にやったものです。遊泳禁止の川で泳いだり、バイキングでたらふく食べたり、夜にウォータースキーをしたり、お互いのガールフレンドとダブルデートしたり……何でもありでした。仲間のことが大好きでしたし、一生の友だちだと思っていました。

ところが高校を卒業し、住む場所が変わったりすると、自分でも驚くほど当時の仲間と会わなくなりました。遠いところに住み、新しくできた人間関係や仕事、家族に時間を取られるようになったのです。ティーンの頃は、想像もしなかったことでした。

できるだけたくさんの友だちをつくってください。でも、友だちを人生の中心にするのはやめましょう。その土台はいつ崩れるかわからないからです。人は変わります。あなたも変わります。

物中心

私たちは持っている「物」という眼鏡で世の中を見ることがあります。私たちの住む物質的な世界では、「欲しい物を一番多く手に入れて死ぬ人間が勝ち」だと教えられます。一番速い車、一番いい服、最新のスマートフォン、最高のヘアスタイル、その他、私たちを幸せにしてくれるはずの「物」を手に入れろ、ゲットしろとせかされます。また、別の形の所有物もあります。たとえば、肩書やレギュラーの座、チアリーダーのキャプテンや劇の主役、卒業生総代、生徒会の役員、編集長、最高殊勲選手になったりすることです。

物を手に入れて楽しむのも悪くはありませんが、物中心の生活になるのはよくありません。物の価値はいつかなくなるからです。自信は外からではなく内から、自分が持っている物の量ではなく、心の質から生まれるべきものです。欲しい物をどんなにたくさん手に入れても、人間はいつかは必ず死ぬのですから。

以前、見たこともないほど華美で高価な服をたくさん持っている女の子がいました。同じ服を二度着ることもほとんどなく、ああ、服で自信をつけているんだな、とその子を知るにつれて思うようになりました。それに、彼女はたちの悪い「エレベーター・アイ」病にかかっていました。彼女が誰か他の女の子と話しているときは決まって、相手の服と自分の服とを比べ、頭のてっぺんから爪先まで見ていく

ターシャがしたこと	ブラディが思ったこと
失礼なことを言う	「ぼくの一日が台なしになった」
ブラディの親友と話をする	「いちゃつきやがって。裏切られた」
「お互い、他の子とデートしたほうがいいんじゃない」	「ぼくの人生は終わりだ。もうぼくを愛していないんだ」

のです。するとたいていは優越感にひたれるというわけです。彼女は物中心の女の子で、私はまったく好きになれませんでした。

あることわざが、とてもうまく表現しています。

「私の所有物＝私だとしたら、すべての物を失ったとき私は何者になるのだろう？」

ボーイフレンド／ガールフレンド中心

これが一番のネックです。だって、付き合っている人中心に一度もなったことのない人なんていないでしょうか？

ブラディという男の子が、ターシャというガールフレンドを自分の中心に置いたとします。そのためにブラディがどんな不安を感じるか、上の表で見てみましょう。

皮肉なことに、相手をあなたの中心にすればするほど、その相手にとってあなたの魅力はなくなっていくんです。なぜでしょうか？　それは、まずあなたは相手にとって高嶺の花ではなくなるからです。そして、精神的にがんじがらめになると、誰だってイライラします。自分の中からではなく、相手から安心感を得ようとすれば、必ず「ぼくらはその程度の関係だったのか」という思い出したくもないパターンに陥るのです。

ちょっと自慢になりますが、私が妻と付き合い始めた頃、妻の一番の魅力は、私中心ではなかったことです。妻は私がデートに誘っても自分の予定があればさらりと断りました。妻には自分というものがあったし、内なる強さがあった。適切な精神的距離を保っていたんです。いいでしょう？

カップルが相手中心になるときは、たいていわかります。別れたり仲直りしたりを繰り返すからです。二人の関係がだめになっていても、相手なしの自分が考えられなくなっているので、お互いを手放すことができないのです。

相手中心にならなければ、あなたはもっといいボーイフレンド、ガールフレンドになれます。ボーイフレンド、ガールフレンドをつくるときもそうです。でも相手中心になると、その人を愛しているのではなくて、依存していることがはっきりしてくるだけです。

おおいにガールフレンド、ボーイフレンドをつくってください。ただ、相手のことしか考えられなくなったり、相手中心にならないようにしてください。例外はありますが、そういう関係はたいていヨーヨーのように上がったり下がったり、不安定なものです。

学校中心

中学生や高校生は、予想以上に学校中心になってしまうことがあります。カナダに住むリサも、ずっと学校中心だったことを後悔しています。

私はすごく成績志向が強くて学校中心だったので、学生生活を楽しめませんでした。今思えば、私の生活は不健全で、身勝手でした。自分と自分の成績のことしか頭になかったからです。

中学一年のときから、私は大学受験生のように猛勉強していました。脳外科医になりたかったからです。それが私に考えられる一番難しい仕事だったから。いい成績を取るために、学校がある日は、毎朝六時に起き、午前二時前にベッドに入ったことはないくらいでした。

先生からも同級生からも、いい成績を取ることを期待されていると思っていました。私が満点を取らないと、みんなが驚いたものです。両親はもっとゆとりを持てばと言っていましたが、私自身の期待が先生や同級生と同じくらい大きかったんです。

今ならわかります。私はあんなに頑張らなくても望みどおりの成績を取れたはずだし、もっと楽しむこともできたのにって。

勉強は将来を考える上でとても重要ですし、最優先させるべきものです。でも、成績の順位や偏差値がすべてになってしまわないように気をつけてください。学校中心のティーンはいい成績を取ることにとらわれすぎて、学ぶという、学校においての本来の目的を忘れてしまいがちです。抜群の成績を修めつつ、しかも生活の健全なバランスを保てることは、何千人ものティーンによって実証ずみです。

人間の価値は偏差値だけで決まるわけではありません！

両親中心

あなたを一番愛し、導いてくれる両親を尊敬するのは当たり前です。でも両親中心になり、両親を喜ばせるためだけに生きる生活は、まさしく悪夢です（私がそう言ったなんてご両親には話さないように。でないと、この本を取り上げられるかもしれません……冗談ですが）。ルイジアナに住む女の子がどうなったか、次の話を読んでみてください。

私は高校一年のとき、一生懸命勉強しました。親も喜んでくれると思っていました。Aが六つにB+が一つだったから。でも、私を見る親の目には失望の色しか見えませんでした。親が知りたがったのは、なぜそのB+がAじゃなかったのかということだけ。私は泣き出さずにいるのがやっとでした。両親が私に何を求めているのかわかりませんでした。

次の二年間は、親が私を誇りに思ってくれるように、ひたすら頑張りました。バスケットの選手になったのもそのためです。でも、親が試合を見に来てくれたことは一度もありませんでした。どの学期も優等生名簿に載ったのに、それでも親が期待しているのは、オールAだけでした。私は大学にいって教師になるつもりでしたが、お金にならないから別の勉強をしたほうがいいと親は思ったようです。だから、私はそうしました。

何を決めるときも、まず考えたんです。ママとパパは私にどうしてほしいんだろう。私を誇りに思ってくれるかしら。愛してくれるかしら。でも、何をしても親を満足させることはできませんでした。両親がいいと思う目標と抱負を人生の中心にしてきたのに、私自身は幸せにはなれなかったんです。親を喜ばせるためだけにずっと生きてきたせいで、私はすっかり自分を見失っていました。自分が価値のない、何の役にも立たない、つまらない人間に思えて。

そんな私もついに気づいたんです。親に認められることはありえないのだから、自分がしっかりしなければだめになってしまうって。これから先、いつまでも変わることのない本当の中心を見つけなくてはと思いました。叱ったり、反対したり、批判したりする親とは違う何かを。それで私は自分自身の人生を歩き出したんです。私が幸せになれるような原則に従って。たとえば、(私自身と両親に対して)誠実であること。もっと幸せになれると信じること。将来に希望を持つこと。自分のいいところを信じること。最初のうちは、自分は強いんだというふりをしなくてはならなかったけど、時が経つにつれて、本当に強くなることができました。

ようやく自分で歩き出した私は、両親と喧嘩もしました。でも、両親は本当の私を見て愛してくれるようになりました。私にいろいろなプレッシャーをかけたことを謝り、愛していると言ってくれました。一八歳になるまで、父のそんな言葉を聞いたことがなかったけれど、それは今まで聞いたどの言葉よりも優しくて、長い間待っていてよかったと思いました。今でも両親の考えは大切にしています。両親の意見に影響を受けることもあります。でも、自分の人生や行動に責任を持てるようになったし、誰よりもまず自分が喜ぶことを第一に心がけています。

その他の中心になりやすいもの

中心になりやすいものを挙げればきりがありません。スポーツや趣味は大きな中心になります。スポーツ中心の男の子が偉大な選手になることを人生の目標にして、そのあげく、選手生命を絶たれるような怪我をするのを何度見てきたことでしょう。そういうことはいつでも起こります。そうしたら、ゼロから再出発するしかありません。趣味や興味、たとえばダンスとかディベート*、演劇、音楽、その他のクラブ活動についても同じことが言えます。

ヒーロー中心の場合はどうでしょうか。映画スターやロック歌手、有名なスポーツ選手、有力な政治家などを人生の中心に据えたとして、彼らが亡くなったり、愚にもつかないことをしたり、刑務所に行くはめになったときどうなるでしょう。あなたはどうしますか？

敵中心になることもあります。あるグループや人、考えを嫌うことが人生の中心になってしまうのです。特定の話題や有名人が嫌いな人たちが集まるウェブサイトも無数にあります。なんという時間の無駄でしょう！　そのエネルギーを、自分を幸せにしてくれることに費やせばよいのに。

仕事中心になるのは、一つの病気です。大人だけでなく子どもでもかかることがあります。仕事中毒は、お金や車、地位欲しさや、人から認められたいという衝動から仕事に駆り立てられてしまうということです。そうやって手に入れたものでしばらくはごまかせますが、心から満たされることはありません。スマートフォンの新しいモデルが出れば、手元にあるスマートフォンは古く、みっともなくなるからです！

自己中心もありがちです。自分や自分の悩みを中心に世の中がまわっていると考えてしまうのです。この場合、自分の状態ばかり気になって、まわりの人たちが精神的に傷ついていることに気づきもしないことがあります。

もうわかったと思いますが、こうしたことが人生の中心では、私たちが本当に望んでいる幸せや安心感は手に入らないのです。だからといって、ダンスやディベートの練習に熱中したり、友だちや両親と素晴らしい関係を築く努力をしてはいけないというのではありません。どんどん努力すべきです。ただ、何かに夢中になってしまうのと、それを生きる土台、人生の中心にするのとは話が別です。努力することと人生の中心にしてしまうこととの間に引かれた、微妙な一線を越えてはいけないのです。

【ディベート】
ある命題について肯定側と否定側に分かれて争うゲーム。単なる討論会とは違い、利益、不利益やインパクトなどを論理的に構成し、争う。矛盾点や資料の出所が不明なものは減点される。

原則中心*――これぞ本物

「では何を中心にしたらいいの?」と疑問に思い始めている読者もいるでしょうが、実際に頼りがいのある中心があるのです。さて、何でしょう? それは、**原則中心**です。重力の影響はみんながよく知っています。ボールを上に投げると、落ちてきます。これは原則、または自然の法則です。物理界を支配する原則があるように、人間界を支配する原則があるのです。原則は宗教的なものではありません。アメリカ的でも中国的でもありません。私のものでも、あなたのものでもないのです。議論の余地もなく、誰にでも等しく当てはまります。金持ちにも貧乏人にも、王様にも農民にも、男にも女にも。売り買いされるものでもありません。原則に従って生きると、優れた人間になることができます。原則を破ると、失敗します。そのくらいシンプルなことなのです。

いくつか例を挙げましょう。「正直」は原則です。「奉仕」もそう。愛も。勤勉も。尊敬、感謝、節度、公平、誠実、忠誠、責任も原則です。他にも、もっともっとたくさんあります。原則を見つけるのは簡単です。コンパスがいつも真北を指すように、**人は心で真の原則を見分けることができる**のです。

たとえば、勤勉という原則を考えてみてください。そう努力しなくてもしばらくの間はやっていけるでしょう。でも最後にはツケが回ってきます。

私にも思い当たるふしがあります。大学のアメフトのコーチから、ゴルフのトーナメントに招待されたときのことです。コーチのゴルフの腕前はたいしたものでした。そしてそのコーチを含めてみんなが、私もゴルフは得意だろうと思っていました。なにしろ、私は大学のスポーツ選手だし、大学のスポーツ選手というのはゴルフもうまいはずだというわけです。ところがどっこい、私のゴルフの腕前は

【原則 principle】
森羅万象の基礎となる第一原理・原則。ここでは自然の法則、あるいは不変の真理を指す。

「7つの習慣」の基礎

ひどいものでした。二、三回しかプレーしたことがなく、クラブの持ち方もよく知らない有様でした。自分のヘタさがみんなにばれるのではないかとヒヤヒヤしていました。特にコーチには知られたくありません。こうなったらコーチやみんなをだまして、うまいと思わせるしかないと考えました。一番ホールには小さな人だかりができていました。しかも一番手は私。なんで自分が？　奇跡を願いつつ、ティーショットを放ちました。

スコーン！　やった！　奇跡です！　自分でも信じられませんでした。私はロングショットを打ち、フェアウェイの真ん中まで飛ばしたのです。

私は振り向いて、ギャラリーに微笑みました。いつもこんなふうだと言わんばかりに。

「いやあ、どうも、どうも」

みんなをうまくだましたつもりが、自分をだましているだけでした。残り一七・五ホールもあったのです。実際、私のショットを五回も見れば、まわりの誰もが（コーチも含めて）、私が完璧なゴルフ音痴だということに気づきました。さっそく、コーチはゴルフのスイングを私に教えようとしました。いい笑いものです。あなたも経験ありませんか？

ゴルフもギターも、外国語も、苦労しなければうまくはなりません。近道なんてないのです。勤勉は原則です。N

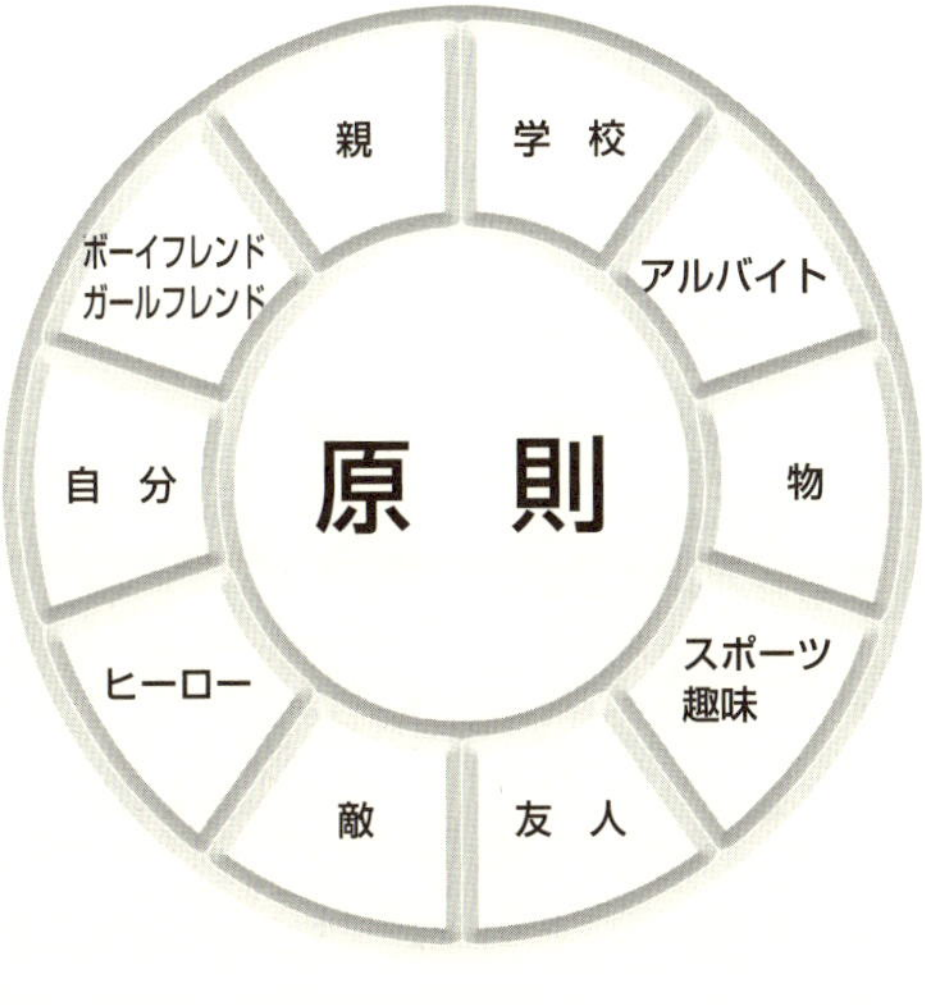

BAの偉大な選手、ラリー・バード*はこう言っています。

「宿題をやらないやつに、フリースローはできない」

原則は裏切らない

原則に従って生きるには信念が必要です。嘘をついたり、あざむいたり、わがままになったり、ごまかしたり、自分のためになることしかしないで成功した人が身近にいる場合は、余計にそうです。でも、原則を破ると、必ず最後にはそのツケを払うことになるのです。

正直という原則を考えてみましょう。あなたが大嘘つきでも、しばらくは、ことによっては数年はそれでやっていけるかもしれません。でも、長年にわたって成功を収めている人で、しかも嘘つきとなると、見つけるのは難しいでしょう。セシル・B・デミル監督は自分が製作した名作映画『十戒*』についてこう言っています。

「法を犯すことはできない。私たちにできるのは、法に違反して自分を犯すことだけだ」

これまで見てきたどの中心とも違って、**原則は決してあなたを裏切りません**。陰で悪口を言うことも、あなたを捨てて去って行くこともありません。何かを断念しなければならないような怪我をすることもないし、肌の色や性別、貧富、身体の特徴によってえこひいきすることもありません。原則中心の生活は、どんな土台よりも安定していて、びくともしません。そういうものこそ、すべての人に必要なのです。

原則がいつでも役に立つ理由を知りたければ、例によって、その反対にあるものを土台にした生活を想像してみてください。不実や怠惰、自堕落、恩知らず、身勝手、憎しみ、そういうものでできている生活から何かいいことが生まれるとは思えません。違いますか？

不思議なことに、原則を第一に考えれば、他のことも全部よくなっていきます。たとえば奉仕と尊敬、愛の原則に従って生きると、友だちも多くなり、よりしっかりした信頼されるボーイフレンドなりガールフレンドになれます。原則を第一にすれば、個性のある人間にもなれます。

今日から、原則をあなたの人生の中心やパラダイムにしてください。どんな場合でも、自分の胸に聞いてみるのです。「ここでの原則は何だろう？」どんな問題についても、解決するための原則を探してください。

生活に疲れ切っているなら、バランスという原則を試してみたらどうでしょう。誰からも信頼されていないなら、正直という原則がよく効きます。

ウォルターー・マクピークの話には、誠実という原則が働いています。

【ラリー・バード】
1979～1992年、ボストン・セルティックスのバスケットボール・プレーヤー。得点、パス、リバウンド、ディフェンス、チームプレーなどすべてこなすオールマイティーのスーパープレーヤー。1ゲームに軽く40点取るシューターとして人気を博す。NBAのチャンピオンの座に3度輝き、Atlantic Division優勝を10回経験、センタープレーヤー以外で初めてMVPを3季連続で獲得、オールスター12回選出、ファイナルMVP2回、All NBA First Teamには9回選出。バルセロナ五輪後に引退。

【十戒】
カラー映画が普及して間もなくの1956年に封切られたアメリカ映画。4時間に及ぶスペクタル史劇の傑作。旧約聖書「出エジプト記」のモーゼとヘブライ人のエジプト脱出がテーマ。紅海がまっぷたつに割れてそこをモーゼたちが渡っていくシーンは圧巻。モーゼにチャールトン・ヘストン、ラムセスに若きユル・ブリンナーが扮した。

It is impossible for us to break the law.
We can only break ourselves against the law.
法を犯すことはできない。
私たちにできるのは、法に違反して自分を犯すことだけだ。
—映画監督セシル・B・デミル—

トムと弟は同じ中隊に所属していましたが、フランスで戦っているとき、弟がドイツ軍の銃弾に倒れました。難を逃れたトムは、前線から弟を連れ帰る許可を上官に求めました。

「恐らくもう命はないだろう。身の危険を冒してまで遺体を運んでくることはない」

それでも行かせてほしいと頼み込むと、上官はしぶしぶ承諾しました。そしてトムが弟を背負って戦線を越えたところで、負傷した弟は亡くなったのです。

「それ見たことか。お前はいたずらに命を危険にさらしたのだぞ」上官は言いました。

「いいえ」

トムは答えました。

「弟は私が迎えに行くのを待ち望んでいました。ですから、私の努力は報われたのです。弟のそばに這って行って抱き上げたとき、弟はこう言いました。『兄さん、来てくれると思っていたんだ』」

この後に出てくる「7つの習慣」のそれぞれが、一つか二つの原則に基づいていることがだんだんわかってくると思います。「7つの習慣」の威力もそこから生まれます。

早い話、原則が決め手になるのです。

さて次は……？

目からウロコの貯金法について話しましょう。たぶん、あなたが思ってもみなかった方法です。さあ、次に進みましょう！

最初の一歩

「最初の一歩」について一言

私たち家族のお気に入りの映画の一つに、ビル・マーレー*とリチャード・ドレイファス主演の名作『おつむてんてんクリニック』(原題『What about Bob?』)があります。ボブという名の、くっついて離れないヒルみたいな男が主人公です。彼は変わり者でいろいろな恐怖症を持ち、子どもじみた性格で、豆粒くらいの脳味噌しかありません。

ボブはドクター・マービンという著名な精神科医になつきます。この医者はボブを厄介払いしたさに、自分が書いた『最初の一歩』という本を最後に与えてこう言います。君の問題を解決するには、一度にたくさんやろうとするのではなくて、目標に向かって「最初の一歩」を踏み出すことだと。ボブは大喜びします。ドクター・マービンのオフィスからはるばる家までどうやって帰るか、心配しなくてもよくなったからです。ボブにとってこれは大仕事だったのですが、もうそうではありません。最初の一歩でオフィスを出て、最初の一歩でエレベーターに乗り、ずっとその調子で行けばいいのです。

そこで私も各章の終わりに最初の一歩を示すことにします。まずはこの章から。小さな簡単なステップなので、読み終わってすぐ、そこに書いてあることを応用できます。ただし、小さいとはいえ、このステップはあなたが大きな目標を達成するのに役立つ強力な武器になります。さあ、ボブと一緒に最初の一歩を踏み出しましょう。

【ビル・マーレー】
映画『ゴースト・バスターズ』を始め数々の話題作に出演しているハリウッドの人気コメディー俳優。正統派のコメディーから、ちょっと個性的な役柄まで、器用にこなす。『エド・ウッド』『恋に落ちたら』など佳作でも味のある演技をしている。

最初の一歩

1. 今度鏡を見るときは、鏡に向かって何か自分のいいところを言おう。
2. 今日、だれかの意見を褒める。「へえ、さえてるじゃない」とか。
3. 自分に対するマイナスのパラダイムを思い浮かべる。たとえば「私は外交的じゃない」とか。次にそのパラダイムとは正反対のことを言う。
4. あなたの愛する人か親しい友だちで、最近柄にもないことをしている人はいますか。その人がそんなことをするようになった理由について考えてみよう。
5. 何もすることがないとき、あなたの頭を占めているものは?　あなたにとって一番大切なことが、あなたのパラダイムや人生の中心になることを忘れないように。

   私の時間とエネルギーを占めているものは、

   ……………………………………………………………………………………

6. 万能の法則に従おう!　今日から、こうしてもらいたいと思うようなことを人に対してする。じれったがったり、昨日のご飯の残り物を出されて文句を言ったり、だれかの悪口を言うのをやめる（あなたもそうされたいなら別ですが）。
7. 一人きりになれる静かな場所を見つけて、自分にとって一番大切なことは何か考えよう。
8. よく聴く音楽の歌詞にもう一度耳を傾けてみる。それがあなたの信念に合っているかどうか考えてみよう。
9. 今夜、家事や仕事をするときは、勤勉という原則を試してみる。期待された以上のことをやろう。
10. 今度、つらい状況になってどうすればいいかわからないときは、こう自問する。「どんな原則を当てはめたらいいだろう?（たとえば、正直、愛、忠誠、勤勉、我慢など）」後はその原則に従って、後ろを振り返らないこと。

THE SEVEN HABITS OF HIGHLY EFFECTIVE TEENS

Part 2

私的成功

まず「自分に勝つ」ために

THE SEVEN HABITS OF HIGHLY EFFECTIVE TEENS

Part 2 ボクのワタシの「自己信頼口座」
――どんどん貯まる自信貯金の仕方

誰でも人生の表舞台で勝つ前に、まず自分自身との戦いに勝たなくてはなりません。すべては自分が変わることから始まるのです。この教訓を学んだときのことを私は一生忘れないでしょう。

「どうしたんだ？　おまえにはがっかりしたよ。俺の知っている高校時代のショーンはどこに行った？」コーチは私をにらみつけました。「だいたい、おまえはフィールドに出たいのか？」

私は愕然としました。「はい、もちろんです」

「本気か。おまえはただ動いているだけで、気合いが入ってない。もっとしっかりしないと後輩のクォーターバックに抜かれて、ここじゃプレーできなくなるぞ」

これは、私がブリガム・ヤング大学*（BYU）の一年生だったときの出来事です。フットボール部のシーズン前のキャンプの最中でした。高校を卒業するとき、私はいくつかの大学にスカウトされましたが、BYUを選んだのは、ジム・マクマホンやスティーブ・ヤング*のような全米代表のクォーターバックの選手を輩出してきた伝統があるからです。この両選手はプロになって、チームをスーパーボウルでの数々の勝利に導きました。当時の私は三番手のクォーターバックだったくせに、次期の全米代表選手になりたかったのです！

コーチに「おまえはフィールドを汚しているだけだ」と言われたとき、私はいきなり平手打ちを食らわされた気分でした。なぜそんなにこたえたかというと、コーチの言葉が図星だったからです。練習は長い時間やっていましたが、心底打ち込んではいなかったのです。どこかにためらいがあるのが、自分でもわかっていました。

私は難しい決断を強いられました。アメフトをやめるか、今までの三倍頑張るか。次の数週間、頭の中は戦争状態。いろいろな不安や自分に対する疑問に正面から向き合いました。私にはスターティング・クォーターバックとしての素質があるのだろうか？　そのプレッ

【ブリガム・ヤング大学】
末日聖徒イエス・キリスト教会の指導者の１人ブリガム・ヤングが 1875 年、ユタ州プロボに、キリストの教えに基づいた教育の場、ブリガム・ヤング・アカデミー、後のブリガム・ヤング大学を設立。学生数３万人以上の合衆国最大の私立大学。多くのアスリートたちを輩出し、フットボールチームは特に有名。

【スティーブ・ヤング】
全米代表の名クォーターバック。ブリガム・ヤング大学時代より将来を有望視され、1983 年、全米フットボールの殿堂、優秀選手の上位に入賞。71％の成功率でパスを決め、１シーズン中のパス率は、NCAA 史上最高の成績。1984 年ロサンジェルス・エクスプレスにドラフト１位で入団。300 ヤードのパスを投げて 100 ヤードを走り抜ける最初のプロ・クォーターバックになった。1999 年引退。

The real tragedy is the tragedy of the man who never in his life braces himself for his one supreme effort
–he never stretches to his full capacity, never stands up to his full stature.

真の悲劇とは、生涯一度も最後までやり抜こうとする気がまえを持つことがないということだ。
そういう人間は自分の能力をぎりぎりまで試すこともなければ、最大限の力を発揮することもない。
ーアーノルド・ベネットー

シャーに耐えられるだろうか？　体力は十分だろうか？　考えるうちにわかってきました。私は競争するのが怖かったんだと。脚光を浴びるのも、頑張ってもだめになるのも怖かったんです。そういう不安があったから、全力を尽くすことにためらいがあったのです。

すると、アーノルド・ベネット*の素晴らしい言葉に触れて、自分のジレンマをどうしたらいいかようやく決心がつきました。彼はこう書いています。

「真の悲劇とは、生涯一度も最後までやり抜こうという気がまえを持つことがないということだ。そういう人間は自分の能力をぎりぎりまで試すこともなければ、最大限の力を発揮することもない」

悲劇のヒーローになる気はなかったので、それなら腹を決めて最後までやり抜こうと決めました。全力を尽くし、ためらいを捨て、精一杯頑張ろうと。一番手になるチャンスがあるかどうかはわかりません。でも、どうせ三振するなら、バットを思い切り振りたい。

頑張るぞ、と誰かに公言したわけでもありません。応援の拍手もありません。これはただ、何週間かかけて私が内なる自分との戦いに勝ったというだけのことです。

いったん決心がつくと、すべてが変わってきました。フィールドでも思い切りがよくなり、格段に上達しました。気合いも入り、コーチもそれを認めてくれました。

シーズンが始まり一つずつ試合が消化されていく中、私はずっとベンチにいました。歯がゆかったけれど、努力し続け、上達し続けました。

シーズン半ばには、年に一度の大きな試合が行われます。うちのチームが六五〇〇〇人のファンの前で、全米入りした空軍チームと対戦し、その模様がＥＳＰＮ*で中継されることになっていました。その試合の一週間前、コーチが私をオフィスに呼んで、スターティング・クォーターバックとして出るようにと言ったのです。ごくん！　と唾を飲む私。言うまでもなく、その週は生涯でもっとも長い一週間となりました。

ついに試合の日。キックオフのときは口の中がからからで、話もできませんでした。ところが何分かすると落ち着きを取り戻し、チームを勝利に導いていたのです。なんと、ＥＳＰＮ殊勲選手にも選ばれました。後で、たくさんの人がチームの勝利や私の活躍を祝ってくれました。いい気分でした。

でも、誰も真実を知りません。みんなはこの勝利を、その日、みんなの見ているフィールドで手にしたと思っていますが、本当は、私の中でその数ヵ月前に起こったことなのです。不安に向き合い、ためらうのをやめ、最後までやり抜く気がまえを持とうと決心したときに。

空軍に勝つのは、自分に打ち勝つよりもはるかに簡単なことでした。「私的成功」は必ず「公的成功」の前にきます。ことわざにもあるように、「我々の最大の敵は自分自身」なのです。

【アーノルド・ベネット】
1867 年イギリス生まれの作家。1931 年パリの水を飲んでも大丈夫だと証明しようとして水を飲み、腸チフスにかかりロンドンのフラットで「いとしい君よ、何もかもが狂ってたんだ!」と言って息を引きとった。代表作は日本でも翻訳されている『老妻物語』など、フランス自然主義を規範とした小説。作品は小説よりむしろ批評で記憶されている。他『自分を最高に生きろ』など、著作多数。

【ESPN】
Entertainment and Sports Programming Network
サッカー、NBA、プロ野球などのスポーツ専用のチャンネル。

インサイド・アウト（内から外へ）

人間は歩く前にハイハイします。微分積分の前に足し算引き算を習います。同じように、他人の問題を解決する前に、自分の問題を解決しなくてはなりません。人生を変えたいと思うなら、まずは自分のことから始めましょう。両親やボーイフレンド、先生のことではなく。どの変化もあなた自身から始まります。アウトサイド・イン（外から内）ではなく、インサイド・アウト（内から外）なのです。

そこで思い出すのが、英国国教会の司教が書いた文です。*

> 若くて自由で、想像力も果てしなかった頃、世の中を変えるのが私の夢だった。
> 年をとって賢くなるにつれ、世の中は変わらないことに気づいた。
> そこで少し視野を狭め、自分の国だけを変えることにした。だが、国も微動だにしないようだった。
> 人生の黄昏にさしかかり、私の家族や身近な人々だけでも変えようと、最後の力を振り絞ってみた。
> ところが、ああ、誰も言うことを聞いてはくれない。
> そして、死の床に就いた今、私は気づいた（恐らく、生まれて初めて）。まず自分自身を変えていれば、家族も私を見習ったのではないかと。家族に励まされ、支えられて、自分の国をよくすることができたのではないかと。もしかしたら、私も世界を変えていたかもしれないのだ。

この本のテーマもそれに尽きます。**内から外へ**変わる。**鏡の中の自分をまず変える**。この章「自己信頼口座」と、それに続く第1、第2、第3の習慣では、自分自身と自分の性格、すなわち私的成功についてお話しします。Ｐａｒｔ３の「人間関係信頼口座」以降は人間関係、すなわち公的成功の話です。

第１の習慣に入る前に、すぐに自信をつけ、私的成功を勝ちとる方法を見てみましょう。

「自己信頼口座」ってなんだろう？

自分自身をどう感じるかは、銀行口座にたとえることができます。これを「自己信頼口座」と呼ぶことにしましょう。実はあなたが思ったことや言ったこと、したことは銀行の預金のように、自分の口座に預けたり、引き出したりできるのです！　たとえば私は、自分で決めたことを守ると心が落ち着きます。これは預け入れです。反対に、自分にした約束を破ったときは、がっかりします。これは引き出しです。

そこで質問、あなたの信頼口座はどんな状態ですか？　自分をどのくらい信じ、自分にどのくらい自信がありますか？　預金はたまっていますか？　それとも破産状態ですか？　これから挙げるチェック項目で、あなたの今の残高を計算してみてください。

【インサイド・アウト】
目標や解決したい問題があるときは、まず自分の内面を変えることから始めるという考え方。人から信頼されたければ信頼性のある人間になる、まず自分が変わるという考え方。

自己信頼残高を減らす兆候

□仲間からのプレッシャーにすぐ負ける。
□ふさぎの虫や劣等感に悩んでいる。
□他人にどう思われるかを気にしすぎる。
□不安を隠すために横柄に振る舞う。
□悪い遊びや暴力、悪い仲間などにのめり込む自滅型。
□すぐねたむ。特に身近な人間の成功に対して。

自己信頼残高を増やす兆候

□自分のためなら、仲間のプレッシャーもはねつける。
□人気があるかどうかあまり気にしない。
□人生を前向きにとらえる。
□自分を信じている。
□目標に向かってつき進む。
□他人の成功を喜ぶ。

自分の信頼残高が少ないからといって、がっかりしないでください。今日から一〇〇円、五〇〇円、一〇〇〇円、二〇〇〇円とためていきましょう。最後には自信を取り戻せます。長い間に少しずつ貯金するのが、

信頼残高を増やす	信頼口座から引き出す
自分に約束したことを守る	自分に約束したことを破る
小さな親切をする	内にこもる
自分に優しくなる	自分を痛めつける
正直になる	嘘をつく
自分を再新再生する	自分をすり減らす
自分の才能を開発する	自分の才能をないがしろにする

この口座を健全で豊かにする秘訣です。

中・高生に手伝ってもらって、自分の信頼残高をどんどんふくらませるための預け入れリストをつくったので参考にしてください。

どの預け入れにも、それに対応した引き出しがあります。

自分に約束したことを守る

約束をめったに守らない友だちはいませんか？　電話すると言って、しない。週末に遊ぶ約束をして、忘れてしまう。しばらくすると、誰もそういう人を信用しなくなります。彼らの約束は嘘っぱちだからです。あなたも自分に約束したこと――たとえばフェイスブックで友だちと話をして、「家に帰ったらすぐ宿題をする」といったことを守らずにいると、同じことが起こります。しばらくすると、自分自身を信用できなくなるのです。

自分に誓ったことは、あなたの一番大切な人に誓ったことと同じように、真剣に果たさなくてはいけません。自分の人生をどうにもできない気がするなら、自分でどうにかできるただ一つのもの――**自分自身**に心を向けてください。**自分に約束して、それを守る**のです。まずは、「今日は健康的な食事をする」といった一〇〇円程度の小さな約束から始めましょう。それなら守れます。自分に対する信頼がいくらかたまったら、今度は一万円分のもっと難しい預金をしましょう。暴力的なボーイフレンドやガールフレンドと別れるとか、誘惑に負けないとか、いろいろあると思います。

小さな親切をする

ある精神科医によれば、心が沈んでいるときは人のために何かをするのが一番だそうです。どうしてでしょう？　気持ちが内側ではなく、外側に向くからです。誰かのためになっているときは、落ち込むほうが難しいものです。他人を助けて、自分が素晴らしい気持ちになれるのですから、不思議なものです。

こんな思い出があります。ある日、私は空港で自分のフライトを待っていました。ファーストクラスにアップグレードされたので、乗るのが楽しみでした。ファーストクラスの乗員は感じがいいし、機内食もおいしいし、座席は広いから、思いっきり足を伸ばせる。しかも、私の席は機内で一番いい1A席です。ところが搭乗する前に、若い女性がいくつも手荷物を持って、泣きじゃくる赤ちゃんをだっこしているのに気づきました。とにかく他人に親切にしなさいという本を読んだばかりだったので、さっそく良心が私にささやきました。

「気の利かないやつだな。彼女におまえのチケットを譲れよ」

しばらく葛藤があって、結局良心の声に従いました。

「失礼ですが、あなたがこのファーストクラスのチケットを使ったほうがいいようですね。子ども連れで飛行機に乗るのがどんなに大変か、ぼくも知ってます。あなたのチケットと交換しましょう」

「本当にいいんですか？」

「ええ。かまいませんよ。どうせぼくは乗っている間中、仕事してますから」

「まあ、ありがとう。どうもご親切に」

チケットを交換しながら、彼女は言いました。飛行機に乗り込んで、1A席に座る女性を眺めるのがこんなに気分のいいものだとは驚きでした。今となっては、トイレのすぐそばの席だろうと、居心地の悪さは感じません。まだ上空にいるとき、あの女性が何をしているのか見てみたいという好奇心が頭をもたげてきて、我慢できなくなりました。自分の席を立ってファーストクラスのセクションまで行き、間にあるカーテンの隙間からのぞいてみると……いました！　広くて快適な1A席で、赤ちゃんと一緒にぐっすり眠っています。そのとき私は、一億円を手にしたような気分でした。こういうことはどんどんすべきですね。

他にも、奉仕がもたらす喜びの例として、タウニという名前のティーンが聞かせてくれた次のような話があります。

近所に両親とアパートで暮らしている女の子がいました。その子の家はあまりお金がありませんでした。三年もの間、私と母は、大きくなって着られなくなった服を彼女にあげました。「気に入ってくれるといいんだけど」とか、「似合うと思って」などの言葉を添えて。

彼女が私のあげた服を着ていると、本当にすてきに見えました。彼女が「新しいシャツをどうもありがとう」と言うと、私は「その色は本当にあなたに似合うわね！」と答えたものです。私は、彼女が気分を害したり、私が彼女を貧乏だと思っていると思わせないよう苦心しました。それはとても気持ちのいいことでした。私が彼女の生活をより良いものにする手助けをしていることを知っていたからです。

あなたの知り合いの中で一番孤独な人に声をかけてあげましょう。あなたの人生に影響を与えた人、たとえば友だちや先生やコーチに礼状を書いてください。人に尽くせば、その人だけでなく自分も生き生きします。これを見事に言い表しているのが、ブルース・バートン*作『イエスの広告術』(原題『The Man Nobody Knows』)の中の、私の大好きなくだりです。

パレスチナには二つの湖がある。一つはきれいな湖で、魚も泳いでいる。その土手を緑が彩っている。木々は土手の先へと枝を広げ、癒しの水を吸い上げようと渇いた根を伸ばす。

……ヨルダン川がなだらかな山を下り、この湖にきらめく水を注ぎ込む。だから、湖は日差しを浴びて笑っている。人はその近くに家を建て、鳥は巣をつくる。この湖がそこにあるから、どんな生き物も幸せなのだ。

ヨルダン川は南に下り、もう一つの湖にも注いでいる。

ここにはしぶきを上げる魚も、風にそよぐ葉も、鳥の歌声も、子どもたちの笑い声もない。旅人は、よほどの急用がない限り、別の道を選ぶ。空気は水面に重く垂れこめ、人間も獣も鳥も、ここの水は飲まない。

隣り合った湖のこの大きな違いは何だろう? ヨルダン川のせいではない。両方の湖にいい水を注いでいるのだから。湖底の土でもない。周りの土地でもない。

違いはここにある。ガリラヤ湖はヨルダン川の水をもらうが、ためてはいないのだ。一滴注げば、

【ブルース・バートン】
アメリカの広告代理店PBOの会長で、屈指のコピーライターであった。1924年にこの本を出版、当時100万部のベストセラーになった。キリストを天性の心理学者とし、キリストのコミュニケーション術のすべてを「たとえ話」で伝え、広告マンとしての視点から宗教者を見たところが新しかった。

一滴が流れ出る。等しい量の水を与え、受け続けている。

もう一つの湖はずるがしこい。もらったものを、誰にも渡すものかと貯える。どんな寛大な衝動にも駆られない。一滴でももらえば、それをため込む。

ガリラヤ湖は与えて生きている。もう一つの湖は何も与えない。その名も死海という。

この世には二種類の人間がいる。パレスチナには二つの湖がある。

自分に優しくなる

優しくなるという言葉にはいろいろな意味があります。明日の朝までに完璧な自分になろう、などと思わないことも入ります。あなたが遅咲きなら（私たちの多くがそうですが）我慢強く、時間をかけて自分を育んでください。

優しくなる。それは、自分がしでかしたバカなことを笑えるようになることでもあります。自分を笑うことにかけては、私の友人、チャックの右に出るものはありません。彼は人生を深刻に考えすぎたりしないのです。私はいつも感心するのですが、この前向きな態度にひかれて友だちがたくさん寄ってきます。

失敗したときに自分を許すことも、優しさの一つです。失敗しない人なんているでしょうか？　自分の過ちから学ぶことは大切ですが、だからといって自分を痛めつけることはありません。過ぎたことは過ぎたこと。何がどうしてまずかったのか、わかればいいのです。必要があれば、行いを改める。でもそこで終わらせて、先へ進むこと。過去の失敗はゴミと一緒に捨てましょう。
＊リタ・マエ・ブラウンは言っています。
「幸せになる秘訣の一つは忘れっぽくなることよ」

何年も航海している船の船底には、フジツボのような貝類がたくさんくっついて、その重みで安全が脅かされるようになります。そういう船の貝類を取り除くのに、一番お金がかからず、かつ簡単な方法は、塩分のない真水の港に停泊することです。たちまち貝類はひとりでにはがれ落ち、船は重荷から解放され、海に戻ることができます。

あなたにも過去の過ちや後悔、苦しみという貝類がくっついていませんか？　だとしたら、しばらく真水に浸かったほうがいいでしょう。再新再生のボタンを押しましょう。そうやって重荷を下ろし、自分に二度目のチャンスを与えることが、今のあなたに必要な預金なのかもしれません。

ブルーノ・マーズは歌っています。
「人生は短く、後悔している暇などない。……人生は一度きり。だから、最大限に利用しないと」

正直になる

正直という言葉をネットで調べてみました。見つかった関連語には、高潔、清廉、品行方正、節操、誠実、堅実、真実、本物、正義、善良、まじめ、純粋などがありました。悪くない仲間たちだと思いませんか？

正直にもいろいろなかたちがあります。まず、自分に正直なこと。人が見ているのは本当のあなたでしょうか、それとも、煙や鏡を通して見えているあなたでしょうか？　もしあなたが、自分を偽って本当の自分ではないものになろうとしたら、自分に自信が持てなくなり、自己信頼残高が減ることになるでしょう。ジュディ・ガーランド*は言っています。

「誰かの真似をするくらいなら、一番素晴らしい自分でいればいい」

私はこの言葉が大好きです。


次に、正直な行いをすること。あなたは学校では正直ですか？　両親には正直ですか？　先輩には？　正直になれなかったことがあるなら、（誰でもあると思いますが）正直になる努力をしてください。自分を隠したり、ごまかしても、不安はなくなりません。ネットで演じている自分もそうです。直接会わないからといって、嘘をついていいわけではありません。悪いことをして、これでいいという気分にはなれないものです。ジェフが語ってくれた話も、そのいい例です。


【リタ・マエ・ブラウン】

1944年生まれ。アメリカ・バージニア州在住の女性作家。詩、小説、7つのミステリー、文章読本、戯曲を発表、エミー賞に2度ノミネートされる。日本では「トラ猫ミセス・マーフィ」シリーズの『雪の中を走る猫』『町でいちばん賢い猫』『かくれんぼが好きな猫』等が翻訳されている。


【ジュディ・ガーランド】

アメリカ屈指のミュージカル女優（1922～1969）。ヴォードビリアンの父母とともに3歳のときから舞台に立ち、1936年映画デビュー、16歳のとき『オズの魔法使い』で主人公ドロシーを愛らしく演じ、アカデミー特別賞を受ける。『スタア誕生』では迫真の演技が評価される。ミュージカル女優ライザ・ミネリは彼女の娘にあたる。

Always be a first-rate version of yourself, instead of a seconde-rate version of somebody else.
誰かの真似をするくらいなら、
一番素晴らしい自分でいればいい。
ージュディ・ガーランドー

高校一年生のとき、幾何学のクラスに数学の苦手な子が三人いた。ぼくは数学が得意だったから、試験のたびに三ドルずつお金を取って、三人が合格点を取れるように手伝ってたんだ。試験は選択問題だったから、小さい紙に正しい答えを書いて、三人に回していた。

最初はいいアルバイトぐらいに思っていた。それがぼくら全員にとってどんなによくないことか、考えもしなかった。しばらくして、こんなことはもうしちゃいけないと気づいた。三人を本当に助けていることにはならないから。人の答えを写したってなんにも身につかないし、先々もっと勉強が大変になるカンニングさせるのは、ぼくのためにもならない。

周りの人が試験でカンニングをしたり、両親に嘘をついたり、職場で物を失敬しているときに、自分だけいい子でいるには勇気がいります。でも、正直な行いはどれも自己信頼口座への預金になって、あなたをますます強くします。こういう言葉もあります。

「心が澄んでいれば自分の力は最大限になる」

正直は最良の方策です。たとえ流行りではなくても。

自分を再新再生する

自分のための時間を持って、自分を再新再生*し、リラックスしないと、生きる意欲がなくなります。

世界の多くの人が見た映画『アバター』は、最高の興行収入を上げました。映画がこのような成功を収めたのはなぜでしょうか？　これまでにない特殊効果や映像の素晴らしさに加えて、ストーリーも心を打ったからだと思います。私たちは皆、映画に織り込まれた教訓を実践する必要があるからです。

物語は、西暦二一五四年、アルファ・ケンタウリ系の森林に覆われた衛星パンドラで始まり、元海兵隊員で、下半身不随となり、車椅子生活を余儀なくされていたジェイク・サリーを中心に進みます。惑星の青い肌の先住民を模した三メートルの「アバター」を通じて惑星に降り立った彼は当初、実際に体は動いていなくても、走れることに生を感じ、動かせる体を楽しんでいました。しかし、まもなくそれ以上のことが起こります。先住民と出会ったジェイクは、ナヴィの女性であるネイティリと恋に落ちます。ネイティリや彼女の部族の人たちと時間を過ごすうちに、資源に飢えた人間たちが荒そうとしている彼らの世界の美しさ、平和と力に心を引かれるようになります。

この映画が伝えたいのは、再生、日常からの解放、私たちの周りにある自然に耳を傾ける時間を持つことについてです。自分で決めた休暇をとることです。三メートルの青い肌の半人にならなくても、平安を得ることはできますが、ジェイク・サリーのように、自分の避難場所、自分の聖域を見つけることが重要です。どこかに座って、雲を眺めてみましょう。切り株を見つけ、風や鳥のさえずり、自分の心臓の音に耳を傾けてみましょう。ジェイクのように神聖な巨木を見つけることができなければ、屋上や公園のベンチ、芝生など、一人きりになれる場所を探しましょう。ちょっと感傷的に聞こえるかもしれませんが、現代人は常に人や物に囲まれた生活をしています。ときには深呼吸して、普段の生活から自分を切り離して、私たちの魂を再新再生しなければなりません。

【再新再生】
自らをリフレッシュし、生まれ変わらせること。視点を変えたり、気分を変えたり、状況を変えたり、自分自身を磨いたりすること。

カナダに住むセオドアにも隠れ家があります。

あまりにもストレスがたまったときや、親とうまくいかないときは、地下室に行く。地下室にはホッケーのスティックと球があって、ぼくはむき出しのコンクリートの壁に欲求不満をぶつけるんだ。三〇分ほど球を打ってから、すっきりした気分で上に上がって行く。おかげでホッケーの試合では大活躍だったし、家族との関係もよくなったんだ。

アリアンも自分の避難場所について話を聞かせてくれました。ストレスでどうしようもなくなると、いつも、裏口からそっと学校の講堂に入るそうです。がらんとした講堂で一人きりでなることで、すべての雑踏から離れ、思い切り泣いたりしてリラックスできます。アリソンも自分だけの花園を見つけました。

父は私が小さい頃、労働災害で亡くなりました。詳しいことはよく知りません。母にいろいろ聞くのが怖かったからです。心の中にある完璧な父親像を変えたくなかったのかもしれません。私の考える父は、もしそばにいれば私を守ってくれる、理想の父親です。想像の中ではいつも父と一緒にいます。父がそばにいたら、どんなふうに助けてくれるだろうって考えてみるんです。

どうしても父に会いたくなったときは、地元の小学校の校庭にある滑り台のてっぺんに行きます。バカみたいだけど、一番高いところにいれば、父を感じられる気がして。だから、滑り台のてっぺんまで上って、ただそこに寝ころびます。心の中で父に話しかけると、父は答えてくれます。父と触れ合いたいけど、それは無理だから、本当の悩みがあるときは滑り台の上まで行って、心の重荷を父と分かち合うんです。

自分を再新再生し、自分の信頼残高を増やす方法は、避難場所を探す以外にもたくさんあります。運動もいいでしょう。散歩やランニング、ダンス、サンドバッグを叩いたり。あるいは、古い映画を見たり、楽器を演奏したり、絵を描いたり、あなたを高めてくれる友だちと話したりするといいと言う人もいます。日記を書くと嘘のようにすっきりすると言う子も数え切れないほどいます。

第7の習慣の「自分を磨く」は、時間をかけて自分を再新再生することです。そこまでたどり着いたら、詳しくお話しします。もう少し待っていてください。

自分の才能を引き出そう

才能や趣味、特別な興味を見つけて育てれば、自己信頼口座への最高の預金になります。

才能と聞くと、いわゆる社会的に評価される才能、たとえばスポーツ選手やダンサー、あるいは、受賞の栄誉に輝く学者の才能を思い描いてしまうのはなぜでしょうか。本当のところ、才能はいろいろな包装紙に包まれているのです。狭く考えるのはやめましょう。あなたは読み書きや話術にたけているかもしれません。創造性があるのも、物覚えが速いのも、他人を受け入れられるのも才能です。企画力や音楽、リーダーシップという才能もあります。ピアノを習う、部活や委員会の代表を引き受けてみる、小説を書く、何でもいいのです。好きで得意なことをしているときは、素晴らしい気持ちになります。自分を表現できます。そして、次に紹介する女の子のように、尊敬もされるのです。

死ぬほど笑われるかもしれないけど、私は草が大好きで、その方面の才能があるんです。どこにでも生えている草花のこと。草が生えていれば、必ず目に留まります。他の人はただ取ってしまいたいと思うだけでしょうけど。

それで私は草花を集めて、押し花にして、きれいな絵や絵はがき、オブジェをつくるようになりました。オリジナル・カードでたくさんの人の沈んだ心を励ましてきました。それに、花を活けてほしいとか、押し花のやり方を教えてほしいとよく頼まれます。ほとんどの人が振り向きもしないものを見る特別の才能があるのは、すごく楽しいし、自信にもなります。しかも、それだけじゃないんです。ただの草でもこんなに奥が深いんだから、他のものには、もっと何かあるんじゃないかと思い始めて、物事をもっと深く見るようになりました。探検家になったみたいに。本当はごく普通の女の子なんですけどね。

私の義理の弟、ブライスは才能を育てることで自信がつき、自分を活かせるキャリアを見つけました。この物語の舞台は、アイダホとワイオミングの平野に高くそびえるティートン山脈*です。この山脈の最高峰、グランド・ティートンは海抜四一三二メートルにもなります。

野球少年だった頃のブライスのバッティングは絵に描いたように完璧でした。悲劇的な事故が起こるまでは。ある日、BB*ガンで遊んでいるとき、誤って自分の目を撃ってしまったのです。手術をすると一生視力が失われるかもしれないので、医者たちは目の中のBB弾を残したままにしておきました。

数ヵ月後にブライスは再び野球を始めましたが、バッターボックスに立つたびに三振。遠近感と視力がほとんど失われて、片目では球を判断できなくなっていたのです。ブライスは言いました。

「前の年はオールスター選手だったのに、今じゃ球も打てない。もう二度と何もできないんじゃないかと思ったよ。ぼくの自信はこなごなになった」

ブライスの二人の兄には得意なことがいろいろありました。そこでブライスは、このハンディを背負って何ができるか考えました。ティートン山脈の近くに住んでいたので、試しにロッククライミングをやることにしました。地元の軍払い下げ品*を売っている店に立ち寄って、ナイロンのロープ、カラビナ、チョーク、ハーケンなど、必需品を買い込みました。本を調べ、ロープの結び方やハーネスのかけ方、懸垂下降*の方法を学びました。彼のクライミング初体験は、友人の家の煙突から懸垂下降することでした。それから間もなく、グランド・ティートンの周りの小さな山に登るようになりました。

ブライスはすぐに自分の才能に気づきました。他の仲間と違って、彼は体が丈夫で軽く、ロッククライミングにはうってつけのようでした。

数ヵ月間のトレーニングの後、ブライスはついにグランド・ティートンに一人で登り

【ティートン山脈】
ワイオミンク州とアイダホ州の中間に位置し、西部劇『シェーン』のラストシーンにも出てくる。ジャクソン湖から北にバスで1時間走ると、ヒマラヤの山々と同じように壮麗で神々しいティートン山脈の大パノラマが見られる。ロッキー山脈のほぼ真ん中に位置し、花崗岩の岩肌が屏風のようにそそり立つ壮大な景観を呈している。

【BBガン】
BB弾（直径6ミリのプラスチックの球）を使用したエアーガンで、サバイバルゲームなどで使われる。

【軍払い下げ品】
米軍で使われていた物品の基地周辺への放出品、リサイクル品をいう。日本では、福生や横田、横須賀等、米軍基地の近辺に軍放出の専門店があり人気が高い。

【懸垂下降】
ザイルを使って岩場や氷壁を降りること。体とザイルの摩擦によってゆっくり下ることができる。

ました。二日がかりでしたが、この目標を達成したことが大きな自信になりました。

クライミングのパートナーがなかなか見つからないので、ブライスは一人でトレーニングを始めました。ティートン山脈まで車で行って、山のふもとまで駆け上がり、クライミングしてまた駆け下りる。これをしょっちゅうやったので、ブライスのテクニックはめきめき上達しました。ある日、友人のキムが言いました。

「グランド・ティートンの記録に挑戦したらいいと思うよ」

キムは詳しく話してくれました。ジョック・グリッデンというクライミング・レンジャーが四時間一一分でグランド・ティートンを上り下りした記録を持っているそうです。「そんなの絶対に不可能だ。いつかその男に会ってみたいな」とブライスは思いました。それでも走り込みを続けているうちに、タイムはますます縮まりました。キムは繰り返し言いました。

「ぜひ、記録に挑戦したまえ。君ならできる」

あるときブライスは、無敵の記録の持ち主である超人ジョックについに会うことができました。自身も名の知れたクライマーであるキムは、ブライスと一緒にジョックのテントに行き、こう言いました。

「この男はあなたの記録に挑戦しようと考えているんですよ」

ジョックは五七キロのブライスの体を見て、笑い出しました。「マジかよ、チビ助」とでも言うように。ブライスは打ちのめされましたが、すぐに気を取り直しました。キムも相変わらず断言し続けました。

「君ならできる。君ならできるはずだ」

ある朝早く、ブライスはオレンジ色の小さなリュックと薄い上着を手に、グランド・ティートンを上り下りしました。タイムは三時間四七分四秒。立ち止まったのは二回だけです。靴の中から石を取り除くときと、そこにいたことを証明するために頂上で名簿にサインしたときだけ。彼は最高の気分でした。本当に記録を破ったのです！

二年後、キムからブライスに突然電話がありました。

「ブライス、聞いたか？　君の記録は破られたよ」

もちろん、キムはこう付け加えました。

「君も再挑戦しなくちゃな。君なら勝てる！」

コロラドで開催される有名なパイクス・ピーク・マラソン*で最近優勝したクライトン・キングという男が、三時間三〇分九秒でグランド・ティートンを上り下りしたというのです。

山を制覇してから二年後、記録を破られてから一〇日後の一九八三年八月二六日、ブライスはグランド・ティートンのふもとのルーパン・メドウズ駐車場に再び立っていました。新品のランニングシューズを履き、キングの記録を破ろうと意欲満々です。一緒にいるのは友人たちや家族、キム、そして彼の走りをフィルムに収めようと地元のテレビ局からやってきた撮影班です。

前回と同じように、このクライミングで一番大変なのは精神面だとブライスにはわかっていました。グランド・ティートンに登ろうとして命を落とす人が毎年二、三人はいます。その一人にはなりたくありません。

【バイクス・ピーク・マラソン】
コロラド・ロッキー主峰、標高4,299メートルのバイクス・ピークの頂上を目指す典型的高地市民マラソン。

スポーツ・ライターのラッセル・ウィークスは、グランド・ティートンのコースをこう説明しています。「駐車場から、一五キロほどジグザグの山岳道を登り、峡谷を抜けて、氷堆石を二つ、鞍部を二つ登り、二つの頂の裂け目を越えて、グランド・ティートンの西壁を頂上まで二一〇メートル登る。ルーパン・メドウズから頂上まで行って戻るまでに、高度差およそ四五〇〇メートルを上下する。リー・オーテンバーガー著『Climber's Guide to the Teton Range（クライマーズ・ガイド　ティートン山脈）』によれば、最後の二一〇メートルだけでも登るのに三時間かかるそうだ」

ブライスは走り始めました。山を上へ上へと登るにつれ、心臓の鼓動が激しくなり、脚が燃えるように熱くなります。ものすごい集中力です。最後の二一〇メートルを一二分でよじ登り、頂上にたどり着いて、証明書を石の下に置いたときは、一時間五三分経過していました。キングの記録を破るには、下山のときが勝負だということはわかっていました。下りの崖は非常に険しく、ときには一歩を三〜四・五メートルの大股で降りることもありました。後でわかったことですが、友人たちの横を通ったときは酸欠で顔が紫色に変わっていたそうです。別の登山パーティーも、彼が記録に挑戦しているのを知っていたらしく、通り過ぎるときに「がんばれ！　がんばれ！」と声援を送りました。

拍手喝采の中、ブライスはルーパン・メドウズに戻りました。膝から血を流し、シューズは破れ、その上ひどい頭痛がしていましたが、タイムは三時間六分二五秒でした。彼は不可能なことを成し遂げたのです。

うわさはすぐに広まり、ブライスは西部では最高の登山家として知られるようになりました。「あの記録がぼくの顔になったんだ」とブライスは言います。

「誰もが何かで有名になりたがる。ぼくも有名になった。山登りの才能が目標と自信の源をくれたんだ。登山がぼくの自己表現手段だった」

その後ブライスは、山登りや山走りをする人々のための高性能リュックを製造する会社を設立し、現在その社長として大成功を収めています。何よりも大切なのは、ブライスが自分の好きなこと、得意なことで身を立て、その才能を自分自身だけでなく、多くの人々の幸せのために役立てていることです。

そうそう、まだあの記録は健在です（だからって、無茶なことを考えないように）。そして、ブライスの目の中にはまだBB弾が残っています。

というわけで、自信をつけたければ、今日から自己信頼残高を増やしましょう。

たちまちその成果を感じるはずです。ただ、山に登らなくても預け入れはできるということをお忘れなく。もっと安全な方法はたくさんあります。


さて次は……？

人間と動物の違いについて話します。人間だけが持っているツールが四つあるんです。

最初の一歩

自分との約束を守る

❶ 目覚ましが鳴ったら起きる。スヌーズボタンを押したり、アラームをオフにして、二度寝しない。

❷ 今日やっておかなくてはならない簡単な仕事は何か考える。たとえば、ピアノを練習したり、洗濯物を洗濯機に入れたり、英語の宿題の本を読んだり。何時頃やるかも決める。後は約束を守ってやるのみ。

何でもいいから人のためになることをする

❸ 今日のうちに、黙ってそっとよい行いをする。たとえば、礼状を書いたり、ゴミを出しに行ったり、お母さんのパソコンを直したり、誰かのベッドを整えたり。

❹ 「いい意味でのソーシャルメディア攻撃」を仕掛ける。仲間と一緒に、ソーシャルメディアで優しい言葉や褒め言葉を誰かに送る。

自分の才能を引き出す

❺ 今年、あなたが伸ばしたい才能をリストアップする。そのための具体的な方法を書き出す。

今年、私が伸ばしたい才能

....

....

どうやって伸ばすか

....

....

....

....

❻ 他の人の才能で、あなたが一番うらやましいと思うものをリストにする。

その人の名前		私がうらやむ才能
	⇨	
	⇨	
	⇨	
	⇨	

自分に優しくなる

❼ あなたが劣等感を感じる分野を頭に思い浮かべる。それから深呼吸して自分に言い聞かせる。「だからってこの世の終わりじゃない」

❽ まる 1 日、自分のことを悪く言わないようにする。自分をけなそうとしていることに気づいたら、そのつど、自分のいいところを 3 つ考える。

自分を再新再生する

❾ 心がうきうきするような楽しいことを一つ決めて、今日やる。たとえば、音楽をかけて踊るとか。

❿ 寝ていたい気分？　だったら、今すぐ起きて、近所を一回りしよう。

正直になる

⓫ 今度、両親に何をやっているのか、どう思っているのかと聞かれたら、洗いざらい話す。ある部分を隠して、誤解させたり、だまそうとしない。

⓬ 1 日くらいは、大げさな態度でつっぱったり、上辺をとりつくろったりしないで過ごす。

がんばって!

1

第1の習慣

主体的になる

――意思も筋トレで鍛えられる!?

我が家で成長期を過ごすのは、時々つらいものがありました。どうしてかって？父はいつも、私に自分のすることすべての責任をとらせようとしたからです。


「父さん、ぼくのガールフレンドには、ほんと頭にくるよ」

そんなことを言うと決まって父はこう言いました。

「いいかいショーン、おまえが自分で頭にこない限り、誰に対しても腹は立たないよ。それはおまえが選んだんだ。おまえが頭にくることを選んだんだ」

または、私がこう言うとします。

「今度の生物学の先生、ひどいんだよ。あれじゃまるで勉強にならないよ」

すると父は応えます。

「先生のところに行って何か提案したらどうだね？　先生を変えるんだよ。必要なら家庭教師を雇いなさい。生物学の勉強ができないのは、ショーン、おまえのせいだ。先生のせいじゃない」

父は決して責任転嫁をさせません。私にいつも反対し、自分のしたことを他の人間のせいにしないようにと気をつけていました。幸い母は、私が自分の問題を他人や物のせいにするのを許してくれました。でなければ、私は頭がおかしくなっていたかもしれません。

私はよく大声で言い返したものです。

「父さんは間違ってるよ！　ぼくが頭にくることを選んだんじゃない。ぼくを怒らせる彼女が悪いんだ！　もういいから、ほっといてくれ」

そう、自分のことには責任を持つという父の考え方は、あの頃の私には厳しすぎました。でも、後になってみると、それは賢い育て方でした。世の中には二とおりの人間がいることを、父は私に教えたかったのです。つまり、主体的な人間と反応的な人間*。自分の行動に責任を持つ人間と、他人のせいにする人間、事を自分で起こす人間と、誰かが事を起こすのを待っている人間です。

第1の習慣の「主体的になる」は、他の習慣をすべて身につけるための鍵です。だから、これが一番初めにくるのです。第1の習慣を身につけた人はこう言います。

「私は力だ。私は自分の人生のキャプテンだ。私が自分の態度を選ぶ。自分の幸せも不幸も私の責任だ。私が自分の人生という車の運転席に座る。助手席じゃない」

主体的になることが、自分に勝つための第一歩です。足し算、引き算の前に微分積分ができるでしょうか？　無茶ですよね。同じことが「7つの習慣」にも言えるのです。第1の習慣を飛び越えて第2、第3、第4、第5、第6、第7の習慣は身につけられません。自分の人生を自分で引き受けるという気持ちがなくて、いったい何ができるでしょう？

主体的か反応的か――選ぶのはあなた

誰にでも、主体的になるか、反応的になるかを選ぶ機会が一日に一〇〇回以上あるはずです。天気が悪かったり、仕事が見つからなかったり、妹があなたのブラウスを無断で着て行ってしまったり、学校の選挙に落ちたり、陰口を言われたり、誰かにののしられたり、テストで赤点を取ったり。さて、どうしますか？　そういう日常の些細な出来事に気分を左右されやすいほうですか？　それとも主体的になりますか？　選ぶのはあなたです。必ずしも人と同じ反応をする必要はないし、普通こうするだろ

【反応的　Reactive】
何ごとに対しても受け身な態度。その場その場の感情に流され、その原因を自分の外にあるとしてしまう。

うという反応をしなくてもいいのです。

混雑した駅の中で急いでいるとき、急に誰かが前に割り込んできて、ぶつかったことがこれまで何度ありましたか？　そのときあなたは？　大声で怒鳴る？　あなたの一日を台なしにする？　キレてしまう？　それとも、放っておく？　笑って先へ進む？

反応的な人は衝動的に行動を選びます。炭酸飲料のフタと同じ。少しでも人生が揺さぶられると、圧力がかかってポーン！　突然弾けます。

「おい、そこをどけ！」

主体的な人は価値観を基準にします。行動する前に考えるのです。自分でどうにもならないこともあるのをわきまえています。どうにでもできるのは、自分の行動だけです。炭酸でいっぱいの反応的な人と違って、主体的な人は水みたいなものです。思い切り揺さぶった後でフタをとっても、何も出てきません。泡も立たないし、何の力も働きません。静かに落ち着きを保っています。

「あいつに腹を立てて自分の一日を台なしにするのはやめよう」

主体的な心の持ち方を知るために、よく出会う場面での主体的な態度と、反応的な態度を比べてみましょう。

▼主体的

▲反応的

場面1

親友のフェイスブックでパーティーの写真を見つけました。忙しいから一緒に遊べないと言っていた日のものです。親友はあなたが写真を見たことを知りません。五分前までは、優しいことを言っていたのに。あなたは傷つき、裏切られた気がします。

反応的な選択

・相手を怒鳴りつけ、それからぶつ。
・一緒に遊んでくれないなんて、と深く落ち込む。
・相手を表裏のある嘘つきだと決めつけ、二ヵ月は無視する。
・相手を仲間に入れない。だってあの子もそうしたんだから。

主体的な選択

・相手を許し、二度目のチャンスを与える。
・相手と向き合い、自分の気持ちを静かに伝える。
・自分も相手と同じように短所があるのだと自分に言い聞かせる。自分だって、悪気はなく、親友をのけ者にしてしまうことがあるのだから。

場面２

あなたがこのショップで働いて一年以上になります。この仕事にとても打ち込んでいて、頼りにされています。三ヵ月前、新しいメンバーが入ってきました。最近、彼はみんなが入りたがっていた土曜日の午後の勤務になりました。あなたも希望していたシフトです。

反応的な選択

・そこら中の人をつかまえて、あんまりにも不公平だと文句を言う。
・新しい従業員のあら探しをする。
・主任にメールして、あなたが嫌いな理由を聞く。
・自分の仕事を適当に怠ける。

主体的な選択

・なぜ新しい従業員がいいシフトになったのか、あなたと彼のシフトを代えることはできないか、主任に聞く。
・次のチャンスをものにできるよう、今までどおり、よく働く。
・どうしたらもっといい仕事ができるか考える。
・将来性のない仕事だと判断したら、別の仕事を探す。

反応的な言葉	主体的な言葉
やれと言われれば	私がやる
私はそういう人間だ	私はもっとうまくやれる
私にできることはない	どんなことができるかひととおり考えよう
～しないといけない	～する（ことを選ぶ）
無理だ	何か方法があるはずだ
おかげで一日が台なしだ	私は人の気分に振り回されない

自分の言葉を聞いてみよう

主体的な人と反応的な人の違いは、その人の言葉を聞いているとだいたいわかります。反応的な人はこんな感じです。

「それがぼくなんだ。どうせぼくはそういう人間なんだよ」

そのココロは、自分のすることに責任はない。自分は変われない。生まれつきこうなんだ。

「先生があんなバカじゃなきゃ、全然違うのに」

そのココロは、自分の問題の原因は、すべて学校にある。

「君のせいさ。おかげで一日が台なしになったよ」

そのココロは、自分の気分は自分じゃどうにもならない。相手次第。

「違う学校にいって、もっといい友だちがいて、もっとお金を稼いで、違う家に住んで、ボーイフレンドがいてそしたら幸せなのに」

そのココロは、自分の幸せは自分じゃどうにもならない。「物」だ。幸せになるには物がいる。

反応的で受け身な言葉があなたからパワーを奪い、あなた以外の人や物に与えてしまうのがわかるでしょう。友人のジョン・バイスウェイは著書の中でこう述べています。反応的な人は、自分の人生のリモコンを誰かに渡してこう言っているようなものだと。

「さあ、あなたの好きなときに私の気分を変えて」

一方、主体的な言葉はリモコンを自分の手に取り戻してくれます。そうすれば、自分の好きなチャンネルを自由に選べるのです。

犠牲者菌

私が犠牲者菌と呼んでいる伝染病があります。これに感染している人をあなたも見たことがあるでしょう？　この菌に冒されている人は、みんなが自分を目の敵にしていると思い込み、そのくせ、自分はなくてはならない存在だと信じています。でも、それはお門違いもいいところ。作家マーク・トウェインいわく、

「世の中があるのは私のおかげだ、などと言って回らないように。世の中は、あなたに何の借りもない。世の中のほうが先にあったのだから」

私の大学時代のアメフト仲間に、残念ながら、この菌に冒された男性がいました。彼の話を聞いているといつもイライラしたものです。

「スタメンにだってなれたはずなのに、コーチがぼくに反感を持ってて」

「あの球をインターセプトしようとしたんだけど、誰かに邪魔されてね」

「ヤードのダッシュでもっといいタイムが出せたのに、靴が脱げそうになっちゃって」

「はいはい」私はいつも胸のうちでこうつぶやいていたものです。

「ぼくだって親父がはげじゃなかったら、大統領になれたよ」

私に言わせれば、彼が一度も試合に出なくても不思議ではありませんでした。彼にとっては、問題はいつも「自分の外」にあるのです。自分の態度が問題だとは決して考えません。

シカゴの優等生、エイドリアナは犠牲者菌がはびこる家で育ちました。

私は黒人です。黒人であることを誇りにしています。肌の色が障害になったことはありません。白人と黒人両方の先生やカウンセラーからいろいろなことを教わりました。でも私の家では話が別です。家族の中心である母は五〇歳で南部*出身。未だに奴隷制度廃止*直後のように振る舞っています。私が学校で成績がいいのを、まるで私が『白い連中』の仲間入りをしたみたいに嫌がっています。母は今でも「男は女にあれをするな、これをするなと足かせをする。男は女を檻に閉じ込め、何もさせようとしない」みたいなことを言います。

私はいつもこう言い返すんです。「男の人が何もさせようとしないんじゃなくて、母さんがやらないだけじゃないの。考え方が古いからよ」

私のボーイフレンドまでが、黒人は白人に抑圧されているといった考え方に縛られているんです。最近、車を買

【南部】
主にジョージア、アラバマ、ミシシッピ、ルイジアナの４州を指す。商工業中心の北部に対し、南部は綿などのプランテーションが盛んで、多くの黒人がアフリカから奴隷として連れてこられた。その封建的気風は他州よりも過激で、人種差別、性差別は当たり前だった。

【奴隷制度廃止】
ヨーロッパで奴隷制度の見直しが起こる中、奴隷使用にこだわる南部は合衆国から脱退しようとした。当時の大統領リンカーンはこれを認めず武力による早期解決を目指したが猛反撃に会い、内戦は４年に及ぶ泥沼と化した。これが南北戦争（1861～1865）で、最終的に北部が勝利し奴隷は解放されたが、バス、食堂のテーブル、トイレも白人と黒人は別という状態が続いた。南部では今なお差別が色濃く残っている。

おうとして売ってもらえなかったとき、彼は腹立ち紛れにこう言いました。「白人はぼくらに何も持たせたがらないんだ」

私は自分の耳を疑い、なんてバカな考えなのと正面から言いました。でも、結局彼は、私が白人の味方をしていると思っただけでした。

でも自分に足かせをつけることができるのは自分だけだと、私は今も信じています。

犠牲者意識を持ち、反応的な人は

・すぐに気分を害する。
・人を非難する。
・腹を立て、後で後悔するようなことをついつい言ってしまう。
・あら探しをし、愚痴を言う。
・何かが起こるのを待っている。
・そうせざるをえないときだけ変わる。

主体性は自分のためになる

主体的な人はまったく違います。主体的な人は
・すぐに気分を害さない。
・自分で選んだことに責任を持つ。
・行動する前に考える。
・何かあってもすぐに立ち直る。
・必ず方法を見つけて前に進む。
・自分でできることに目を向け、できないことは気にしない。

私が入った会社に、ランディという同僚がいました。ランディがどんな問題を抱えていたのか知りませんが、なぜか彼は私が気に食わないらしく、これ見よがしに人を侮辱するような、失礼なことばかり言うのです。何かにつけて私の陰口を言い、他の人を味方につけようとしていました。あるとき休暇から戻った私に、友人が言いました。

「なあ、ショーン、ランディが君のことを何て言っているか知っているかい。気をつけたほうがいいよ」

ランディを殴ってやりたいと思ったときもありましたが、何とか冷静さを保って彼の愚かな攻撃を無視しました。侮辱されたら、怒りを抑えて親切にするのです。そんなふうに振る舞っていれば、いつかはうまくいくと信じていました。

それから二ヵ月ほどで、様子が変わってきました。私が乗ってこないので、ランディの態度も和らい

できたのです。一度、彼はこう言ったこともあります。「おまえを怒らせようとしたけど、ちっとも効かなかったな」入社して一年ほどで、私たちは友だちになり、尊敬し合えるようになりました。私が彼の攻撃に反発していたら（私の本能はそうしたがっていましたが）きっと今でも、友だちにはなっていなかったでしょう（少なくとも、どちらか一方の歯が数本折れていたに違いありません）。友情を築けるかどうかはたいがい、どちらか一方の人間にかかっているのです。

メアリー・ベスも、主体的な姿勢は自分のためになることを、身をもって体験しました。

主体的でいることについての授業を受けてからというもの、習ったことをどんなふうに実生活で応用すればいいのかなと考えていました。ある日、男性客の食料品のレジを打っていたら、今、打った分は自分のじゃないと、その人が急に言い出したので、私はむっとして、次のお客の品物との間にバーを下ろしながら言ってしまいました。「どうしてもっと早く止めてくれなかったんですか？」

おかげで私は、今打った分を全部取り消して、訂正を認めてもらうために主任を呼ばなくちゃいけない。この人はそこに立って面白がっていればいいけど。その間もレジは混んできて、本当にイライラしました。おまけに彼は、私が打ったブロッコリーの値段は違うんじゃないかと言うんです。

その人の言うとおりだとわかったときは、真っ青。ブロッコリーのコード番号を間違って打っていたんです。私はますますイライラして、自分の間違いをごまかすために彼に八つ当たりしたくなりました。でもそのとき、ふと思い出したんです。主体的になることを。

だからこう言いました。「お客さまのおっしゃるとおりですね。完全に私のミスです。値段を訂正します。数秒ですみますから」

それから、主体的になるのはただただ踏みつけにされるのとは違うということも思い出しました。それでその男性客に感じよく念を押したんです。今後はこういうことがないように、買い物を区切るバーをいつも下ろしておいてくださいね、と。

すごくいい気分でした。きちんと謝ったし、言いたいことも言えたから。本当にちょっとしたことだけど、この習慣のおかげで自分が変わることができたし、自信がつきました。

この辺でこんなつっこみが入るかもしれませんね。

「おい、ショーン、そんな簡単にいくもんか」

反論はしません。たしかに人のせいにするほうが簡単です。人はかっとなりやすいし、そのほうが自分を抑えずにすみます。めそめそ愚痴るのも簡単です。主体的になるのなら、間違いなくもっと難しい道を行かなくてはなりません。

でも、忘れないでください。完璧な人間になる必要はないのです。実際、あなたも私も、一〇〇％主体的なわけでも反応的なわけでもありません。大切なのは、**主体的になる習慣を身につける**ことです。そうすれば、後は自動操縦で運転できます。意識する必要さえありません。筋トレと同じ。毎日、一〇〇回中平均二〇回、主体的になる。それができたら今度は三〇回。次は四〇回。バカにしてはいけませんよ。小さな変化でも、びっくりするほど違ってくるんですから。

どうにかできるものは一つだけ

自分の身に起こることで、どうにもならないことはたしかにあります。自分のルーツや、スーパーボウルの優勝チーム、生まれた場所、両親、学校の授業料、人の態度も、自分では変えられません。でも、一つだけどうにでもなるものがあります。毎日の出来事にどんな感情を抱き、どう対処するかは、自分次第です。自分でどうにもならないものを気にしても仕方がありません。どうせなら、「自分でどうにかできるもの」を気にしましょう。

下の図を見てください。内側の輪は、私たちがコントロールできるもの。自分自身や、自分の態度、選択、自分の身に起こったことに対する反応などがそこに入ります。外側の輪には自分でコントロールできない、どうにもならないたくさんのことが入ります。

さて、自分ではどうにもできないものに、時間とエネルギーを費やして心配しだしたら、どうなるでしょう？　たとえば、失礼な言葉や過去の失敗、天気のことを？　そうで

す！　ますます手に負えなくなります。まるで自分が犠牲者になったみたいな気分になるでしょう。他人にイライラして、他人の欠点（あなたにはどうにもできないもの）に文句ばかり言うとします。でもそれで、何かが解決するわけではありません。自分の問題を他人のせいにすれば、自分がパワーダウンするだけです。失礼な言葉は無視し、次に失敗しないようにし、雨の日は傘を持っていきましょう。あなたはあなた自身の人生の主役なのです。あなたが影響を与えることができることに集中しましょう。

ルナーサの話がいい例です。バレーボールの試合の一週間前、対戦チームのある選手の母親がルナーサのテクニックをバカにしたというのです。ルナーサは聞き流すことができず、一週間ずっと怒りを煮えたぎらせていました。試合当日、彼女の目標はただ一つ、この母親に自分がどんなにうまい選手か、見せつけることでした。結論から言うと、ルナーサの出来はボロボロでした。ほとんどベンチから出ず、チームも負けてしまいました。自分でどうにもならないもの（人が言ったこと）にばかり目がいって、自分でどうにかできるただ一つのもの、自分自身を見失ったのです。

一方、主体的な人は他のことに目を向けます。そうすれば、心の平和が得られます。自分の人生ももっと自由になります。自分ではどうにもならないいろんなことにも笑顔で我慢できるようになります。他人の非礼を肯定するわけではありませんが、気にしても仕方がないでしょう？

逆転勝利

人生はよく私たちに痛い思いをさせます。でも、それにどう対処するかは私たち次第です。「めげるものか」挫折のない人生など、なんて退屈なことでしょう。決して学ぶこともなければ、変わることもないのですから！

『パレード』誌のブラッド・リムレイの記事も、このことをよく物語っています。

「自分の身に何が起こるかではなく、そこでどうするかだ」と、W・ミッチェルは語る。彼は独力で財をなし、講演者としても引っ張りだこだ。市長を務めた経験もあり、いかだの川下りもスカイダイビングもこなす。しかもこれを全部、大事故に遭った後にやってのけたのだ。

ミッチェルを見ただけでは、とても信じられないだろう。顔はいろいろな色の皮膚でつぎはぎされ、両手の指は欠けているか、途中までしかなく、スラックスの中のか細い脚は麻痺して動かない。いったいどうやって怪我したか当ててみようとする人もいるそうだ。車の事故？　ベトナムで？　それは、想像もつかない話だった。一九七一年六月一九日、彼は最高の気分だった。前日に新品の素晴らしいバイクを買い、その朝は生まれて初めて飛行機を一人で操縦したばかり。彼は若くて健康で、人気者だった。

「あの日の午後、ぼくは買ったばかりのバイクで仕事に向かったんだ」

彼は当時を振り返る。「そして交差点で、クリーニング屋のトラックと衝突した。バイクは壊れ、私の肘は砕け、骨盤も折れ、バイクの燃料タンクのキャップが衝撃で外れた。ガソリンがあふれ出してエンジンの熱で火がつき、私は体の六五％以上に火傷を負った」幸いにも、近くの駐車場にいた機転の利く男性が、消火器を使ってミッチェルの命を救った。

それでもミッチェルの顔は焼けただれ、指も黒こげになってねじれ、脚はむき出しの赤い肉だけになっていた。初めて見舞いに来た人は、そんな彼を見て気を失うのが普通だった。ミッチェルは二週間後にやっと意識を取り戻した。

それからの四ヵ月間に、ミッチェルは一三回の輸血、一六回の皮膚移植手術、その他にも何回か別の手術を受けた。数ヵ月のリハビリを経て、この新しい障害に慣れるのに何年もかかった。ところが四年後、考えられないようなことが起こった。今度は飛行機の墜落事故に巻き込まれ、腰から下が麻痺してしまったのだ。「事故に二回遭ったと人に話すと、誰もが耐えられないという顔をするよ」とミッチェルは言う。

飛行機の墜落事故で下半身が麻痺した後、ミッチェルは病院内のジムで一九歳の患者に出会う。「この青年も麻痺があった。前は山登りやスキーを楽しむ元気なアウトドア派だったそうだが、もう人生は終わったと信じていた。私はこの青年のところに行って言ったんだ。『なあ、ぼくもこうなる前は、できることが一万はあったよ。それが今は九〇〇〇だ。失った一〇〇〇のことをくよくよ考えながら残りの人生を過ごすこともできるけど、ぼくは残った九〇〇〇に目を向けることにしたんだ』と」

ミッチェルは言う。彼が立ち直ったのには、二つの理由があった。一つは、友人や家族の愛や励まし、もう一つは、いろいろなことから学んだ独自の哲学。ハンサムで健康でなければ幸せになれないという社会の常識をそのまま鵜呑みにしなくてもいいこともわかった。「私の船は私が操縦している。私が浮き沈みさせているんだ。この状態を挫折ととるか、出発点ととるかは私次第だ」

彼はきっぱりと語る。

私はヘレン・ケラーのこの言葉が好きです。

「私はこんなにたくさんのものを与えられたのです。与えられなかったものについて考える暇はありません」

ミッチェルの場合ほど過酷ではなくても、挫折と呼べるような出来事は誰にでも起こります。ガールフレンドにふられたり、学校の選挙に落ちたり、チンピラにからまれたりするかもしれないし、自分の選んだ学校に入れなかったり、重病にかかったりするかもしれません。そんな局面でも、あなたが主体的な強い人間になれることを願っています。そう、あなたならなれるはずです！

私にも大きな挫折がありました。大学のフットボールチームのスターティング・クォーターバックになって二年後、膝に重傷を負って、結局このポジションを失いました。シーズンが始まる直前にコーチにオフィスに呼ばれて、スターティングは別の選手にやってもらうと言われたときのこと――今でも記憶に焼きついています。

最悪でした。このポジションのためにずっと頑張ってきたのに、こんなことがあっていいのかと。そのとき私は大学四年でした。

補欠としてどうやっていくか、決めなくてはなりません。愚痴をこぼし、新しいクォーターバックの悪口を言って、自分を憐れむか。でも、この状態を最大限に生かすこともできるのです。幸いにも、私は補欠としてやっていく決心がつきました。もうタッチダウンを決めることはありませんが、他の面で役に立てばいいのです。そこで、プライドを捨て、新しいクォーターバックやチームのみんなを応援するようになりました。練習にも励み、スターティングになったつもりで各試合に備えました。そして、いつも胸を張っていました。

簡単だったかって？　とんでもない。負け犬のような気分になるときもしょっちゅうでした。今までスターティングだったのに、どの試合もベンチにいるというのはやはり屈辱です。前向きな態度をとり続けるのは、しんどかった。

これは正しい選択だったのでしょうか？　もちろんです。その一年はベンチに座りっぱなしでも、別のやり方でチームに貢献したのですから。何よりも、私は自分の態度に責任を持ったのです。この決心のおかげで私の毎日がどれだけ前向きになったか、一言では言い表せません。

虐待を乗り越える

虐待は、人生の挫折の中でもっともつらいものの一つです。性的な虐待を受けたり、暴力を受けたり、他の形で精神的、肉体的に虐待されたことのあるティーンのグループ（ほとんどは女の子でしたが、男の子もいました）と過ごした朝のことは、一生忘れません。

ヘザーはこんな話をしてくれました。

私は一四歳のときに性的な虐待を受けました。バザーに行ったときです。同じ学校の男の子が私のところに来てこう言うんです。「ぜひ話がしたいんだ。一、二分でいいから、一緒に来てくれ」私は何も疑いませんでした。友だちだったし、いつも優しくしてくれてたから。彼は私を長い散歩に連れ出し、学校の地下室まで連れて行きました。そこで私を無理矢理レイプしたんです。

彼はこう言い続けました。「このことを人に話したって、誰も信じないぞ。おまえもこうなることを待ってたんだろ」また、おまえの両親は恥ずかしく思うだろうとも言いました。私は二年間、口をつぐんでいました。

虐待を受けた人たちがそれぞれの体験を話すヘルプ・セッション*にようやく参加したとき、ある女の子が立ち上がって、私と似たような話を始めました。彼女が加害者の名前を言ったとき、私は泣き出してしまいました。私をレイプしたのと同じ男の子だったからです。彼の犠牲になった女の子が六人もいることが、そこでわかりました。

幸い、ヘザーは立ち直りつつあります。虐待の犠牲者を助けるティーンのグループに入ったことが大きな力になりました。それに、彼女が名乗り出たおかげで、この少年に傷つけられる女の子が増えずにすんだのです。これは主体的で、力強い行動です。

ブリジットのようなケースも、恐ろしいことに、よくあることです。

私は五歳のとき、家族の一人に性的な虐待を受けました。誰かに言うのが恐ろしくて、心の傷や怒りを隠そうとしてきました。気持ちの折り合いをつけられるようになった今ならわかります。自分の人生を振り返って、あの出来事がすべてに大きく影響していたんだと。ひどいことがあったのを隠そうとして、自分まで隠すようになっていたんです。一三年後、ようやく私は子ども時代の悪夢と対決することができました。

私と似たような体験をした人は他にもいます。そしてたいていは、それを隠そうとします。なぜでしょう？　生命の危険を感じるからです。自分だけでなく、他の誰かを守ろうとする人もいます。でも理由はどうあれ、隠すことは答えにはなりません。心の深い傷跡は、癒しようがない。それと対決することが、血を流した傷口を縫い合わせるただ一つの方法なんです。話のできる誰か、一緒にいて安心できる誰か、信頼できる誰かを見つけましょう。長い大変な道のりだけど、気持ちの整理がついたら、そこからが人生の始まりなんです。

【ヘルプ・セッション】
一般的にセッションとは心理療法のカウンセリングのことを指す。個別またはグループで行う。当事者が集まり自由に参加できるものもある。

虐待されたことがあっても、それはあなたのせいではありません。また、真実は語られるべきです。虐待は秘密の中ではびこるのです。誰かに話せば、それで問題を分かち合えます。愛する人や信頼できる友だちに話したり、ヘルプ・セッションに参加したり、専門のセラピスト*に相談しましょう。最初に話した相手が、あなたの問題を受けとめてくれなくても、そこで諦めずに、受けとめてくれる人を探してください。誰かと秘密を分かち合うことが、癒しと赦《ゆる》しの大切な一歩になります。主体的になりましょう。自分からそうしてください。これ以上一日たりとも、その重荷を背負って生きる必要はないのです。

【セラピスト】
心理療法士。心理療法を実際に施し、セラピーを行う人。サイコ・セラピストとも呼ばれる。また、さまざまなセラピーの療法士も含まれる。

流れを変える人になる

ティーンのグループに、あなたのお手本になる人は誰ですか、と尋ねました。一人の女の子は母親だと答えました。兄と答えた男の子もいます。一人だけ、やけに黙りこくっている男の子がいました。その子に、尊敬する人は誰かと聞くと、彼は静かに言いました。

「手本になる人はいない」

むしろ、手本になるべき人たちのようにはなりたくないと言うのです。残念ながら、こういう若者はけっこういます。荒れた家庭で育ったので、人生のお手本にできる人が誰もいないのでしょう。

恐ろしいことに、虐待やアルコール中毒、福祉にばかり頼るといった悪習は親から子に受け継がれて、結局、家庭崩壊が代々続いてしまうのです。たとえば、子どもの頃に虐待された経験がある人は、自分の子どもを虐待してしまうことが多いというデータもあります。こういう問題は何世代にもさかのぼることがあるので、薬物中毒やアルコール中毒の家系はずっと前から続いていた可能性もあります。または、福祉にばかり依存し、大学はおろか、高校を卒業した人間は誰もいない家系ということも考えられます。

いいことをお教えしましょう。こうした悪循環は断ち切ることができます。主体的な人は、悪い習慣を食い止めることができるのです。今、あなたが流れを変える人になって、いい習慣を自分の子ども、そしてこれからの新しい世代に伝えていってください。

ヒルダという根気強い女の子が、家族の流れを変える人になった体験を話してくれました。彼女の家では教育は大切にされていませんでした。ヒルダは言いました。

「うちの母は安い賃金で縫製工場で働き、父も最低賃金に毛の生えたような給料で働いてたわ。両親がお金のことで言い合いするのはしょっちゅう。どうやって家賃を払うんだとか。両親は小学校六年までしか学校にいっていないの」

ヒルダは小さい頃、父親が英語を読めないばかりに宿題を手伝ってもらえなかったと言います。これは彼女にとってつらい体験でした。教育を受けないとどういうことになるか、ヒルダはわかっていました。

ヒルダが中学のとき、一家はカリフォルニアからメキシコに戻りました。そこでは教育の選択肢が限られていることに気づいたヒルダは、アメリカに戻っておばと暮らしたいと頼みました。それからの数年間、ヒルダは学校に残るために多くの犠牲を払いました。

「いとこと同じ部屋で肩身の狭い思いをしたわ。ベッドも一緒だったし。学校にいくだけでなく、部屋代を払うために働かなければならなかった。でも苦労したかいはあったと思う。高校のときに子どもができて結婚したけど、学校にも仕事にもいって、卒業まで頑張った。うちの家族でちゃんとした職業人になれる人間はいないっていう父の考えが間違っていることを証明したかったから」

ヒルダは間もなく金融学で学士号を取って大学を卒業します。教育の大切さを子どもにも教えたいと思っています。

「大学の授業がないときは、時間があればソファに座って息子に本を読んだり、英語とスペイン語を教えたりしているの。この子の教育のためにお金もためているし。いつか、この子の宿題の手伝いが必要になったら、私がいる。私が教えるのよ」

また、シェーンという中西部出身の一六歳の少年も、家族の流れを変える人になった体験を聞かせてくれました。シェーンは、貧しい人たちが住む地区に、両親と兄、妹と一緒に住んでいました。両親は離婚していませんでしたが、けんかが絶えず、いつも相手を非難していました。父親はトラックの運転手で、自宅に寄りつきませんでした。母親は一二歳の妹と一緒にマリファナを吸っていました。兄は二回落第し、結局、退学しました。シェーンは希望を失っていました。

人生のどん底にいると思っていたちょうどそのとき、学校で（「7つの習慣」を教える）人格形成の授業を受け、自分の人生をコントロールし、自分で未来を切り開くことができることを知りました。

幸運なことに、シェーンの祖父が、シェーンの家族が住んでいたアパートの上の部屋を所有していたので、シェーンは月一〇〇ドルの家賃を支払って、引っ越しました。

こうして、彼は自分の聖域を手に入れ、下の階で起こっている、かかわりたくないすべてを遮断することができました。シェーンは言います。

「今はうまくいっています。自分を大切にし、尊重しています。僕の家族は自分をあまり大事にしていません。家族の誰も大学に進学していませんが、僕は三つの大学に合格しました。僕が今していることすべてが、僕の未来のためになります。僕の未来は違ったものになるでしょう。僕は絶対に一二歳の娘と一緒にマリファナをやったりしません」

自分が何を受け継いでいようと、それを乗り越える力があなたの中にあります。ショーンのように、上の階に引っ越すことはできないかもしれませんが、心の中で引っ越すことはできます。どんな逆境にあっても、流れを変える人になれます。そして自分のための新しい人生の一歩を踏み出すことができるのです。

主体的な筋肉を鍛える

次ページの詩は、自分の人生に責任を持つとはどういうことなのか、人の心がどんなふうに反応的から主体的に変わっていくかを、うまくまとめています。

あなたも主体的になれます。自分の人生に責任を持ち、主体的な筋肉を使って、人生の深い穴をよけようと思えばできるのです。このブレークスルー（意志である状況を突破する）の習慣で、いくらでも障害を乗り越えられるでしょう！

五章からなる自伝

『There's a Hole in My Sidewalk（通りには穴がある）』より
ポーシャ・ネルソン（詩人・女優）

第一章　ぼくは通りを歩いている。
道には深い穴がある。
ぼくはその中に落ちる。
ここはどこだろう―なすすべもない。
ぼくのせいじゃない。
出口を見つけるには一生かかりそうだ。

第二章　ぼくは同じ通りを歩いている。
道には深い穴がある。
ぼくは見ないふりをする。
その中にまた落ちてしまう。
またしても同じ穴にいるなんて、信じられない。
でも、これはぼくのせいじゃない。
出口を見つけるのにまた長い時間がかかる。

第三章　ぼくは同じ通りを歩いている。
道には深い穴がある。
ぼくはその穴を見る。
なのにまた落ちる。癖なのだ。
ぼくの目は開いている。
自分がどこにいるかもわかっている。
これは自分のせいだ。だからすぐに抜け出す。

第四章　ぼくは同じ通りを歩いている。
道には深い穴がある。
今度は回り道だ。

第五章　ぼくは別の通りを歩いて行く。

運命は変えられるか

主体的になるということには、本当は二つの意味があります。まず、自分の人生に責任を持つこと。二つ目は「運命は変えられる」という姿勢です。「運命は変えられる」と「運命には逆らえない」という姿勢は全然違います。下の表を見てください。

「運命は変えられる」という考え方の人には、創造力と粘りがあります。あっと驚くようなことを成し遂げます。私は大学時代、語学の単位を取るために、自分にとって興味も意味もない講義を受けなければいけないと言われました。そこで私はその講義を受ける代わりに、自分でカリキュラムをつくってみようと決心したのです。読みたい本と課題をリストにして、指導してくれる先生を探しました。それから学部長のところに行って、私の考えを話したのです。すると学部長はこのアイデアを買ってくれました。私は自分でつくった講義を受けて語学の単位を取ったのです。

アメリカの飛行士、エリノア・スミスはこう言いました。

「ずっと前から気になっていたのは、成り行き任せの偉人はめったにいないということだ。彼らは自分から事を成す」

まったく同感です。目標を達成するには、進んでぶつかっていくべきです。デートに誘われないのが不満なら、家でふてくされてばかりいないで、行動しましょう。人と出会う方法を見つけたり、愛想よく笑いかけたり。こっちからデートに誘ってもいい。あなたがどんなにすてきか、向こうが気づいていないだけかもしれませんよ。

運命は変えられる	運命には逆らえない
率先して事を起こそうとする	何かが自分の身に起こるのを待つ
解決策と選択肢を考える	問題と障害を考える
行動する	行動させられる

よい仕事が転がり込むのを待っていてはだめです。自分で探しに行きましょう。勇気を持って。履歴書を送ったり、ネットワークを利用したり、ボランティアで働くこともできます。

助けが必要なとき、誰かが見つけてくれるのを待っていないで、自分から助けを呼びに行きましょう。

誤解する人もいるのですが、「運命は変えられる」という態度は押しつけがましくなることではありません。攻撃的で嫌なやつになることでもありません。それは**勇敢で粘り強く、賢い態度**です。もちろん、ルールを勝手に解釈して自分で決まりをつくることでもありません。

「運命は変えられる」人は、創造力や冒険心があって、一生懸命工夫する人です。

私の同僚、ピアが語ってくれた話を紹介しましょう。ずいぶん前のことですが、「運命は変えられる」の原則は同じです。

駆け出しのジャーナリストだった私は、ユナイテッド・プレス・インターナショナルの記者としてヨーロッパの大都市でフルタイムの仕事をしていた。その頃は未熟だったし、ずっと年上のタフな男性記者たちの期待に応えられないんじゃないかといつも不安だったわ。ビートルズが町に来ることになって、私が彼らの取材を任されたときはもうびっくり（編集長は彼らがどんなに大物か知らなかったのね）。当時、ビートルズはヨーロッパで大人気。彼らがそこにいるだけで、何百人という女の子が失神したものよ。そこへ、この私がのこのこ彼らの記者会見を取材しに行くなんて。

記者会見は興奮に包まれていた。私もそこにいるだけで胸がときめいたけど、みんなが似たような記事を書くだろうし、どうせならもっと中味の濃い、第一面を飾れるような取材をしたいと思ったの。

このチャンスは逃せないわ。ベテラン記者たちが一人ずつ、記事を書きに帰社していった。ビートルズも部屋に引き上げた。私はそのまま残った。彼らに近づく方法を何とか考えなくては。ぐずぐずしてはいられない。

私はホテルのロビーに行き、館内電話でペントハウスにかけた。彼らはそこに泊まっているだろうと当たりをつけてね。するとマネージャーが出た。

「私はユナイテッド・プレス・インターナショナルのピア・ジェンセンと申します。ビートルズの皆さんとお話をしにそちらに伺いたいのですが」

私は自信たっぷりに言ったの（失うものは何もないから）。

マネージャーがこう言ったときは驚いたわ！「上がって来てください」

私は震えながら、宝を掘り当てたような気分でエレベーターに乗り込み、ロイヤル・スイート・ルームまで上がって行ったわ。フロア全体を占めるほど広い部屋に通されると、そこに彼らがいたの。リンゴ、ポール、ジョン、ジョージ！　私は不安と経験不足を押し隠し、国際的に活躍する記者のように振る舞おうとしたの。

その後の二時間は笑って、聞いて、話をして、書いて、生涯で最高のひとときだったわね。私はVIPのように扱われ、彼らの注目を一身に浴びたのよ！

翌朝、私の記事は国内主要紙の第一面を華々しく飾ったわ。ビートルズの一人ひとりへの詳しいインタビューも、数日中に世界中のほとんどの新聞の特集記事になった。その後、ローリングストーンズが来たとき、誰が彼らのもとに送り込まれたと思う？　そう、私よ。若くて未熟な女性記者の。私は同じ手でアプローチして、今度もうまくいった。感じよく粘れば、私にもすごいことができるんだって気づいたの。私の頭の中でできあがったそういう思考回路のおかげで、不可能なんてないと信じるようになった。そう思って取り組めば、ほとんどの場合、最高の記事が書ける。報道の仕事にも新しい広がりが出てきたわ。

イギリスの劇作家、ジョージ・バーナード・ショウは「運命は変えられる」ことをよく知っていました。彼の言葉に耳を傾けてください。

「人はいつも、自分がこうなったのは環境のせいだと言う。私は環境など信じない。世の中でやっていける人は、腰を上げて自分の求める環境を探す。それが見つからないなら、自分でつくるのだ」

デニースがどうやって自分の求める環境をつくったかに注目してください。

一〇代の女の子が図書館で働きたいなんて言うと、奇妙に思うでしょう。でも私は本当にその仕事がしたかった。こんなに何かをやりたいと思ったことは今までにないくらい。でも、仕事の口はなかった。毎日図書館に行って本を読んでいたし、友だちと出かけたり、家から逃げ出すときも、行き先は決まって図書館。よく出かける場所が職場になるなら、こんないいことがあるかしら？　図書館での仕事はなかったけど、館員さんと知り合いになって、催しを進んで手伝ったの。すぐに私は常連の一人になった。そのかいがあって、ようやく空きが出たとき、私が真っ先に選ばれました。そして、今までで最高の仕事が手に入ったのです。

一時停止ボタンを押そう

誰かに失礼なことを言われたとき、ぐっと我慢して言い返さずにいられる力はどこからわくのでしょう？　まずは**一時停止ボタン**を押しましょう。そう、リモコンを使うときのように、あなたの人生の一時停止ボタンに手を伸ばして押すのです（私の記憶が正しければ、このボタンは額の真ん中あたりにあるはずです）。毎日の生活はあまりにも目まぐるしくて、つい何でもいつもの癖でやってしまうことがあります。

そういうときは、ちょっと一呼吸おいて心を落ち着け、自分がどう対処したいか考える。そのコツを身につければ、もっと賢い判断ができるようになります。たしかに、過去や両親、遺伝子、環境に影響されて行動してしまう面もありますが、あなたは誰かに無理強いされているわけではないのです。前もって決められているのではなく、自分の意志は自分で自由に選べるのです。

人生を一時停止させたら、道具箱（あなたが持って生まれたもの）を開けて、判断を助けるための人間だけに授けられた「四つの能力」を使いましょう。動物はこういうものを持っていません。だから人は犬よりも賢いのです。四つの能力というのは、**自覚***、**良心**、**想像**、**意志**です。これは力のツールとも言うべきものです。

このツールのことがよくわかるように、ローザという少女と、飼い犬のウーフが散歩に出かける場面を想像してみましょう。

【自覚】
「わたし」という他の誰とも違う唯一無二の存在を客観的に見て、感じる力。動物には感情はあるが自覚はできない。

自覚

自分から離れて自分の考えや行動を観察できる

良心

自分の内なる声を聞き、善悪を判断する

想像

新しい可能性を思い描くことができる

意志

選ぶ力がある

「さあ、いい子ね。お外に行こうか」ローザが言うと、ウーフはしっぽを振って飛び跳ねます。

今週は、ローザにとってつらい一週間でした。ボーイフレンドのエリックと別れたばかりだというのに、母親とも険悪になって口をきかなくなっていたからです。

歩道を歩きながら、ローザはこの一週間のことを考えます。「そう、エリックと別れたのはほんとにつらかったわ。ママに失礼な態度をとってるのもそのせいかな。欲求不満をぶつけちゃっているのかも」

ローザは一人つぶやきます。

ローザは何をしているのでしょうか。客観的になって自分の行動を見直しているのです。これは**自覚**と呼ばれています。どの人間にも生まれつき備わったツールです。自覚というツールを使って、ローザはエリックと別れたせいで母親との関係まで悪くなっていることに気づきます。この観察が、母親に対する態度を改める第一歩になるのです。

一方、ウーフは行く手に猫を見つけて、本能のまま、狂ったように後を追いかけます。ウーフは忠実な犬ですが、自分をまったく意識していません。自分が犬であることさえ知らないのです。自分と距離を置いてこんなふうには言えません。「そうなんだよ。仲よしだったお隣の犬のスージーが引っ越してから、ぼくは近所中の猫に八つ当たりしてるんだ」

ローザは散歩をしながら、とりとめもなく考えます。明日の学校のコンサートが待ちきれないなあ。だってソロで歌うんだもの。音楽はローザの生きがいです。コンサートで歌う姿を思い浮かべます。観衆を魅了し、友人や先生たち、それにもちろん、すてきな男子全員から拍手喝采を浴びる姿を。

この場面でローザが使っているのは、また別の人間のツール、**想像**です。これは素晴らしい才能です。今の状態から脱出し、頭の中で新しい可能性を生み出せるのですから。自分の未来を思い描いたり、自分がなりたいものを夢見ることもできます。

ローザの想像がふくらんでいく一方、ウーフのほうは虫を捕まえようとさかんに土をほじくり返しています。ウーフの想像力は石ころ程度。ゼロです。一寸先のことも考えられず、新しい可能性も思い描けません。ウーフがこんなことを考えているなんて想像できますか？「いつか、回転ドアと大きな張り出し窓のある犬小屋を手に入れてやるぞ」

突然、ポケットの携帯電話が振動しました。新しい友だちのテイラーからのメールでした。

「ねえ、今何してる？」

「ウーフを散歩に連れ出しているとこ」

ローザは答えます。すぐに次のメールが届きました。

「エリックとのこと聞いたわ。残念ね」

テイラーがエリックのことに触れたので、ローザはむっとします。余計なお世話よ。素っ気なく言い返したくなりますが、テイラーは転校して来たばかりで友だちが欲しいのでしょう。ローザは優しく気さくに振る舞うべきだと思い直します。

「そうなの。最悪だったわ。あなたのほうはどう、テイラー？」

ローザはここで**良心**という人間のツールを使いました。良心は、何が正しく何が間違っているかを教えてくれる「心の声」であり、私たち一人ひとりが持っているものです。**良心が育つか枯れるかは、その声に従うかどうかで決まる**のです。

一方、ウーフはニューマンさんが塗ったばかりの白い垣根におしっこ中。ウーフには善悪の道徳観念がありません。何しろ、犬なのですから。犬は本能のおもむくままに何でもします。

ローザとウーフの散歩も終わりです。ローザが玄関のドアを開けると、母親が別の部屋から怒鳴りつけます。「ローザ、どこに行ってたの？　何度も呼んだのよ」

母親にカッとするまいと決めていたローザは「ほっといてよ！」と叫びたいのを我慢して、静かに答えます。「ウーフを散歩に連れてったのよ、ママ」

「ウーフ！　ウーフ！　戻って来なさい」ウーフが開いたドアから飛び出して、自転車に乗った郵便配達員を追いかけ始めると、ローザは叫びます。

ローザは四番目の人間のツール、**意志**で怒りを抑えました。ウーフは郵便配達員を追いかけるなと言われても、本能に負けてしまいます。意志とは、

行動する力です。**私たちには自分で選ぶ力や、感情を抑え、癖や本能を乗り越える力があるのです。**

この例からわかるように、私たちは日々の生活でこの人間だけに授けられた「四つの能力」を使ったり、使いそこねたりしています。このツールは**使えば使うほど強くなり、主体的になるための力になります。**反対に、使いそこねれば動物のように本能で反応し、行動を人間らしく選べなくなります。

人間だけの能力、意志とは

ダーメル・リードは家族の危機を自分の意志で乗り越え、人生がすっかり変わったと話してくれました。ダーメルはオークランド東部でも一番荒っぽい地区で育ちました。ダーメルは七人兄弟の四番目。リード家には高校を卒業した者は誰もいませんでした。ダーメルも卒業できそうになく、自分の将来が不安でした。生活も苦しく、通りにはチンピラやドラッグの売人がうようよしています。そこから抜け出すことができるのでしょうか？

ダーメルが高校三年になる前の、静かな夏のある夜、家の外でダダダダッと銃声がひびきました。「銃声が聞こえるのは日常茶飯事だし、別に気にも留めなかった」と、ダーメル。

ところが突然、彼の友人の一人が脚を撃たれてドアから飛び込んできたのです。そして、ダーメルの弟のケビンが車から撃たれて殺されたと叫び出しました。

「ぼくはもうショックで、カーッとなり、同時に傷ついた。かけがえのない存在を失い、二度と会えなくなったんだ。弟はまだたったの一三歳だった。それがつまらない喧嘩で撃ち殺された。その後生活がどう変わったか、うまく言えないけど、家族全体がまっすぐどん底に落ちていくようだった」ダーメルは私にそう語りました。

ダーメルは当然のように、犯人を殺そうと思いました。殺された弟の復讐をするにはそれしか方法がないと感じたのです。警察はまだ犯人を捜している最中でしたが、ダーメルには目星がついていました。ケビンが亡くなって数週間後の蒸し暑い八月の夜、ダーメルは三八口径のリボルバーを手に入れて表へ出ました。ドラッグの一種であるクラックの売人、トニー・〝ファット・トーン〟・デイビスに復讐するために――。

「あたりは暗くて、デイビスとやつの仲間にこっちの姿は見えなかった。あいつは座って楽しそうに話したり笑ったりしていた。ぼくは一五メートルと離れていないところで、装填した銃を手に車の後ろにうずくまっている。そこにそうやってひそんでいるとき考えた。この小さな引き金を引けば、弟を殺したやつを殺せる、と」

重大な決断の瞬間。

そのとき、ダーメルは一時停止ボタンを押して自分を取り戻しました。彼は**想像力**を用いて、自分の過去と未来を思い浮かべたのです。

「ほんの二、三秒の間、自分の人生のことを考えた。どの道を選ぶか、はかりにかけた。捕まらずに逃げられるかどうか、警察にばれないかどうかも。弟がぼくのフットボールの試合を見に来たときのことも思い出した。お兄ちゃんならプロのフットボール選手になれるっていうのが弟の口ぐせだったんだ。ぼくの将来のこと、大学にいくことも考えた。自分の人生をどうしたいかも」

ダーメルは立ち止まり、**良心**の声を聞いたのです。

「ぼくは銃を持っている。体が震えている。ぼくの中の良心が語りかけてきたような気がした。立ち上がってこのまま家に帰り、学校にいけと。復讐すれば、将来が台なしになる。弟を撃ったやつと変わらなくなる」

まさに**意志**の力を用いてダーメルは、怒りに流されて人生を投げうつ代わりにその場を離れ、家に戻りました。亡くなった弟のためにも大学を卒業すると心に誓って。


ダーメルのように、私たちは誰もが、一度か二度はとてつもなく大きな壁にぶつかります。その壁に立ち向かうかつぶされるか、選ぶのはあなた自身です。

まとめればこうなります。

「成功であれ、失敗であれ、それは他の誰でもない、私の責任。私は力。私は目の前の障害を取り除くことも、迷路に迷い込むこともできる。それは私が選んだこと、私が身に負うこと。勝っても負けても、私の運命の鍵を握るのは私なのだ」

フォルクスワーゲンの古いコマーシャルにもあります。

「人生という道には、助手席に座る人もいれば、運転する人もいる。運転する人募集中！」

そこで質問。

あなたは人生の運転席に座りますか？　それとも助手席に座るだけですか？

自分のシンフォニーの指揮をしますか？　それとも、演奏してもらうだけですか？

反応的に振る舞いますか？　それとも主体的に振る舞いますか？

結局のところ、**選ぶのはあなた自身**です！

さて次は……？

次の章では、一生忘れられないような乗り物に乗せてあげましょう。その名も「偉大なる発見」！

さあ、いらっしゃい。スリルの連続ですよ。

最初の一歩

❶ 今度誰かの言葉に腹が立ったら、にっこりして、ピースサインを出そう。

❷ 今日、自分の言葉にじっくりと耳を傾ける。他人に原因を押しつける受け身な言葉を何回使ったか数える。たとえば「おまえのせいで～」とか、「～しなくちゃ」とか、「どうしてあいつらは～」とか、「～できない」とか。

私が一番よく使う反応的な言葉は

……………………………………………………………………

……………………………………………………………………

……………………………………………………………………

……………………………………………………………………

❸ 今まで勇気がなくてできなかったことを今日する。居心地のいい場所にばかりいないで、進んで行動する。誰かをデートに誘ったり、教室で手を挙げたり、グループ活動に参加したりする。
起こりうる最悪のことは何だろう？　うまくいかなかったり、断られたりしたらどうする？　でも、何もしないよりはずっといい。

❹ 電話に「私の気持ちを、○○には決めさせない」とメッセージを残す。あるいは付せん紙に書く。時々聞き直したり見直したりする。

❺ 今度のパーティーでは壁の花にはならない。面白いことが起こるのを待つのではなく、自分から楽しむ。新顔の誰かのところに行って自己紹介しよう。

❻ 今度、納得のいかない成績を取ったら、怒ったり泣いたりしないで、先生に会って話し合う。何をどう勉強したらいいかを考える。

❼ 親や友だちと喧嘩したら、自分から先に謝る。

8 いつも気になっていて、自分ではどうにもならないことがあるなら、すぐにそれを忘れよう。

いつも気になることで、自分でどうにもならないものは

....

....

....

9 意地悪なメールや失礼なメールを受け取ったら、一時停止ボタンを押す。怒りにまかせて返信しない。まず冷静になる。それから、どうすれば一番いいか考える。

10 自覚というツールを使って「私の一番不健康な習慣は?」と自分に質問する。それを何とか変えようと決意しよう。

一番不健康な習慣

....

....

....

それをどうするか

....

....

....

2

第2の習慣

終わりを考えてから始める

——自分のミッションと目標をはっきりさせる

「教えてくださいな。私はここからどっちのほうへ歩いて行けばいいの？」

「それは、おまえがどこに行きたいかによるな」猫は言いました。

「私はどこだってかまわないのだけど」アリスは言いました。

「なら、どっちのほうに歩いたって同じじゃないか」猫は言いました。

『不思議の国のアリス』より

雨の日は家で過ごすしかありません。あなたと友だちは、音楽を聴きながら、昔遊んだジグソーパズルをすることにしました。一〇〇〇個のピースを、大きなテーブルの上にぱっと広げます。次に箱のふたを取り、何をつくればいいのか見ようとします。すると、絵がない！　何も！　どんな絵になるかもわからずに、どうやってパズルを完成させるんだ？　あなたは思います。一瞬でいいから、完成図を見られたら。それだけでいいのに。見ると見ないとでは天と地ほど差があります。完成図がないと、どこから手をつけていいかわかりません。

今度は、あなたの人生と自分の一〇〇〇個のピース（最低一〇〇〇個ですよ！）について考えてください。あなたには目的意識がありますか？　今から一年後にこうありたいと望む自分を、はっきりと思い描けますか？　今から五年後の自分は？　それとも、雲をつかむような話ですか？

第2の習慣の「**終わりを考えてから始める**」には、あなたの人生の行き先をもっとはっきりさせる効果があります。自分の大切なものを決めて、目標を定めるということ。第1の習慣は、自分の人生を自分で運転できるようにします。第2の習慣は、運転するようになったからには、**どこに行きたいかを決め、そこに着くまでの地図を描けるようにする**のが目的です。

「ちょっと待った、ショーン。どんな目的意識があるかなんてわからないよ。大人になったら何になりたいかなんてもっとわからないよ」こんな声が聞こえてきそうですね。

大丈夫、私は大人ですが、自分がなりたいものが何なのか今もってわかりません！　目的を持つというのは、あなたの将来を細かく決めることではないのです。たとえば、どんな仕事を選ぶか、どんな相手と結婚するかといったことではなく、明日から先のことを考えて自分の毎日をどの方向に向けたいのか、それを決めるだけです。そうすれば、あなたの歩む一歩一歩はいつも正しい方向を向くのです。

終わりを考えてから始めるとは？

自分では気づいていないかもしれませんが、終わりを考えてから始めるということは、あなたもいつもやっていることです。家を建てる前には設計図を描くでしょう。ケーキを焼く前にはレシピを読みます。論文を書く前には大筋を立てます。これが人生には欠かせません。

想像というツールを使って、今から、終わりを考えてから始めるということを体験してみましょう。誰にも邪魔されずに一人になれる場所を、まず見つけてください。

さて、今度は頭の中を空っぽにしてください。学校や友だち、家族、おでこのニキビのことも忘れて。ただ、私と一緒に集中してください。深呼吸して、それから心を開くのです。

イメージしてください。半ブロック先から誰かがやってきます。それが誰なのか、初めはわかりません。だんだん近づくにつれて、はっと気づきます。信じられないかもしれませんが、「あなた」です。でも今のあなたではありません。一年後にあなたがなりたいと思っているあなたです。

さあ、よく考えてください。

この一年間であなたはどう変わったでしょう？

どんな気持ちですか？

どんな姿に見えますか？

どんな性格ですか？（今から一年後のあなただということを、忘れないように）

ゆっくりと現実に戻ってください。まじめにこの実験をやったなら、自分のことがもっと深くわかったのではないでしょうか。自分にとって何が大切か、次の年に何をやり遂げたいか、実感できたでしょう。これが、終わりを考えてから始めるということです。苦しいことは何もありません。

この習慣を身につけると、夢を現実のものに変える大きな力が得られます。

ジムにもそれがわかりました。

いらついたり、落ち込んだときにすごく役に立つ方法を見つけたんだ。一人になれる場所に行って、大人になったらどこにいたいか、どこに行きたいか、目を閉じて心に思い描く。ぼくの夢見る人生の全体像を頭に描いてみると、そのために何が必要か、何を変えないといけないか、自然に考えるようになるんだ。この方法は中学三年のときから始めた。そういう未来像の中にはもう実現しかけているものもあるよ。

実際、先のことを考えるとわくわくしてきますよね。次の高校生が言うように、それは自分の人生を自分で引き受けることにも一役買っているのです。

今まで何一つ計画を立てたことなんかなかった。思いついたことをただするだけで、目的を持つなんて考えたこともなかった。でも、急に先のことを考えるようになって、そうすると勉強もすごく楽しくなってきたんだ。今は進学の計画だけでなく、子どもをどんなふうに育てたいか、家族にどんな話をしたいか、どんな家庭をつくるか、そんなことまで考えてる。自分に責任が持てるし、もう人任せじゃないんだ。

なぜ目的を持つことが大切なのでしょう？　これには二つの理由があります。まず、あなたが大切な人生の岐路にいるということ。今、**あなたが選ぶ道が一生を左右するのです。二つ目は、自分で将来を決めないと、誰かが決めてしまう**からです。

あなたが立つ人生の岐路

大切な理由その一を見てみましょう。あなたは若くて、自由で、目の前には人生が大きく開けています。その岐路に立っているあなたは、どちらに行くか選ばなくてはなりません。

大学か大学院にいきたいですか？
旅行したいですか？　外国語を学びたいですか？
あのチームに入ってみますか？
どんな友だちが欲しいですか？
また授業をサボりますか？
誰とデートしますか？
酒、たばこ、ドラッグにどう向かいますか？
何を大切にしますか？
家族とどんな関係を持ちたいですか？
あなたが守りたいものは？
どんなふうに地域社会の役に立ちますか？

今日あなたがどの道を選ぶかで、一生が決まります。まだ若くて血気盛んなときに、これほどたくさんの重大な決断をしなくてはならないのは怖いし、どきどきします。でもそれが人生というもので

す。あなたの前に八〇メートルのロープが渡されていると思ってください。一メートルが一年分です。中学高校時代はたったの六年間、なんと短いのでしょう。でもその六年間が、残りの六二年間に、よくも悪くも大きく影響してくるのです。

友だちをどう選ぶ？

たとえば、友だちを選ぶとします。友だちはあなたの態度や評判、進む道に大きな影響を与えます。仲間として受け入れられて、その一員になりたいという気持ちは誰にでもあることです。私たちは、誰でもいいから自分を受け入れてくれる人を友だちに選びがちですが、それがいいとは限りません。ドラッグをやる子たちに受け入れられるには、あなたもドラッグをやらなければいけないのですから。

悪い友だちを持つよりは、しばらく友だちをつくらない。たとえつらくても、そのほうがいいときもあります。悪い仲間は、あなたが本当は望んでいないあらゆる道にあなたを引っ張り込みます。そこから引き返すのは長く大変な道のりです。

いい友だちをつくるのが難しいなら、何も同じ年頃の人でなくてもいいのです。いつだったか学校で、友だちがほとんどいないらしい男の子に話しかけたことがあります。ところが彼は、聞き上手なおじいさんと、とてもいい友だちだということでした。おじいさんが友だち不在の穴を埋めてくれるのでしょう。

リアルな人とのつながりに悩んでいるのなら特に、インターネットやアプリを通じて人とつながれるのは心強いことです。ベンの話を紹介しましょう。

去年の秋にオンラインゲームにはまりました。僕と同じような人たち、他の人たちから「オタク」と呼ばれる人たちとつながりを持つには、本当によい方法でした。新しい学校ではそんなに多くの知り合いはいませんでしたが、オンラインには素晴らしい支えてくれる仲間がいたのです。

すべてのユーザーが書き込んでいるチャットスレッドがあり、興味をそそられる人も何人かいました。ゲームにはまっている僕をからかわない人となら、話をしても大丈夫だと思い、実際に仲間に会うことも考えました。

しばらくして、サイバーストーカーやネットいじめにまつわるニュースを耳にするようになりました。本当にショックでした。僕は賢くならなければならないことに気づきました。僕が話をした人たちはみんな、危なくない、いいやつに見えましたが、彼らと個人情報を教え合ったり、じかに会ったりしてはいけないこともわかりました。本当はどんな人たちだか知らないからです。

だから、会うのは気が進まないと言いました。ほとんどの人は、それがいいと僕に賛成してくれました。だから、僕らの友情はオンラインのままでした。怖い思いをしたのは一度だけです。住所や写真を求められたのです。けれども、ストレスを感じ始めたときでさえ、自分でこの状況をコントロールできるとわかっていました。僕は彼らをブロックし、その後は二度と声を掛けられることはありませんでした。実際、オンラインでの仲間づくりは自信につながり、新しい学校で友だちを増やすことができました。

インターネットで個人情報を教えるときは、よほど注意しなければなりません。ベンはそうしなかったようです。誰かとビデオチャットしたり、インスタグラム（写真共有サービス）で誰かをフォローするとき、たとえ相手がいい人そうだったり、魅力的に思われたりしても、実際に会ってみたら恐ろしい狂人かもしれないことを知る手立てはありません。

たとえ知り合いで、信頼している相手であっても、露骨なメールや自分の裸の写真を送ったりすることはどうでしょう。そのときはおもしろいと思うかもしれませんが、送った相手がネット中にばらまかないとも限りません。ボーイフレンドやガールフレンドと別れた場合、あなたを傷つけるため、あなたが送ったメールや写真をばらまいたとしたら？　少なくとも一週間は、その種のトラブルに巻き込まれた有名人や政治家のような状況になるでしょう。終わりを考えてから、このような状況を避けるようにすれば、誰かに弱みを握られる危険は減ります。

とにかく、友だちを選ぶときはよく考えてください。誰と付き合うかで、あなたの将来も大きく変わってくるのですから。

セックスをどうする？

では、セックスはどうでしょう？　これは重大な影響がある大切な決断です。「いざそのとき」になってからでは遅すぎます。その前に心を決めておかなくてはいけません。今が決心をするときです。あなたが選ぶ道は、健康や自分のイメージ、大人になる早さ、評判、結婚相手、将来の子ども、その他多くのことに影響するのです。じっくりと、慎重に考えましょう。そのためには、結婚式の日にどんな気持ちでいたいかをイメージするのも一つの方法です。今、あなたは未来のパートナー・伴侶にどんなふうに毎日を過ごしていてほしいですか？　最近の調査によれば、映画鑑賞はアメリカのティーンの好きなレジャーの上位にランクインしています。私も映画は大好きです。でも、映画が宣伝する価値観を鵜呑みにはしません。映画は嘘をつきます。とりわけセックスの問題ではそうです。誰とでも、または一晩限りの相手と関係を持つことを、映画はさも素晴らしいことのように見せます。現実には、そこにどんな危険や結末がひそんでいるかわからないのにです。エイズや性病にかかったら、どんなに人生が狂ってしまうか、そういうところは見せてくれません。妊娠して学校を退学せざるをえなくなり（子どもの父親はとっくにいなくなり、送金もなし）最低の賃金で生活していくのがどういうものか、週末をおむつ替えで過ごして、自分の好きなバレーボールチームの応援にも踊りにも行かず、ティーンらしいこともせずに赤ちゃんの世話をするのがどういうものかも、映画では教えてくれません。

私たちは自由に道を選べますが、それについてくる結末を選ぶことはできないのです。ウォーター・スライダーをやったことがありますか？　どのスライドを滑り降りるか、自分で選ぶことはできても、いったん滑り出したら、後は止めようがありません。その結末とともに生きるしかないのです……最後まで。イリノイ州の女の子がこんな話をしてくれました。

私は一年くらい荒れていた時期があります。一年生のときだけど、あの頃は何でもやりました。お酒にドラッグ、年上の男、不良仲間。イライラしてみじめだったから。それは一年だけだったのに、今でも尾を引いています。誰も忘れてはくれないし、あんまり自慢できない過去を抱えていかなければならないのは大変です。一生つきまとわれるような感じ。今でもいろいろな人が私のボーイフレンドに言うんです。「おまえのガールフレンドは酒もドラッグもやるし、軽いんだってな」とか、そういうことを。だけど、一番嫌なのは、何か問題があるたびに、すぐ考えてしまうこと。「あんなことさえしなければ、すべてうまくいったのに」って。

学校をどうする？

学校教育もあなたの将来を大きく変えます。クリスタの体験は、終わりを考えてから始めることの大切さを教えてくれます。

高校二年のとき、私は大学の単位が取れる米国史のクラスに入る決心をしました。その一年間は宿題ぜめでした。ついていくのは大変だったけど、全国試験の合格目指して、このクラスでも頑張ろうと心に決めていました。そういう目的があるので、どの宿題にも全力投球できたんです。

特に骨の折れる宿題がありました。南北戦争のドキュメンタリーを見て、毎回レポートを書くようにと、教官が生徒全員に言うんです。このシリーズは一〇日連続で、しかも二時間もの。高校でもいろいろな活動をしていたので時間を見つけるのが大変でしたが、何とかやりました。レポートを提出してみると、シリーズを見ていた生徒はほんの一握りでした。

試験の日。生徒たちはピリピリしていて、重苦しい空気でした。試験官が言います。「始め！」私は深呼吸して一部目の封*を切りました。選択の問題です。問題を解くたびに、自信が出てきました。これならわかる！「鉛筆を置いて！」という声が聞こえる数分前にこのテストをやり終えました。

次は論文。どきどきしながら論文問題の封を切って、さっと読みました。南北戦争に関する問題でした。私はこれまで読んだ文献とあのドキュメンタリーを参考にしながら答案を書きました。試験が終わったときは、落ち着いていました。自信もありました。

数週間後、結果を知らせる手紙を受け取りました。合格です。

【封】
アメリカのテストは開けられないように封をしてあるものが多い。

先頭は誰？

未来像をイメージするのにはもう一つ理由があります。あなたがそうしないと、他の誰かが代わりにやってしまうからです。もっとも著名な経営者の一人であるジャック・ウェルチ*も言っています。「自分の運命を自分で操らないと、誰かに操られてしまう」

「誰かって誰？」あなたは聞くかもしれません。

たとえば、友だちや両親、マスコミです。生きていく上で何を守るべきか、あなたは友だちに教えてもらいますか？　たとえ立派な両親でも、自分の人生の青写真を親に描いてもらいたいと思いますか？親の心づもりは、あなたのやりたいこととはかけ離れているかもしれません。あるいはテレビゲームやうわさ話のブログ、テレビ番組が描くテーマを本当に大切にしたいですか？

今頃、あなたはこう思っているでしょう。「だけど将来のことなんかあんまり考えたくないな。一瞬一瞬を生きて、流れに任せるのが好きだから」

一瞬一瞬を生きるというのは私も賛成です。遠くばかり見ないで、今を楽しんだほうがいい。でも、流れに任せるというのはいただけません。流れに任せていたら、たいていは泥の海に沈んで、不幸な人生に行き着くだけです。人と同じことをやってみても、あなたの目的とは合わないかもしれません。「どこにでも行ける道は、どこにも行けないのと同じ」なのです。どの道が自分にとって一番いいか、自分で判断しなければなりません。早すぎることはないのです。

自分の目的がないと、先頭の人にただついて行くようになります。先が行き止まりになっていても。そこで思い出すのが、私が一〇キロのロードレースに出たときのことです。私は他のランナーたちとレースが始まるのを待っていましたが、スタートラインがどこにあるのか誰も知らないのです。そこへ、数人のランナーがわけ知り顔で道を歩き始めました。私もみんなもそれについて行きました。先頭の人達はスタートラインの場所を知っているのだろうと思ったのです。一キロ半ほど歩いたとき、私たちはふと気づきました。自分たちが愚かな羊の群のように、どこに行ったらいいのか知りもしないマヌケの後をついて来ただけだったと！　スタートラインは最初の場所だったのです。

他の人たちは行き先がわかっていると決めつけないことです。たいていわかっていないのですから。

ミッション・ステートメントとは？

そんなに大切な目的意識を、どうしたら持てるようになるのでしょう。私の経験から言って、一番いいのは自分のためのミッション・ステートメント*を書くことです。これは自分の信条やモットーみたいなもので、あなたの人生がどういうものかを表す、人生の青写真とも言えます。国には憲法があります。憲法はミッション・ステートメントのような働きをします。アップルやペプシなど、ほとんどの会社にもミッション・ステートメント、社訓があります。ただし、これが一番効くのは人に対してですが。

そこで、あなたも自分のミッション・ステートメントをつくってみませんか？　たくさんのティーンが実践しています。ミッション・ステートメントにはいろいろな種類があります。聖書の一節のように長いもの、一四〇文字のツ

【ジャック・ウェルチ】
ジェネラル・エレクトリック社のリーダーとして過去20年間に時価総額4500億ドルの資産を築き、世界一評価の高いビジネスリーダーとなった。シックスシグマ・クオリティー、グローバリゼーション、e－ビジネスなどを推奨するやり方は今日の企業のあり方に大きな影響を及ぼしている。著書の『わが経営』は企業経営のバイブル。

【ミッション・ステートメント】
ミッションは使命。自分のすべきこと。ステートメントは声明、憲章、などの意。

第2の習慣

まず何よりも、いつも自分の神さまに忠実になる。
家族の団結力を信じる。
真の友だちをおろそかにしない。
でも、自分のための時間も取っておく。
難関にぶつかったら、それを乗り越える（少しずつ克服する）。
どんなチャレンジにも、疑問ではなく希望を持ってのぞむ。
いつも前向きな自己イメージと高い自尊心を保つ。
何をするにも、自己評価から始める。

ベス

イートのように短いもの、詩に、歌に。好きな引用句をミッション・ステートメントにしている子や、絵や写真を使っている子もいます。いくつか、ティーンの友人たちのミッション・ステートメントを紹介しましょう。

一番目はベス・ヘアが寄せてくれました（上）。

ジューンは大好きなテイラー・スウィフトの曲の一節を自分のミッション・ステートメントにしています。

私にとって、恐れを知らないことは恐れがないことではない。まったく恐れないことでもない。私にとって、恐れを知らないこととは恐れること。恐れを知らないことは、たくさん疑問を持つこと。私にとって、恐れを知らないことは、あなたを死ぬほど震え上がらせるものの中で生きること。

私が出会ったノースカロライナ州のティーン、アダム・ソスネは「７つの習慣」をよく知っていて、将来設計に燃えています。彼も自分のミッション・ステートメントを見せてくれました。

アダムのミッション・ステートメント

・自分と自分の周りの人々を信頼する
・わからないことは質問する
・助け合いの精神に日々努める
・すべての人に優しく礼儀正しく接し、敬意を払う
・誰かを変えようとする前に、
　まず自分が変わることを肝に銘じる
・到達できる目標を定める
・言葉ではなく態度で語りかける
・小さなことでも当たり前だと思わない
・目標を見失わない
・自分より不幸な人や、つらい日々を過ごしている人を
　助ける時間をつくる
・他人が自分と違うことを認め、その違いを大きな利点と見る
・毎日『７つの習慣』を読む

以上のミッション・ステートメントを毎日読むこと

では、ミッション・ステートメントをつくると、何の役に立つのでしょう？　いろいろあります。中でも肝心なのは、自分にとって一番大切なものに気づき、その価値観に従って決断できるようになることです。ある高校三年生がミッション・ステートメントをつくることで人生がどう変わったか、話してくれました。

高校三年のとき、私は何にも集中できませんでした。ボーイフレンドがいたからです。彼のためなら、彼を喜ばせるためなら何でもしたかった。それで自然とセックスのことが話題になりました。でも、私はまったく心の準備ができてなくて、そのことでいつも悩んでいました。まだそんな気持ちになれないのに、みんながすればいいいって言うんです。

そんなとき、学校の性格開発クラスに入って、ミッション・ステートメントを書くことを教えられました。私は書き始めると止まらなくなって、何度も手を加えました。そうしたら自分の進むべき方向がわかってきて、自分のすることにはちゃんとした計画と理由があるのだと思えてきました。おかげで、私は自分の価値基準を守り、まだ心の準備ができていないことをしないですんだのです。

自分のためのミッション・ステートメントは、深く根を張る木みたいなものです。どっしりと構え、どこにも行きません。それでいてちゃんと生きていて、すくすく育っています。

激しく荒れ狂う人生の嵐に耐えていくには、深く根を張る木が必要です。ご存じのとおり、安定した人生なんてどこにもありません。考えてみてください。人は気まぐれです。ボーイフレンドはあなたを愛してくれたかと思うと、次の瞬間には見捨てます。その日は親友だった人が、次の日にはあなたの陰口をたたきます。

自分でどうにもならないさまざまな出来事を思い浮かべてください。引っ越し。失業。戦争。両親の離婚。

流行も一時的なものです。今年は人気だったスキニージーンズも、来年には流行らなくなったりします。今はイケてるヴァンパイアも、いつかはダサくなります。

何もかもが変わっていく中で、自分のミッション・ステートメントは深く根を張る大木のようにびくともしません。そういうしっかりした木の幹につかまっていれば、周りの変化にも応じていけるのです。

自分の才能を「発掘」しよう

自分のミッション・ステートメントには、それを通して自分の得意なものが見つかるという重要な面もあります。私が自信を持って言えるのは、誰にでも才能や特技があるということです。天使のような歌声は人々の注目を浴びますが、それとは違う才能もたくさんあります。注目されないからといって、少しも劣ってなどいません。たとえば、聞き上手、人を笑わせる才能、与え上手、許し上手、絵を描く才能、ただ感じがいいというのも才能のうちです。

もう一つ確かなのは、**人の花咲く時期はそれぞれ**だということ。あなたが遅咲きでも、どうか焦らないで。才能を掘り起こすのに時間がかかるだけなのです。

美しい彫刻を彫りあげたミケランジェロ*に、どうしたらそんなことができるのかと人が尋ねました。

彼はこう答えました。

「大理石の塊だった最初のときから彫刻はそこにあったのだ。自分はただ、周りを削り取っただけだ」

ナチスの死の収容所を生き延びたユダヤ系オーストリア人の著名な精神科医、*ビクター・フランクルも、私たちの才能はつくり出すものではなく、見つけるものだと言っています。言い換えれば、才能は持って生まれたもので、後はただ、それを発掘すればいいのです。

私にも忘れられない経験があります。今まで思ってもみなかった自分の才能を見つけたときのことです。高校一年の英語の授業で、ウィリアムズ先生が創作の宿題を出しました。私は初めての作文を意気揚々と提出しました。題名は『老人と魚』！　私が小さい頃、夜になると父がよく話してくれた話です。私は父が自分でつくった話だとばかり思っていました。*アーネスト・ヘミングウェイの『老人と海』から筋を拝借したなんて、父は言わなかったのです。作文が返されたときはショックでした。先生の評は

「少々ありふれた感あり。ヘミングウェイの『老人と海』に酷似」

「誰なんだ、このヘミングウェイってやつは？　よくも父さんの話を真似したな」

私の高校生活の退屈な英語の授業は、こうして幕を開けたのです。

大学に行って、素晴らしい教授の短編小説の講義を受けるようになってから、私は書くことへの情熱に目覚めました。信じられないかもしれませんが、わざわざ英語を専攻するほどになったのです。ウィリアムズ先生が聞いたら、卒倒したかもしれませんね！

偉大なる発見

この「偉大なる発見」は、ミッション・ステートメントを書く前に自分をもっと深く知るための楽しい遊びみたいなものです。ここを通りながら、正直に答えてください。答えを書き込んでもかまいません。書くのはちょっと、と言う人は答えを頭の中で考えてみてください。これをやってみると、あなたは何に勇気づけられるのか、何をするのが好きか、誰を尊敬しているのか、自分の人生をどの方向に向けたいのかがもっとはっきりするでしょう。

【ミケランジェロ】
（1475 ～ 1564）フィレンツェ生まれ。イタリア、ルネッサンス期のダ・ヴィンチと並び称される彫刻家、画家、建築家。フィレンツェ市庁舎前のダヴィデ象、バチカン・システィーナ礼拝堂の壁画、晩年のサン・ピエトロ大聖堂のピエタは傑作とされている。フィレンツェの実権を握るメディチ家に仕え、他にも素晴らしい建築、絵画を多く残した。

【ビクター・フランクル】
フロイト、アドラーという偉大な精神医学者に学んだ。ヒトラーの「夜と霧」作戦により妻とともに財産をすべて没収されユダヤ人強制収容所に送られる。その体験を含めた収容所の記録『夜と霧』を戦後発表。実存主義心理学に基づいたフランクルの人間の生命に対する深い洞察と、慈愛に満ちた姿勢に貫かれたこの著作は今も多くの人々に感銘を与え続けている。

【アーネスト・ヘミングウェイ】
（1899 ～ 1961）20 世紀米文学を代表する作家。人生を愛し、酒を愛し、旅を愛した。「アメリカを描かなかったアメリカ人作家」と称されるほどで、イタリア、パリ、キューバ等を転々とし、その間多くの土地を旅行。『老人と海』の他『武器よさらば』『日はまた昇る』『誰がために鐘は鳴る』等々、多くのベストセラーがある。

偉大なる発見

ここからスタート！

1

あなたの人生に
良い影響を与えた人を
思い浮かべてください。
その人のどんなところを
見習いたいですか？

2

今から20年後、あなたの一番大切な
人々に囲まれている姿を想像してください。
それはだれですか？
そのとき、あなたは何をしていますか？

3

二つの超高層ビルの間に、
幅15センチの鉄の端が
渡されているとします。
何のためなら、そこを渡って
いいと思いますか？
1000ドル？
100万ドル？
あなたのペット？
兄弟？　名声？
よく考えてください。

4

一日中、大きな図書館で
あなたの好きなことを
勉強して過ごせるとしたら、
何を勉強しますか？

5

歌、ダンス、雑誌を眺める、
絵を描く、読書、空想……
なんでもいいですから、
ぜひやりたいことを書きましょう。

1
2
3
4
5
6
7
8
9
10

6

あなたが心から勇気づけられたときを書いてください。

7

今から5年後、
地元の新聞があなたの記事を書くために
三人にインタビューしようとしています。
親。兄弟姉妹の誰か、それに友だち。
この三人にあなたのどんなことについて
話してもらいたいですか？

8

あなたを何にたとえたらいいか
考えてください。
花、歌、動物など何でもいいです。
それはなぜですか？

9

過去に実在した人物と
1時間一緒に過ごせるとしたら、
誰と一緒に過ごしますか？
なぜその人を選んだのですか？
その人物に何を尋ねますか？

⑩ 誰にでも一つかそれ以上の才能があります。
次に挙げた中であなたが得意なものは？
他にもあれば、それを書いてください。

- □ 計算
- □ 言葉で表現すること
- □ 何かを思いつくこと
- □ スポーツ
- □ 何かを実現すること
- □ 必要なものを感じ取ること
- □ 機械いじり
- □ 芸術
- □ 人とうまくやること
- □ 暗記
- □ 決断すること
- □ 何かをつくること
- □ 人を受け入れること
- □ 予言
- □ 話すこと
- □ 書くこと
- □ ダンス
- □ 聞くこと
- □ 歌
- □ ユーモア
- □ 人と分かち合うこと
- □ 音楽
- □ 雑学

ねぇ、僕が／私が見つけたものを見てよ。僕自身／私自身だよ！

ゴール！

ミッション・ステートメントづくりにとりかかろう

「偉大なる発見」を通り抜けた今、ミッション・ステートメントづくりの下準備は整いました。次に紹介するのは、自分のミッション・ステートメントを書き始めるときに役立つ、四つの簡単な方法です。どれか一つを試しても、四つ全部を組み合わせても、自分に合うやり方でやってみてかまいません。これはただの提案ですから、こだわらずに自分なりの方法を見つけてくださいね。

その1

金言・引用句を集める。一つ以上、五つまでのお気に入りの引用句を一枚の紙に書き出します。それをまとめたものが、あなたのミッション・ステートメントになります。素晴らしい金言やことわざが励みになる人には、とても効果的な方法です。

その2

思いつくまま書く。一五分以内に自分のミッションを走り書きします。どんなものになるかは、心配しないでください。書いたものに手を加えないように。とにかく途中でやめないで書き続けることです。あなたの考えを全部書き出してください。行き詰まったら、「偉大なる発見」で出した答えを思い返しましょう。そうすればあなたの想像力のスイッチが入ります。頭の中が十分すっきりしたら、もう一五分かけて、思いつくまま書いたことをわかりやすくまとめましょう。

これで、わずか三〇分で大まかなミッション・ステートメントができあがります。さらに何週間かかけて書き直したり、書き加えたり、わかりやすくして、あなたを奮い立たせるようなものに仕上げましょう。

その3　どこかに缶詰めになる。午後いっぱいとか、たっぷり時間をとって、一人になれる大好きな場所に行きます。携帯電話の電源もオフにしましょう。そこで自分の人生のことや、これからどうしたいかをじっくりと考えます。「偉大なる発見」の答えも思い返します。この本にある見本を参考にしてください。時間をかけて、自分にふさわしい方法でミッション・ステートメントをつくり上げるのです。

その4　あなたが真の怠け者なら、米国陸軍のスローガン「自分がなれるものすべてになれ」を自分のミッション・ステートメントにする（冗談です）。

ミッション・ステートメントを書くときにたいていの人がする大きな間違いは、完璧なものにしようと時間をかけて考えすぎ、いつまでもとりかかれないことです。それよりも、ざっと書いて後で手直しするほうがはるかにいいですね。

ティーンは自分のミッション・ステートメントを誰かと同じように書こうとしますが、それも間違いです。ミッション・ステートメントにはいろいろな形があります——詩、歌、引用、絵、たくさんの言葉、一つの言葉、雑誌の写真のコラージュなど。これが正しいという方法はありません。他ならぬ自分のために書いているのですから。英語の先生が見るわけでもなく、誰かが採点するわけでもありません。これはあなただけの秘密書類。だから、思っていることを全部吐き出しましょう。一番大切なことを自問してください。「これは私の励みになるだろうか？」答えがイエスなら、それでいいのです。

ミッション・ステートメントを書いたら、すぐ見られる場所、携帯電話の中や鏡に貼っておきます。または縮小してラミネート加工し、バッグや財布に入れておきます。そうすればいつでも取り出して見ることができます。全部覚えられるなら、それに越したことはありません。

ここにティーンのミッション・ステートメントがもう二つあります。スタイルも長さもまったく違います。

ホイットニー・ノジスカのミッション・ステートメント

大切にしよう
–世界を
–人生を
–他の人を
–私自身を

愛そう
–私自身を
–私の家族を
–私の世界を
–知識を
–学問を
–人生を

戦おう
–私の信念のために
–私の情熱のために
–目標を達成するために
–よいことをするために
–自分に正直であるために
–無気力と

揺らそう
–ボートを（ROCK＝揺らす）
ボートに揺らされるのではなく
–石になろう（ROCK＝石）

以上を忘れないこと

こちらはケイティ・ホールが書いたミッション・ステートメントです。短いですが、彼女にとってはこれで十分です。

ケイティ・ホールのミッション・ステートメント

三つの注意点

終わりを思い描いて自分のミッション・ステートメントをつくるときに、危険な石ころが転がっているかもしれないので気をつけましょう！

気をつけること　その1　悪いレッテル

人から悪いレッテルを貼られているような気がしたことはありませんか？　たとえば、あなたの家族、先生、友だちから。

「おまえみたいなイーストサイド*の連中は、みんな同じだな。厄介なことにばかり足を突っ込む」

「あんたみたいな怠け者は見たことがない。重いお尻を上げてたまには何かやったらどう？」

「あれがリジーだよ。マリファナやってるらしいぜ」

あなたの学校にしかないレッテルというのもあるはずです。私の学校には、カウボーイ族、インテリ族、脳天気族、オカマ族、パーティー族、進学族、ぶりっ子族、燃え尽き族、スポーツ族、ドラッグ族、その他にもいろいろなグループがありました。私はスポーツ族のレッテルを貼られていましたね。スポーツができて、自分に夢中で、脳味噌の大きさは豆粒ほど、というような意味です。

レッテルは偏見から生まれた醜いものです。偏見（prejudice）という単語を分解すると、どうなりますか？　そう、早まった（pre）、判断（judge）です。面白いでしょう？　誰かにレッテルを貼るのは、その人を早まって判断する、よく知りもしないで決めつけるということです。少なくとも私は、自分のことを何も知らない人間に不当な判断をされたら頭にきますね。

あなたにも私にもいろいろな複雑な面があって、お店に陳列されている洋服のように種類別にきちんと棚に並べたりはできません。この世には個性的な人が何百万といます。たった何種類かのタイプに分けるなんてムリです。

間違ったレッテルを貼られても生きてはいけます。本当に危険なのは、自分までがそのレッテルを信じるようになることです。レッテルもパラダイムと同じようなもの。人は、見たままをそのまま受け取ってしまうのです。たとえば、怠け者のレッテルを貼られたとすると、あなたはそのレッテルを自分でも信じるようになり、それでもいいと思い始めます。そしてレッテルどおりに振る舞うようになります。どうか忘れないでください。あなたはレッテルとイコールではないのです。他人のレッテルで自分の限界を設けたりしないでください。

気をつけること　その2　もう終わりだ症候群

もう一つ、気をつけなくてはいけないのは、自分のした間違いを気にするあまり、心の中でこう言うようになることです。「もう終わりだ。失敗した。どうでもいい」ここから自滅行為が始まり、自暴自棄になってしまうことがよくあります。

これだけは言わせてください。決して、もう終わりではないのです。ティーンエイジャーには、やけになって自慢できないことでも何でもやってみる時期があるのです。まるで人生の限界を試すみたいに。間違うのは、あ

【イーストサイド】

ニューヨーク、マンハッタンを東西に分けた、ロングアイランド側がイーストサイドで、スラムがある。ウェストサイドは高級住宅地で、ジョン・レノンが住んでいた、ニューヨークでもっとも古い高級アパートがある。

So often, in our quest to be more popular and to be part of the "in-group", we lose sight of things that are far more important...
人気者になって、仲間の一員になろうとするあまり、それよりずっと大切なことを見失ってしまうことが多い。

なたがノーマルだからです。どんな若者もどんな大人も間違います。間違ったときは、すぐに冷静さを取り戻せばいいのです。

気をつけること　その3　間違った壁

何かが欲しくて必死になって手に入れた後、何だか空しい気持ちになったことはありませんか？　人気者になって、仲間の一員になろうとするあまり、それよりずっと大切なこと、たとえば自尊心や友情、心の平安を見失ってしまうことも多いのです。成功への梯子を登るのに忙しすぎて、その梯子が正しい壁にかかっているかどうか確かめるヒマもないのです。目的意識がないのは問題です。でも、間違った方向に向かって目的意識を持つのは、もっと問題です。

素晴らしい選手とフットボールをしたことがあります。彼はチームのキャプテンで、見事な体格だけでなく、何もかも持っていました。どの試合でもスタンドプレーや離れ業でファンをわかせました。ファンは彼の名をたたえ、少年たちは彼に憧れ、女性たちは彼を慕いました。彼はすべてを手に入れたのです。

少なくとも、そう見えました。

ところが、フィールドでは輝いていても、他のところではそうではなかったのです。本人にもそれがわかっていました。有名になるにつれて、自分の原則に背を向け、方向を見失っていくのが、幼なじみの私にもわかりました。彼は観衆の称賛を浴びましたが、それよりもはるかに意味のあるもの——自分自身——を犠牲にしたのです。間違った方向に向かっているのなら、どんなに速くても、どんなによく見えても意味がありません。

自分の梯子が正しい壁にかかっているか、どうしたらわかるのでしょう？　ここで一呼吸置いて、自分にこう聞いてみてください。「この生き方で正しい方向に向かうのだろうか」と。自分に厳しく正直になって、良心の声、内なる声に耳を傾けてください。何と言っていますか？

一八〇度の方向転換をしなくても、人生をほんの少し軌道修正するだけですみます。でも、その小さな変更が大きく運命を変えたりします。想像してみてください。ニューヨークからイスラエルのテルアビブまで飛行機で行くとして、北に一度それるだけでテルアビブではなくモスクワに着いてしまうのです！

現実的な目標設定のための五つのポイント

ミッションがはっきりしたら、今度は目標を決めたくなるでしょう。ミッション・ステートメントよりも的を絞り、**ミッションを一口サイズに分割したものが目標**です。ピザを全部食べるのがミッションなら、それをどう切り分けるかが目標設定です。

目標という言葉には苦い思い出がつきものですよね。目標を決めてなかったとか、あれができなかったとか、いろいろと思い出します。でも、過去の失敗はすべて忘れて、ジョージ・バーナード・ショウのアドバイスに従いましょう。彼はこう言っています。

「私が若い頃、一〇のことをしたら、そのうち九つは失敗だった。負け犬にはなりたくなかったので、私は一〇倍頑張った」

目標を定めるポイントを五つ挙げます。

ポイント1　代償を見極める

その気になって目標を決めたはいいけれど、後になって、無理だと諦めてしまうことがあります。どうしてだと思いますか？　それは、代償（どのくらいの物理的・精神的労力が必要か）を見極めなかったからです。

今年はもっといい成績を取ることを目標にしたとします。ＯＫ。でもその前に、代償を見極めてください。どのくらいになるでしょう？　たとえばの話、数学と文法にもっと時間をかけるとすると、ネットを見る時間を削ることになるかもしれません。また、睡眠時間を削らなければならないこともあります。勉強の時間をとれば、テレビを見たり、週末に遊べなくなったりするかもしれません。

さて、代償を見極めたら、今度は成果について考えてください。いい成績を取ったら、どんな素晴らしいものが手に入るでしょう？　やり遂げたという実感？　大学の奨学金？　いい仕事？　次にこう自問してください。

「私はその代償を払う覚悟があるのか？」

なければ、やめておくことです。守れそうもないことを自分に約束しないようにしましょう。あなたの自己信頼残高が減ることになります。

もっといい方法は、目標を一口サイズに小さくすることです。たとえば、全部の授業でいい成績を取るのではなく、二つだけいい成績を取ることを目標にする。次の学期にはもう一口。代償を見極めれば、あなたの目標もそれだけ現実的になります。

ポイント2　文字にする

「書かれていない目標はただの願いにすぎない」とよく言います。書かれた目標には、仮定も否定もありません。それは一〇倍の威力を発揮します。タミーという女の子が話してくれたことですが、彼女は目標を書き出すことで、のちにふさわしい相手を選べるようになったのです。タミーは数年間、トムという男の子と付き合っていましたが、彼から精神的な虐待を受けていたにもかかわらず、その関係から抜け出すことができませんでした。そんな彼に頼ってしまう自分がみじめでした。ある日、特別な友だちが遊びに来て、タミーが変わるきっかけを与えてくれました。これはタミーが一八歳のときに書いた日記の抜粋です。

昨日、トムと別れる決心がついたばかり。この二年半というものハマってしまっていた生活からも抜け出せそうだ。この勇気を出すには一八〇度の転換が必要だった。私は五年後にこうなりたいと思う自分や、こうありたいと思う気持ちを心に描いてみた。人の言いなりにならず、自分のために決心できて、何よりも、誰かと健全ないい関係にある自分を。私が人間関係に望むものをリストアップすることを思いついた。将来のためにそれを書いておこう。

人間関係／将来の夫に求めるもの

1　敬意
2　無条件の愛
3　誠実

4　忠誠
5　私が人生の中で追い求めるものに協力してくれること
6　正義（信仰心）
7　ユーモア／遊びの精神
8　毎日笑わせてくれること
9　私の気持ちを満たしてくれること――ずたずたにするのではなく
10　子どものいい父親になること
11　聞き上手であること
12　私のために時間をつくり、私に最良の人生を望んでくれること

このリストで、私はいつでも自分のあるべき将来をのぞくことができる。これを読めば希望がわく。もっといい人生があることを思い出させてくれる。

タミーは自分の要求を満たしてくれる素晴らしい男性と出会い、結婚しました。ハッピーエンドは本当にあるのです。妥協してはいけません。

タミーが発見したように、自分の目標を書くのは自分に魔法をかけるようなものです。書いていると、嫌でも的が絞られていきます。目標を定めるには、これが肝心なのです。女優のリリー・トムリン*は言っています。

「前から立派な人間になりたいと思っていた。でも、もっと的を絞るべきだったのね」

ポイント3　とにかくやる！

以前、コルテス*のメキシコ探検についての本を読んだことがあります。五〇〇人以上を乗せた一一艘の船で、コルテスは一五一九年にキューバからユカタン半島に向けて出航しました。上陸すると、彼は他の探検隊の隊長が考えもしなかったようなことをやってのけました。船を焼いたのです。引き返す手段を絶つことで、隊全体も彼自身もこの目的に全力投球するしかなくなりました。征服か、さもなくば死です。

「何にしても頃合いがある」と聖書にもあります。

人は「やってみる」と言うときも、「やる」と言うときもあります。言い訳をするときも、船を焼くときも。もちろん、できることをやってみるしかないときもあるでしょう。それでも、やるなら今だというときが必ずあるはずです。「返すように努力してみる」と言うビジネスパートナーにあなたは二〇〇〇ドルを貸しますか？　あなたを正式な夫なり妻としますかと聞かれて、「できればば」と答える相手と結婚しますか？

考えてしまいますよね。

こういう話を聞いたことがあります。大尉と中尉の会話です。

「中尉、この手紙を届けてくれないか」

「ベストを尽くします」

【リリー・トムリン】
1939年、ミシガン州デトロイト生まれ。アメリカの一味違う個性派人気コメディエンヌ。ウェイン大学医学部在学中に選択科目で取った演劇にのめり込み、コーヒー・ハウスでのパフォーマンスに明け暮れる。'65年にニューヨークに来て、TVショーにデビュー。'75年『ナッシュビル』でスクリーンデビュー。『9時から5時まで』『ムッソリーニとお茶を』『キッド』など多くの話題作に出演。

【コルテスのメキシコ探検】
スペインの貴族の出であるコルテスは、1518年キューバ総督ベラスケスの命でメキシコ探検と征服を開始。1521年にアステカ帝国を滅ぼす。インカを滅ぼしたピサロと並ぶ征服者として知られる。これにより、ブラジルを除く南アメリカを植民地化したスペインは、ポトシ銀山の開発に努め、莫大な金銀を独占した。

「いや、ベストを尽くしてほしいわけじゃない。この手紙を届けてほしいんだ」

「では、命に賭けてもそうします」

「誤解しないでくれ、中尉。死んでほしくはないんだ。私はこの手紙を届けてもらいたいのだよ」

ようやく中尉は言いました。

「では、そうします」


あることをやろうと心に誓うと、それをやり遂げる力も増します。

「何かをやると決めれば、力が出るものだ」と*ラルフ・ウォルドー・エマーソンは言っています。

私も目標達成を心に誓うたびに、自分に今までなかった意志の力と能力、そして創造力の金鉱を掘り当てたような気持ちになります。こうと決めたら、必ず道は見つかるものです。

コンピューター・プログラミングの本をたくさん書いているW・H・マーレーの次の一節は、私の座右の銘です。「やる」と人が決めたときの心の動きが描かれています

決心するまでにはためらいがある。後戻りするチャンスがあり、いつでも無効にできる。見逃すと、無数のアイデアや素晴らしい計画も消えてしまう、基本的な真理が一つある。それは、きっぱりと心に決めた瞬間、神も味方してくださるということだ。今までは起こりえなかったさまざまなことが起

こり始める。その決心によって次々と事が動き、夢にも思わなかったような道が開けて、思いもしなかった出来事や物質的な援助といったあらゆる好ましいことが起こる。私はゲーテのこの言葉を深く尊ぶようになった。

あなたにできることが何であろうと、どんな大きな夢だろうと、それに向かって一歩を踏み出すことはできる。大胆になれば、そこに才能も力も魔法も宿る。

偉大なジュダイ・マスターであるヨーダの言葉にあるように、「やるかやらないかだ。試しなどいらない」のです。

ポイント4　勢いに乗る

人生には、勢いと力がつく瞬間があります。そういうときに目標を定めるのも一つの方法です。始まるものと終わるもの、物事の始まりと終わりには勢いがあります。新年は始まりを意味します。反対に、別れは終わりを意味します。私も二年間付き合ったガールフレンドと別れたときのつらさを覚えていますが、デート相手の候補者リストをつくるときのわくわく感も覚えています。

新しい目標を設定するときの勢いになるものを挙げてみました。

【ラルフ・ウォルドー・エマーソン】
（1803～1882）思索家であり、アメリカン・ルネッサンスの知的支柱とも言われる。牧師で哲学者、詩人、エッセイストでもあり、当時のもっとも美しい魂と高い理想を統合したと言われている。ドイツ観念論、ことにカント哲学の精神をアメリカに移入、超絶主義を唱えた。著書に『自然論』『代表的人物論』『エッセイズ』など。

・新学年
・人生が変わるような体験
・別れ
・新しい仕事
・新しい付き合い
・二度目のチャンス
・誕生
・死
・記念日
・勝利
・挫折
・発明
・新しい町への引っ越し
・新しい季節
・卒業
・結婚
・離婚
・新居
・新しいヘアスタイル
・新しい一日

つらい経験で勢いがつくこともよくあります。不死鳥の伝説を知っていますか？　五〇〇年から六〇〇年に一度、美しい不死鳥は自ら火に飛び込み、その後灰の中からよみがえります。そんなふうに、つらい体験から生まれ変わることもできるのです。人生の挫折も悲劇も、変化のための踏切台になります。あなたを動かし、より強くしてくれるのです。

ここぞというときに目標を決める癖を身につけてください。その気になったらすぐに決心しましょう。また、気分はいずれ変わるということもお忘れなく。気分が乗らなくてもやり続けると、本当の意味で自分の強さが試されます。こう言う人もいます。

「人格の強さとは、決心の意気込みが冷めたずっと後まで、それを貫く厳しさである」

ポイント5　ロープを渡す

　登山家の義弟の案内で、友人と一緒に高さ四二〇二メートルのグランド・ティートンに登ったことがあります。あれは怖かった！　登るにつれて、山は垂直になっていきます。そこでみんながロープをくくりつけ合って山を登ります。もし誰かが落下してもそれが命綱になるように。私は二度、ロープのおかげで命拾いをしました。何千メートルもの高さから墜落死せずにすんだのです。あのときほどロープが愛しいと思ったことはありません。互いに助け合い、ロープに頼りながら、私たちはようやく頂上まで無事にたどり着いたのです。

　そうやってロープを渡し、人から力を借りれば、もっといろいろなことができます。たとえばシエイプアップを目標にしたとしましょう。さあ、考えてください。どんなふうにロープを渡しますか？　同じ目標を持つ友だちを見つけて一緒に運動し、励まし合う。それとも、両親にあなたの目標のことを話し、応援してもらう。スポーツトレーナーやジムのコーチに目標を話してアドバイスを求める。あなたのアイデア次第です。ロープを受け取ってくれる人は友人や兄弟姉妹、ガールフレンド、両親、カウンセラー、祖父母、いろいろいるでしょう。たくさんロープを渡せば、成功のチャンスもぐっと増しますよ。

成功例　マッチョな体を手に入れろ

高校二年のとき、私の体重は八二キロありました。当時一年生の弟、デイビッドはなんと四三キロ。一つしか違わないのに、私は弟の倍あったのです。でも根性があるデイビッドは、自分が目指すものにたどり着くために信じられないようなことをやってのけました。弟の話を聞いてください。

プロボ高校でフットボールチームに入ったときのことは一生忘れないよ。一五七センチでわずか四三キロの体は、いわゆる四四キロ級の痩せっぽちよりも小さかった。ぼくに合うフットボールの防具も見つからなかった。どれもぶかぶかなんだ。そこにあった一番小さいヘルメットをもらっても、耳当てを三枚両側に当ててやっとかぶれたくらいだ。あの姿は頭に風船を乗せた蚊とんぼみたいだったな。

フットボールの練習は怖かった。二年生と頭突きさせられるときなんか、なおさらだ。一年生と二年生が九メートル離れたところで一列に向き合って並ぶ。コーチがホイッスルを吹くと、二度目のホイッスルが鳴るまで相手にぶつかっていく。

自分の番がいつ来るかと、こっちの列にいる選手の数を数えたものさ。それから二年生の側の選手を数えて、ぼくに吹っ飛ばされ方を教えてくれるのは誰だか見てみる。すると、一番でっかくて凶暴そうな二年生が必ずぼくの相手なんだ。死ぬな、といつも思ったね。ラインについてホイッスルを待つと、次の瞬間には派手に吹っ飛ばされていた。

その年の冬は、レスリングチームに入ってみた。四四キロ級で戦ったんだ。大食いした後で服を着て体重を測っても、まだ四四キロを超えない。実際、減量しないで戦えるのはチームの中でぼくだけだった。兄さんたちはぼくがいいレスラーになると思っていたけどね。フットボールと違って、自分とほぼ同じ体重の相手と戦えるから。ところが、ぼくは試合のたびにマットにのされていた。

春には陸上もやった。だけど運悪く、ぼくはチームで一番遅かった。不思議じゃないけどね。この鉛筆みたいな脚を見れば。

陸上の練習が終わったある日、ぼくはこれ以上耐えられなくなった。「もういい。こんなのはウンザリだ」心の中でそう言ったんだ。その夜、自分の部屋で一人になると、高校時代に達成したい目標を書き出した。スポーツで成功するには、もっと大きく強くならないといけない。だから、この方面の目標をまず定めた。高校三年生になるまでに、身長一八三センチ、体重八二キロになる。そして、一一四キロのベンチプレスをやる。フットボールでは、学校代表チームのスターティング・ワイドレシーバーになる。陸上では、短距離で州代表になる。それに、フットボールと陸上チームの両方のキャプテンになった自分も思い描いたね。

素晴らしい夢ばかりだろう？　だけどあのときは、現実を真っ正面から見据えていたんだ。四一キロのこの体をね。それでもこの計画に一年から四年までしがみついた。

詳しく話そう。体重を増やす一環として、胃の中が決して空っぽにならないようにしたんだ。だからしょっちゅう食べてた。朝食、昼食、夕食は一日八食のうちの三食でしかなかった。それから、プロボ高校代表チームのスターティング・ラインバッカーで身長一九一センチ、体重一〇七キロのケアリーと密約を交わした。ぼくが彼の代数の宿題を手伝う代わりに、彼は体重増加のパートナー兼用心棒として、毎日ぼくと一緒に昼飯を食べるとね。

ケアリーと同じ量を食べることにして、毎日昼に弁当を二つ、ミルクを三本、ロールパンを四個買った。ぼくらが一緒にいる光景はさぞ見物だっただろうな。ぼくはその他に、ゲイン・ウェイト・ファストというプロテイン・パウダーを持ってきていた。そのまずい粉をミルク一本一本に混ぜるんだ。飲むたびに吐きそうになったよ。

二年のときには、親友のエディと運動を始めた。エディもぼくと同じで大きくなりたがっていたんだ。彼はぼくの食事リストをさらに増やしてくれた。ピーナッツバターをそのままティースプーンで一〇匙、それと、寝る前にミルク三杯。ぼくらは毎週九〇〇グラム増やすのをノルマにしていた。正式な体重測定の日に体重が増えていなければ、増えるまで飲み食いする。

母さんがある記事で読んだところによると、子どもが毎晩一〇時間、真っ暗な部屋で寝て、日に二、三杯ミルクを余計に飲むと、ふつうよりも四、五センチ多く背が伸びるらしい。ぼくはそれを信じて厳格に守った。何しろ、一八三センチになるという目標を達成しないといけないし、父さんの一七八センチの背丈はなんの励ましにもならなかったからね。「父さん、家の中で一番暗い部屋が欲しいんだ」とぼく。部屋を手に入れると、今度はドアの隙間と窓の上にタオルを詰めた。わずかな光も我に注ぐべからずってわけだ！

次に、睡眠の時間割をつくった。夜の八時四五分頃には寝て、朝の七時一五分頃に起きる。これで一〇時間半の睡眠が確保できる。仕上げに、飲めるだけミルクを飲んだ。

ウェイト・リフティングとランニング、フットボールのキャッチも始めた。毎日少なくとも二時間は運動した。トレーニング室でウェイト・リフティングをやるとき、ぼくとエディはＸＬのシャツを着るんだ。いつの日かこれがぴったりになるのを願ってね。ベンチプレスも初めのうちは三四キロがバーから少し浮く程度だった。

　何ヵ月かすると成果が現れ始めた。わずかずつ、ゆっくりと。それでも成果は成果だ。二年生になる頃には、身長一六五センチ、体重約五五キロになっていた。八センチ背が伸びて、体重も一四キロ増えたんだ。それに前よりうんと丈夫になった。

　自分一人で世界中を敵に回しているような気がした日もある。人にこう言われるときが一番嫌だった。「何でそんなに痩せてるんだ？　もっと食べろよ」ぼくは言い返したくなったものだ。「バカ野郎。ぼくがどんな苦労をしてるか知ってるのか」

　だけど高校三年になると、一七三センチ、六六キロになったよ。ぼくはさらにこの体重増加プログラムとランニング、リフティング、それに技術を磨くためのトレーニングを続けた。陸上では一本も手を抜かず全力疾走することを目標に設定した。練習も一度もサボらなかった。病気のときもね。すると急に、今までの苦労が報われ始めたんだ。ぼくは本当にでかくなった。それもあっと言う間に。実際、速く成長しすぎて、熊にやられた引っ掻き傷みたいな痕が胸のところにできたくらい。

　プロボ高校の四年になる頃には、一八三センチの目標を達成した。体重のほうも目標に定めた八二キロより数キロ少なかっただけだ。学校代表チームのスターティング・ワイドレシーバーになれたし、キャプテンにも選ばれた。

陸上では、それ以上に成果を出せた。ここでもキャプテンに選ばれて、短距離でチーム一になって、州でも五本の指に入った。その年の末には体重も八二キロになって、ベンチプレスも一一六キロが上がるようになった。それに、高校四年の女子が選ぶベスト・ボディ賞に輝いた。この賞が一番うれしかったね。

やった！　本当にやったんだ！　数年前のあの夜、自分の部屋で決めた目標のほとんどを達成した。まったく、ナポレオン・ヒル*が書いたとおりだよ。「人間が考え出し、信じることができるものは何でも、人間の手によって達成できる」

【ナポレオン・ヒル】
（1883～1970）ナポレオン・ヒル財団の創立者にして、文学・人文学・哲学博士。1908年駆け出しの新聞記者としてアンドリュー・カーネギーに出会い、万人が活用できる成功の秘訣の体系化に着手。「明確な目標」「揺るぎない信念」などからなるナポレオン・ヒル・プログラムを完成。ルーズベルト大統領の顧問官も歴任。

弱さを強さに変えよう

目標を設定するときにデイビッドが五つのポイントを取り入れたことに気づいたでしょうか。弟は**代償を見極め、目標を書き出し、**友だちのエディや**他の人たちにロープを渡し、勢いづいているときに目標を定め**ました（自分のひ弱さにうんざりしたときです）。それに、デイビッドには**「とにかくやる」**という不屈の意志がありました。だからといって、デイビッドが一時期そうだったように、体中心になることを勧めているわけではありません。それに、意志の力で背を高くできるという保証もありません。ですが、人生における目標の威力は確かなものなのです。

デイビッドの話を聞くうちにわかってきたのは、彼にとっては四一キロの貧弱な体格がかえって幸いしたのではないかということです。見た目の弱さ（がりがりの体）がむしろ彼の強さになり、自分を鍛え、耐える力が否応なしに育ったからです。自分の望む才能が肉体的、社会的、精神的に欠けている人は、その分だけ頑張らないといけません。でも、人一倍苦労すれば、他の方法では育むことのできなかった取り柄や強さが生まれてきます。そうして弱さは強さになるのです。

もしあなたが、人もうらやむ美貌や筋肉、お金や頭脳に恵まれていないのなら、おめでとう！　あなたは当たりくじを引いたのかもしれませんよ。これをうまく言い表しているのが、ダグラス・マーロックの次の詩です。

太陽や空や空気や光を求めて戦うことなく……
いつもほどよくそれらを受けて
雨の中にたたずむ木は
決して森の王にはなれない
貧弱な木として一生を終える……
立派な木はぬるま湯の中では育たない
強い風にさらされるほど
強い木になる

人生は一度きりだから

人生は短い。映画『プライド 栄光への絆』では、人生の短さが力説されています。高校のフットボールチームのコーチであるゲイリー・ゲインズは、奮闘する選手たちに言います。

「完璧であれというのは、あそこにあるスコアボードのことじゃない。勝つことではないんだ。君たち自身のこと、自分自身、家族、友だちとの関係のことだ。完璧であれというのは、友だちの目を見つめ、真実を話して、彼らを失望させないことだ。そして、真実というのは、君たちがやり遂げたことだ。できる限りのことをしたんだ。曇りのない目で、心に愛と喜びを抱き、その瞬間を精いっぱい生きることができるか？　できるとしたら、君たちは完璧だ！」

神学者のハワード・サーマンはかつてこう言いました。

「世界が何を求めているか自問してはならない。何があなたを生き生きとさせるのか自問しよう。世界が求めているのは、生き生きとした人なのだから」

つまり、こういうことです。今を楽しめ！　今を生きろ！　人生を素晴らしいものにしよう！

そのときも忘れないでください。人生はミッションなのだと。キャリアではありません。キャリアは職業、ミッションは使命です。

キャリアはあなたにこう尋ねます。「何が得か？」

ミッションは尋ねます。「どうしたら変えられる？」

*マーティン・ルーサー・キングのミッションは、すべての人に市民権を保証することでした。*マハトマ・ガンジーのミッションは三億人の虐げられたインド人を解放すること。*マザー・テレサのミッショ

ンは裸の人に服を着せ、飢えた人に食べさせることでした。

極端な例を出しましたが、世の中を変えなくても、ミッションを持つことはできます。教育学者のマーレン・モーリッツセンは言っています。

「ほとんどの人は一度も素晴らしいことを成し遂げずに終わるだろう。それでも、些細なことを素晴らしいやり方でやることはできる」

さて次は……？

意志の力というのは聞いたことがあるでしょう。でも、ノーと言える意志の力というのは聞いたことがありますか？　次はそれです！


【マーティン・ルーサー・キング】

アメリカでかたくなに守られてきた人種隔離制度を廃止し、黒人に選挙権を与えようとする公民権運動の指導者として、39歳で凶弾に倒れるまで活動を続けた象徴的存在。牧師でもあった。"I have a dream…"で始まる彼の示唆に富んだスピーチは、多くの人々の心に感動を与えたとしてあまりにも有名である。


【マハトマ・ガンジー】

(1869～1948)インド独立の父、「偉大なる魂」「仏陀以来の最大のインド人」とも言われる。非暴力、不服従に徹した彼の生涯は全世界の人々に大きな影響を与えた。「私の愛国心は人類の幸福を含んでいる。したがって私のインドへの奉仕には人類への奉仕が含まれている」「インドが没落するようなことがあれば、アジアは滅びる」とも言い、「世界のためのインド」という観点を常に失わなかった。


【マザー・テレサ】

(1910～1997) ユーゴスラビア生まれ。12歳のときに読んだ聖フランシスコの伝記に感動し、「すべてを捨てて神だけを見つめて生きたい」と思うようになる。18歳のとき初めてインドへ。40歳のとき、カルカッタに新しい修道会をつくり、創立者として人々から親しみを込めマザー・テレサと呼ばれるようになった。

最初の一歩

❶ あなたのキャリアの成功に必要な、3つのスキルを考えよう。もっと計画的に、段取りよくすること？　もっと人前で自信を持って話すこと？　もっと書く力をつけること？

私のキャリアに必要な3大スキル

…………………………………………………………………………

❷ 自分のミッション・ステートメントを30日間、毎日見直す（習慣を身につけるにはそのくらい必要）。ミッソヨン・ステートメントを毎日の指針にしよう。

❸ 鏡に映る自分に尋ねる。「こんな私と結婚したい？」したくないなら、あなたに欠けているものを育てる努力をしよう。

❹ 学校の進路相談に行って、どんな職業が向いているか聞こう。適性テストを受ければ、自分の才能や能力、興味の程度を測れます。

❺ 今、あなたの目の前にある大切な人生の分かれ道はどんなもの？　長い目で見て、どの道を行くのが一番いいだろうか？

私の目の前の分かれ道

…………………………………………………………………………

一番いい道

…………………………………………………………………………

❻ 「偉大なる発見」の質問をフェイスブックやブログにアップして、友だちが何と答えるか見てみよう。自分の答えも教えよう。

❼ 自分の目標について考える。それを文字にして書きましたか？　まだなら、ゆっくり取り組んで。書かれていない目標はただの願いにすぎないのを忘れないように。

❽ 人に貼られているかもしれない、悪いレッテルはないかを確認する。そのレッテルを変えるために、あなたができることをいくつか考えてみよう。

悪いレッテル

…………………………………………………………………………

どう変えるか

…………………………………………………………………………

3
第3の習慣

一番大切なことを優先する

――時間管理と優先順位づけを学ぼう

インディ500を見てて思ったんだ。もっと早くスタートしていれば、あんなに速く走らなくてもすむのにって。

コメディアン　スティーブン・ライト

今のティーンが直面している問題と一五〇年前のティーンのものとを比較した講演を聴きました。私は講演者とおおむね同意見でした。次の言葉を聞くまでは。

「一五〇年前の若者にとってはハードワークが問題だった。だが、今の若者にはそれが足りないのが問題だ」

私に言わせれば今の若者のほうがずっと忙しい！　勉強、部活、生徒会にアルバイト、妹や弟の世話、ほとんど息をつく間もない。今の子どもたちがこなしている複雑な生活と、牛の乳搾りとどっちが難しいと思いますか？

今の子どもたちには、やらなければならないことがたくさんあるのに、時間がありません。学校が終われば予習に宿題。明日の生物のテストに備えた勉強。友だちへのメールも外せない。その上、運動に犬の散歩。おまけに自分の部屋は散らかっている。どうすればいいのでしょう？

そこで第3の習慣「一番大切なことを優先する」の出番です。これは要するに、最初にやるべきことが最後ではなく最初に来るように、優先順位づけと時間のやりくりを学ぶことです。ただし、この習慣は、ただの時間管理ではありません。「一番大切なことを優先する」には、厳しい状況に置かれたときに**自分の恐怖を克服して、強い意志を持つ**という意味もあります。

第2の習慣で、自分にとって何が大切で重要なのかをはっきりさせました。第3の習慣では、それを生活の優先事項にします。

目標のきちんとしたリストや意欲はあったとしても、それを実行すること、優先することは至難の業です。だから第3の習慣では、あなたにとって一番大切なことにイエスと言う**「イエスと言える意志」**と重要度の低いものや仲間のプレッシャーにはノーと言う**「ノーと言える意志」**を学びます。

最初の三つの習慣はそれぞれが段階的な構造になっています。第1の習慣のテーマは「私はお客ではなく運転手」、第2の習慣は「自分の目的地を決めて、そこに行く地図を描け」、そして第3の習慣は「そこに着くんだ！　途中の障害物で進路からそれるな」です。

驚異の時間整理術「時間管理のマトリックス」

スーツケースに荷物を詰めるとき、手当たり次第に放り込むのではなく、衣類をきちんとたたんで整理して入れたほうが、もっとたくさんの物が入るでしょう？

同じことが人生にも言えます。自分の生活を整理すれば、それだけたくさんの物を入れられるようになるのです——家族や友人と過ごす時間も、勉強の時間も、自分のための時間も、自分にとっての重要

なことに取り組む時間も増えるのです。

もっとたくさんの物――特に重要な物――を入れるのに役立つ「時間管理のマトリックス」という驚くべきモデルを皆さんに紹介しましょう。これは二つの基本材料からできています。**重要性と緊急性**です。

重要性――あなたのミッション（使命）や目標の達成につながる一番重要なもの、一番大切なこと。

緊急性――すぐにやらなければならないこと、差し迫ったもの、すぐに対応しなければならないもの。

おおざっぱに言って、時間の使い方は、四つの時間の領域に分類できます。それぞれの領域にはいろんな活動が入りますが、それぞれを人物のタイプで表すことができます（下の表参照）。

意識したことはないかもしれませんが、私たちの社会は「緊急性」中毒にかかっています。ＮＯＷ＝速さが価

	緊　急	緊急でない
重要	Ⅰ ①先延ばしタイプ ・試験が明日に迫っている ・友だちの怪我 ・授業に遅れる ・今日が締め切りの作文 ・車の故障	Ⅱ ②優先順位づけタイプ ・計画、目標設定 ・1週間以内に出す作文 ・トレーニング ・人付き合い ・リラックスする
重要でない	Ⅲ ③イエスマンタイプ ・だらだらとメールする ・注意散漫 ・他人のちょっとしたトラブル ・仲間のプレッシャー	Ⅳ ④無気力タイプ ・フェイスブックばかり見てる ・長時間のゲーム ・だらだらしたショッピング ・とりとめのないうわさ話 ・暇つぶし

時間管理のマトリックス

値の時代なのです。スマートフォン、インスタントメッセージング、インスタグラム（写真共有サービス）、速攻ダイエット、ファーストフード、一四〇文字のツイート、オンラインショッピングなど、さまざまなものが普及しているのもそれが理由です。私が連想するのは『チョコレート工場の秘密』*に出てくる甘やかされた金持ちの女の子が「パパ、今すぐよ！　今すぐなの！　ウンパルンパが欲しいの！」と小人を欲しがってだだをこねるシーンです。

急ぐのは必ずしも悪いわけではありません。問題は、緊急なものにとらわれるあまり、「緊急ではないけれど重要なもの」を先延ばしにしてしまうことなのです。たとえばあらかじめレポートの準備をしておく、山に散歩に出かける、遠くにいる友だちとビデオチャットをする。こうした重要なものが、SNSやメール、締め切り、他人の悩みごとなど、「今すぐやっつけなければならない」緊急の用事のせいで放っておかれるのです。

マトリックスの各領域をもう少し詳しく見ていきますので、あなたは「どの領域に一番時間を費やしているか」を自分で考えてみてください。

【チョコレート工場の秘密】
作家ロアルド・ダールの書いた人気童話。主人公の少年チャーリーはいつも貧乏ではらぺこ。ある日、謎のチョコレート工場を見学する幸運な５人の子どもの１人に選ばれる。見学中、子どもたちが次々と姿を消していく。このツアーの真の目的は？　最後に残ったチャーリーに経営者ワンカが言い出したのはこの工場を継いでほしいということだった。

第Ⅰ領域　先延ばしタイプ

第Ⅰ領域の緊急かつ重要なものから始めましょう。病気の子どもの世話とか仕事の締め切りといった、**「自分ではコントロール不可能で、ぜひとも片づけなければならない用件」**は、必ず私たちにつきまといます。にもかかわらず私たちは、それを先延ばしにして、悩みの種にしてしまうことがあります。家での勉強をサボっていたせいで、テストの前に一夜漬けをしなければならないとか、長い間車の手入れを怠ったせいで修理が必要になった、というのがそれです。第Ⅰ領域は人生に不可欠ですが、あまりに多くの時間をそこに使ってしまうと、「ストレス症」にかかったり、自分の能力を発揮できなくなったりします。

第Ⅰ領域の方式で暮らしているのは先延ばしタイプの人。おそらくあなたの身近に一人くらいはいるでしょう。その人のモットーは「先延ばしにするのはやめる。いずれ近いうちに」です。このタイプの人は、前日の夜になるまでレポートにも試験勉強にもとりかからないでしょう。このタイプの人に時間を割いてガソリンを入れに行けといってもムダです。運転するのに忙しくてそれどころではないのですから。

先延ばしタイプは緊急中毒です。何でも、どんどん先延ばしにしてしまうのが好きなのです。それが「危機」になってしまうまで。しかし、ここがミソなのですが、このタイプがそんなやり方を好むのは、土壇場になって一気にやってしまうのが快感だからなのです。実はぎりぎりに切迫するまで本気になれませんせん。プレッシャーをバネにしてしまうんですね。

先延ばしタイプにとって、前もって計画を立てるなど論外です。土壇場になって一気に片づけるスリルを台なしにしてしまうからです。

先延ばしタイプで私が連想するのは、こんなことを言ったコメディアンです。

「ママが言うんだ、お前は何でも先延ばしにしてしまうんだからって。で、ぼくは答えた。長い目で見てくれよってね」

私には先延ばしタイプの気持ちがよくわかります。私自身、高校時代は一夜漬けの達人でした。学期中は勉強しないで悠然と過ごし、前の晩に詰め込み勉強をして、いい成績を取っていました。それがかっこいいと思っていたのです。なんてバカだったのでしょう！　たしかにいい点数こそ取ったけれども、何も身につけていなかったのと同じです。そのツケは大学で払わされました。いや、さまざまな意味で、私はまだそのツケを払っているのかもしれません。

ある先延ばしタイプの子が、こんなふうに言いました。

私は学期の終わりまでのんびりして、最後の二週間に猛烈な追い込みをかけるの。成績が発表されてみると、だいたい三・七から三・八を取っているわ。でも他の人たちはきちんと間に合うように課題を提出して、やるべきことをやっているのだから、私の評価が正しいという気はしません。ちゃんとやっている人たちにはストレスがないんです。私もあんなふうになりたい。

先延ばしタイプの落とし穴は？

・ストレスと不安
・燃えつき症候群*
・よくも悪くもない成績

第Ⅱ領域　優先順位づけタイプ

一番いいものは最後にとっておきましょう。それまで待っててね！

第Ⅲ領域　イエスマンタイプ

第Ⅲ領域は「緊急ではあるけれども重要ではないもの」です。ここの特徴は、他の人を喜ばせようとすること、他の人たちのあらゆる要求に応えようとすることです。緊急なものは外見が重要に見えることが多いので、惑わされやすい領域です。実は、たいしたことはありません。たとえば、携帯電話をチェックするのを忘れることはよくありますね。でも、友だちからのメールは「ＯＫ」や「(笑)」といった一言だけだったりします。本当は手を止める価値などありません。第Ⅲ領域は、他人にとっては重要でも、本人には重要でない活動だらけです。本当はノーと言いたいのに、人が気を悪くするのを恐れて、イエスと言ってしまう、そんな具合です。

イエスマンとはどういう人でしょうか。このタイプは、何に対しても、誰に対しても、ノーと言うのに苦労します。何かを失うことを恐れます。人を喜ばせようとするあまり、結局自分も含めて、誰にも喜ばれずに終わってしまうのです。仲間のプレッシャーにもよく負けてしまいます。人気者でいたいし、仲間外れにされたくないからです。この人のモットーは「明日はもっときっぱりと言える人間になる。あなたさえよければ」です。

夜、不意に訪ねて来た友だちに朝まで街をぶらぶらしようと言われても、彼は嫌だと言う勇気を振り絞れません。友だちをがっかりさせたくないからです。ここ一番というテストを翌朝に控えていて、勉強と睡眠が必要だとしても関係ないのです。

妹に数学の勉強を手伝うと言ったにもかかわらず、実はたいして重要でもないメールをついつい一晩中やりとりしてしまいます。

スイミング・チームに入りたいと本心から望んでいたわけではなく、好きなのはむしろグラフィックデザイン。でも父親が水泳選手だったので、当然、父親を落胆させないようにしてしまう。

私自身も含めて、私たちは誰もが、多かれ少なかれ第Ⅲ領域を自分のうちに抱えています。しかし何に対してもイエスと答えるだけで、何が重要なのかを見極めることを学ばなければ、たいしたことはできないでしょう。コメディアンのビル・コスビーがいみじくもこう言いました。

「成功の秘訣が何かは知らないが、失敗の秘訣ならわかる。それは全員を満足させようとすることだ」

第Ⅲ領域にハマると最悪です。それは拠り所となるべき原則がないということなのです。だから不安定で、風の吹くままに流されてしまうのです。

【燃えつき症候群】
1980年アメリカの心理学者フロイデンバーガーが最初に用いた言葉。これまで活発に仕事をしてきた人が、何らかのきっかけで燃え尽きるかのように活力を失い、無気力状態あるいは抑鬱状態に陥ってしまうこと。いわゆる「ワーカホリック」と呼ばれる仕事熱心な人々が陥りやすい。

イエスマンタイプの落とし穴は？

・人を引っ張るのではなく、人に付いていく
・規律がなくなる
・人に足を拭かれるドアマットの気分

第Ⅳ領域　無気力タイプ

第Ⅳ領域は、浪費と過剰の領域です。しかも緊急でもなければ重要でもありません。第Ⅳ領域でぶらぶらしている無気力タイプは何でも過剰を好みます。テレビを長時間見るとか、よく眠るとか、ゲームにのめり込むとか、ＳＮＳにハマるとか。大好きな時間つぶしは、毎日の昼寝と週末にテレビドラマをまとめて見ることです。

この人はプロの怠け者です。昼まで眠っているという熟練技術の持ち主。もちろん、学校などちっとも大事ではなく、夏休みのアルバイトなんて論外です。それよりは、ぶらぶらしていたいのです。もちろん、のんびり過ごす、オンラインゲームをすること自体は、健全な生活の一部に違いありません。でもやりすぎてしまうと、それが時間の浪費になるのです。どこで一線を越えてしまうかはわかりますね。一つのテレビ番組を見るのは、リラックスするために不可欠かもしれませんし、それは問題ありません。ただし次も、その次のも、さらにその次のも見て（しかもすでに六回見た番組の再放送まで見て）午前二時になってしまうのでは、くつろぎの夜のひとときがただの時間の浪費になってしまいます！

無気力タイプの落とし穴は？

・無責任な態度
・罪悪感
・どきどきするようなことがない

第Ⅱ領域　優先順位づけタイプ

では、第Ⅱ領域に戻りましょう。ここには**重要ではあるけれど、緊急ではない**ものが入ります。リラックスすることや友情を深めること、トレーニング、事前の計画つくり、宿題をこなす。それも期限どおりに、といった理想的な分野で、まさにこうありたいという場所です。第Ⅱ領域の活動は重要です。では緊急でしょうか。違います。実行に移すのが難しい理由はそこです。たとえば、割りのいい夏のアルバイトを見つけることは、もしかしたらとても重要かもしれません。でも、何週間か先の話だから、急ぎでないという理由で応募するのを先延ばしにしていて、気がついたときは手遅れ、もう他の誰かに決まっていた。でももし第Ⅱ領域のやり方なら、事前に計画を立てて、割のいい仕事を見つけられたはずです。それにはたいした時間がかかるわけではありません。少しばかり念入りに計画を立てるだけです。

優先順位づけタイプはどんな人でしょう。このタイプの人は完璧にはほど遠いかもしれませんが、基本的には自分を取り巻く状況をコントロールしています。やらなければならないことすべてに目を配り、次に優先順位をつけ、最初に片づけるべきことを最初にやり、最後でいいことは最後にするよう心がけています。事前に計画

を立てるというシンプルながら効果的な習慣を身につけているので、いつも物事を把握しています。宿題を期限どおりにこなし、レポートを前もって書くことで、最高の出来に仕上げ、詰め込み式の勉強のストレスや燃えつき症候群とは無縁です。たとえ他のことがお預けになっても、軽い運動やトレーニングで自分をリフレッシュする時間をつくります。友だちや家族など、自分にとってもっとも大切な人々を優先します。それにはたいへんなエネルギーが必要だとしても、この人にとってはバランスを保つことが重要なのです。

車のオイルは定期的に交換します。大慌てでガソリンスタンドに駆けつけるはめになるまで、放っておくようなことはしません。リラックスする時間を割きますが、羽を伸ばすには適切な時と場所があることを知っています。

そしてにっこり笑いながらノーと言うすべを心得ています。ある晩、不意に訪ねて来た友だちからパーティーに誘われても、こう答えます。

「遠慮しとくわ。明日、大切なテストがあるの。でも、金曜の夜はどう？　そのとき一緒に遊びましょう」

友だちは納得し、内心では自分たちもあんなふうにノーと言える勇気があればいいのに、とうらやましく思うはず。仲間のプレッシャーに逆らうのは、最初こそ不評でも、結果的にみんながそのことで尊敬してくれると、この人は承知しているのです。

第Ⅱ領域で時間を過ごせば

・自分の生活をコントロールできる

・バランスがとれる

・高い目標達成力を持つことができる

では、あなたはどの領域に一番時間を費やしているでしょうか？　第Ⅰ、第Ⅱ、第Ⅲ、それとも第Ⅳ領域でしょうか？　実際には私たちは皆、それぞれどの領域にもある程度の時間を使っているので、ポイントは、できるだけたくさんの時間を第Ⅱ領域に移すことにあります。そして、第Ⅱ領域のためにもっと時間を割り当てるための唯一の道は、他の領域に費やしている時間を削ることしかありません。次にその方法を紹介します。

先延ばしにするものを減らし、第Ⅰ領域を減らす。第Ⅰ領域にはやらなければならないことが、いつもたくさんあるはず。それは断言できます。でも重要なことを先に片づけて、先送りにするものを半分に減らせば、第Ⅰ領域にいる時間はずっと短くてすむし、ストレスの軽減にもつながります。

第Ⅲ領域の活動にノーと言う。もっと重要なものからあなたを引き離そうとする些細なことに、ノーと言うすべを身につけましょう。あれこれ気を散らすのもやめましょう。誰にでも好かれようとするのは、犬が自分の尻尾をくわえようとするようなもの。覚えておいてください。あなたが**ノーと言うときは、もっと重要なものに対してイエスと言っている**のです。

第Ⅳ領域の怠惰な生活を減らす。全部やめるのではなく、ただ回数を減らせばいいのです。浪費している時間をなくして、こうした時間を第Ⅱ領域に移し

ましょう。のんびりとリラックスするのは大切ですが、それは第II領域であることを忘れないで。過剰なリラックスは第IV領域です。

第II領域にもっと時間を当てることに加えて、時間を上手に管理し、最初にやるべきことをやるためのアドバイスを二つ。まず予定表を手に入れて、週ごとにプランを立てることです。

プランナーを手に入れよう

まず私が一番強くお勧めするのは、プランナーや予定表を手に入れることです。パソコンや携帯電話、手帳など、約束、用事、目標を書き込むスペースがあれば何でもいいです。素晴らしい予定表アプリはいくつもありますし、手帳を買ったり、リングノートなどで、あなた独自のプランナーをつくってもかまいません。

あるいは「プランナーに生活を縛られるのは嫌だ。自由でいたい」と考えるあなた。プランナーは人を縛りつけるのが目的ではなく、解放するのが目的です。プランナーがあれば、もう物忘れやダブルブッキングの心配もなし。レポートをいつ提出するか、試験はいつかをプランナーが思い出させてくれるでしょう。大切な情報（電話番号、メールアドレス、誕生日）が全部、五〇枚の紙切れではなく一ヵ所に収まるのです。プランナーはあなたを支配するためにあるのではなく、あなたが自分の人生を生きるためのツールなのです。

週ごとにプランを立てる

毎週一五分を一週間のプランを立てるのに当て、どんな違いが生じるかを試してみましょう。なぜ一週間か？　それは人が普通スケジュールを週単位で考えているからで、一日単位の計画では焦点が狭すぎ、逆に月単位では広すぎるからです。プランナーを用意したら、次の3ステップのウィークリー・プランニング・プロセスに沿って計画を立ててください。

ステップ1　あなたの「大きな石」を明確にする

週の終わり、あるいは週の始めに、腰を落ち着けて、これから迎える週に何を達成したいか考えてください。「今週やらなければならない一番大切なものは何だろう」と自分に問いかけるのです。私はこれを「大きな石」と呼んでいます。これはある種の小目標のようなものであり、ミッション・ステートメントや長期的な目標と連動していなければなりません。当然ですが、そのほとんどが第Ⅱ領域「重要だが緊急でない」にあたります。

たとえばこんな大きな石のリストがつくれます。

役割	今週の大きな石
学生	歴史のレポートに着手する
友人	ジュリオの誕生日 もっと褒め上手になる
家族	ショッピングセンターで母の日のプレゼントを買う おばあちゃんに電話
アルバイト	時間どおりに出勤する
私	コンサートに行く 毎晩日記をつける
ディベート・チーム	下調べについてチームで話し合う 冒頭弁論の練習

今週の私の大きな石

・科学のテスト勉強
・英語の宿題の『The Great Gatsby』（『華麗なるギャツビー』）を読み終える
・カーリーの試合に行く
・夏休みのアルバイトの履歴書を書き終える
・アンジャリのパーティ
・三回トレーニングをする

大きな石をはっきりさせるもう一つのやり方は、**自分が人生において主にどんな役割を演じているか、考え抜く**ことです。たとえば学生、友人、家族、働き手、個人としてなど、自分が関わっていることなら何でもいいのですが、そこでの自分の役割を考え、それぞれの役割の中でやり遂げたい一番重要なものを一つか二つ考え出すのです。役割を中心に生活プランを立てると、バランスがとれるようになります。

その週の大きな石を具体的に決めるときは、あまり欲張らないようにしましょう。達成すべき大きな石が四〇あると思っても、冷静になって、七から一〇以内に絞るようにしてください。

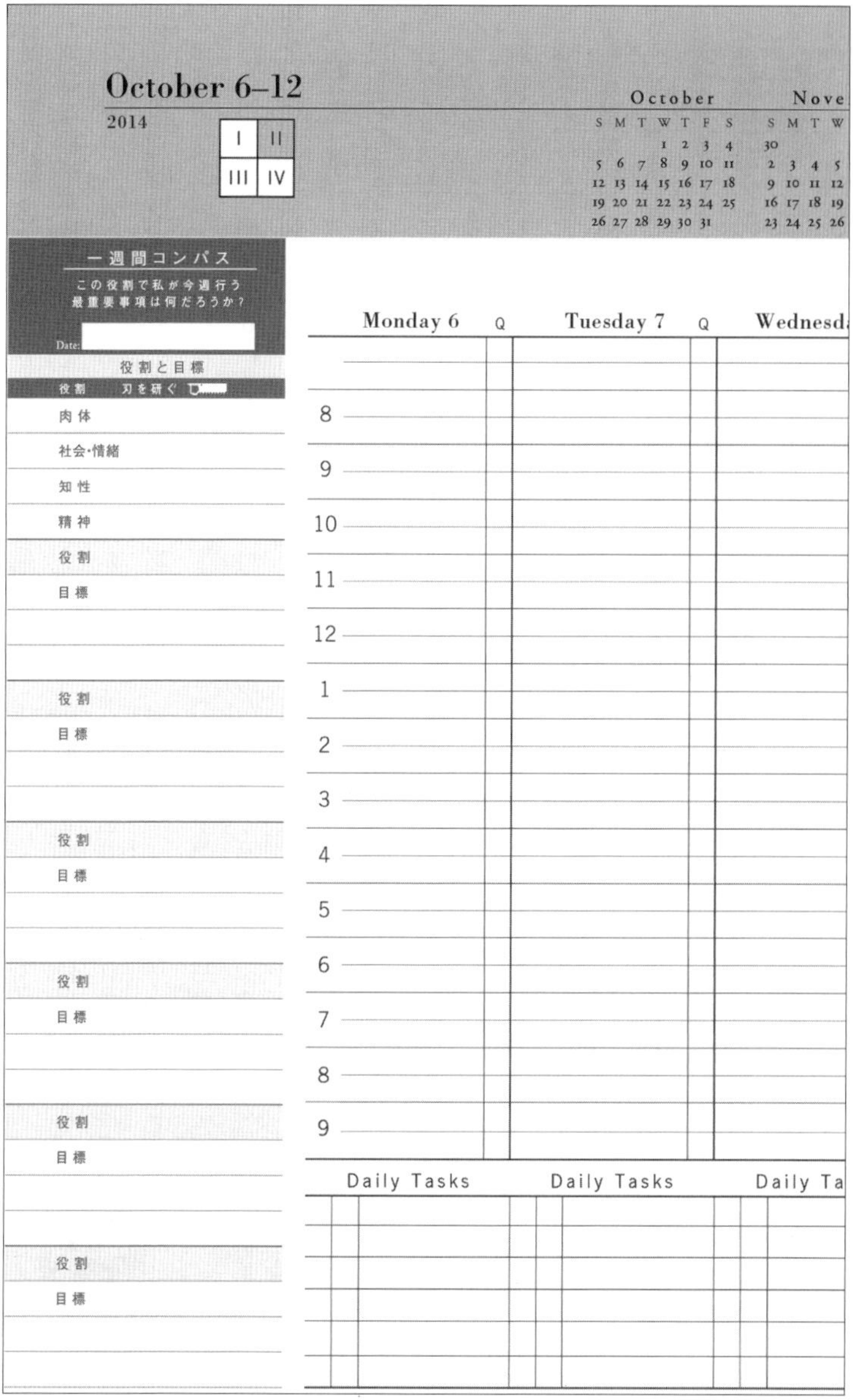

October 6–12
2014

I | II
III | IV

October

S	M	T	W	T	F	S
			1	2	3	4
5	6	7	8	9	10	11
12	13	14	15	16	17	18
19	20	21	22	23	24	25
26	27	28	29	30	31	

Nove

S	M	T	W
30			
2	3	4	5
9	10	11	12
16	17	18	19
23	24	25	26

一週間コンパス
この役割で私が今週行う
最重要事項は何だろうか？
Date:

役割と目標
役割　刃を研ぐ
肉体
社会・情緒
知性
精神
役割
目標
役割
目標
役割
目標
役割
目標
役割
目標
役割
目標

Monday 6 Q
Tuesday 7 Q
Wednesd

8
9
10
11
12
1
2
3
4
5
6
7
8
9

Daily Tasks
Daily Tasks
Daily Ta

フランクリン・プランナー

ステップ2　大きな石のための時間を確保する

大きな石の実験を見たことがありますか？　バケツを用意し、そこに砂利を半分まで入れます。次にいくつかの大きな石を、そのバケツの砂利の上に入れてみます。しかし、全部は収まりません。ではバケツを空にして、もう一度初めからやり直しましょう。今度は大きな石を先にバケツに入れ、次に砂利を入れます。砂利はきちんと大きな石の周りのすき間に収まります。ほら、今度は全部入ってしまいました。違いは、大きな石と砂利をバケツに入れる順序です。砂利を先に入れてしまうと、大きな石は全部入りきりません。でも大きな石を先にすれば両方全部入ります。大きな石はあなたにとって一番重要なものです。砂利はあなたが時間を取られる日常の細々としたこと、雑用、おしゃべり、携帯ゲーム、飛び込みの用事などにあたります。この話のポイントは、大きな石のスケジュールを先に立てないと、それを達成することはできないということです。

週ごとのプランを立てるときには、大きな石を最初にプランナーに書き込んで、その時間を確保しましょう。たとえば、歴史のレポートにとりかかる最適の時間を火曜日夜、おばあさんに電話する最適の時間を日曜の午後に決めたとします。まず、その時間を確保します。予約を入れるのに似ています。もし「今週は一日三回人を褒める」とか、あなたの大きな石が特定の時間に拘束されないものであれば、プランナーのどこか見やすい場所に書き留めておけばよいでしょう。

最初に大きな石のための時間を確保しておきさえすれば、その他の日常的な用件もぴったり収まるはずです。それに、うまく収まらなかったとしても、誰かに叱られるわけではありません。大きな石を優先すれば、砂利は放っておいてもいいのです。

ステップ3　それ以外の予定を立てる

大きな石の予約ができたら、その他の細かい仕事、日課、約束のスケジュールを入れます。砂利が入る場所はここです。カレンダーの先を見て、休暇、コンサート、誕生日といった、これからのイベントを記入しておくのもいいでしょう。

一日ごとに調整する

一週間のプランが決まったら、必要に応じて一日ごとに調整します。いくつかの大きな石や砂利を動かさなければならない場面が時々出てきます。予定を守るように努力するのは大切ですが、決めたことが全部達成できなくても、たいした問題ではありません。もし、大きな石を三分の一しか達成できなかったとしても、事前にプランを立てなかった場合に比べれば三分の一は余計に達成できているはずです。

このウィークリー・プラン方式が堅苦しすぎる、あるいは面倒すぎると感じても、すっかりやめてしまうのではなく、一週間のプランを「軽く」するようにしてみてください。たとえば週に二つか三つの大きな石だけスケジュールに入れたければ、それもOKです。

ポイントは、毎週のプランをあらかじめ立てるという単純な行為によって大きな石に集中することができ、その結果それだけ多くのことが達成できる、ということです。

本当に効果があるの？

こんなことが、本当に役に立つのかって？　もちろん、保証します。今までに説明したようなアドバイスで大成功を収めたというティーンからの手紙を、たくさんもらいました。時間のマトリックスについて学び、プランナーを使い始め、ウィークリー・プランを実践している二人の体験談を紹介しましょう。

ジェイコブの場合

時間管理のマトリックスのイラストを見て、こう言ったのを覚えています。「ほんとにこのとおりだね。ぼくはいつも土壇場になってからでないと手をつけない」宿題とかレポートがあっても、月曜日提出なら日曜日の夜にやる。金曜日にテストがあれば、木曜日には学校をサボって、試験勉強をしていました。かなり危ない橋を渡っていたのです。

自分にとって何が重要かを理解するようになってからは、優先順位をつけ始め、プランナーを使うようになりました。もし釣りに出かけたくなっても、こう言うんです。「いや、こっちのほうがもっと重要だ。こっちをまず片づけて、うまくいけば、明日はまる一日釣りができるかもしれない」と。だんだん勉強も効率的になり、試験でいい成績を取れるようになり、すべてがうまくいくようになりました。自分の時間を効率的に使うことをもっと早く知っていたら、ぼくの生活もあれほどストレスだらけにならなくてすんだのにね。

ブルックの場合

ここ二、三日中にしなければならないことを全部覚えていなくてもよくなったので、私のストレスは減ったわ。今ではスケジュール帳を引っ張り出すだけで、すべてＯＫ。気分が落ち込んでストレスに負けそうなときも、自分のスケジュールを見れば、まだ全部やる時間がある、中でも自分にとって大切なことにかける時間があるのがわかるんです。

浪費された時間は決してリサイクルできません。ですから、今この瞬間を大切にするように心がけてください。英国女王エリザベス一世の辞世の句はグッときます。

「私の全財産と引き換えに今しばらくの時間を」

第3の習慣の残りの半分

第3の習慣の要は時間管理だけではありません。ここまでのお話はその半分にすぎないのです。後の半分は、**恐怖と仲間のプレッシャーを克服するすべを学ぶ**ことです。それにはプレッシャーにさらされたときに、あなたの価値観、判断基準といった自分の最優先事項を忠実に守り通す勇気とガッツが必要です。

私は以前、ティーンのグループに「君たちが一番大切にしているものは何？」と質問したことがあります。答えは「家族」「友人」「自由」「スリル」「成長すること」「信頼」「神さま」「安定」「心の拠所」「容貌」などでした。私は次にこう聞きました。「自分の生活でそれを最優先させるのを邪魔しているものは何？」答えはある意味で予想どおりですが、「恐怖」「仲間のプレッシャー」の二つがトップでした。

では、この二つにどう対処したらいいかお話ししましょう。

快適ゾーンと勇気ゾーン

最優先事項を優先するには勇気がいるし、ときには無理矢理快適ゾーンから押し出される場合もあるでしょう。快適ゾーンと勇気ゾーンの図を見てください。

快適ゾーンには、あなたの慣れ親しんだもの、知っている場所、気心の知れた友だち、楽しんでやっている活動が入ります。快適ゾーンにはリスクがありません。気楽です。なんの緊張もありません。この境界の内側にいれば、人は安全だと感じます。

一方、新しい友だちをつくる、大勢の人の前でスピーチする、あるいは自分の価値観を守り通すといったとき、人は怖じ気づきます。

ようこそ、勇気ゾーンへ！ 冒険、リスク、チャレンジがここにはあります。気づまりなものなら何でもここで見つかります。この領域では不確実性、プレッシャー、変化、失敗の可能性が待ちかまえています。しかし、ここはチャンスを探す場でもあり、あなたが秘めている可能性を十分に引き出すことのできる唯一の場でもあります。快適ゾーンでのんびり過ごしていてはここにたどり着けません。それは確かです。

こんな質問が出ました。「快適ゾーンでくつろいでいるの

勇気ゾーン

安全ゾーン

慣れていること　リラックス
リスクからの解放　楽しみ
安全・安心　安易
保証

怖いもの・やったことがないもの・ハードなこと
究極の可能性・未踏・リスク・困難なこと・チャンス・高い義務・冒険

は、そんなにいけないことなの?」

いいえ、別に悪いことではありませんよ。実は、多くの時間をこのゾーンで過ごすべきなのです。しかし、まったく未知の海域に乗り出そうとしないのは問題です。新しいことにめったにトライしない人、あるいは自分の能力を十分に発揮しようとしない人が、安全であっても退屈な人生を送っている人は皆さんも知っているはずです。でも、誰がそんなことを望んでいるでしょうか?

「打たないシュートは一〇〇%入らない」と言ったのはアイスホッケーの名選手、ウェイン・グレツキー*です。ほんの少し自信を持って、リスクを引き受け、ときには自分の勇気ゾーンに飛び込んでみましょう。覚えておいてください。「リスクのない人生」が、あらゆるリスクの中でも最大のリスクなのです。

恐怖に決定を委ねないで

世の中には不健全な感情がいろいろありますが、おそらく最悪のものは恐怖でしょう。恐くてできなかったことを思い出すたびに、私の胸は痛みます。高校時代、私はシェリーという美しい女性にのぼせ上がっていましたが、デートに誘うことはできませんでした。恐怖がこうささやいたからです。「お前は彼女の好みじゃないかもしれない」

中学一年のときには、競争が怖くて、ある日の練習の後フットボールチームを辞めてしまいました。学生自治会の役員に立候補しようとしたのに、全校生徒の前でスピーチするのに怖じ気づいて、降りてしまったこと

【ウェイン・グレツキー】
NHL(北米アイスホッケーリーグ)の至宝と呼ばれた、カナダが誇るアイスホッケーのスーパースター。通算最多得点60を超えるリーグ記録を持つNHL史上最高のプレーヤー。1961年生まれ。引退後、ホッケーの殿堂入りを果たし、カナダ政府は彼の偉業をたたえた。

もありました。取らなかった授業、友だちになれなかった人、加わらなかったチームがたくさんあります。恥ずかしい話、どれも理由はきわめて切実な恐怖でした。シェイクスピアが『尺には尺を』*でこう書いた気持ちがよくわかります。

> 我々にとっての敵は不安だ
> 恐ろしさに二の足を踏めば
> 勝ちえていたかもしれぬ幸福を
> むざむざ失うのだ

以前、父親が語った言葉が今も胸に残っています。

「ショーン、恐怖心に決定を委ねてはいけない。お前自身が決めるんだ」

素晴らしい考え方でしょう？　恐怖をものともせずに行動した人々が成し遂げた偉業を考えてみましょう。南アフリカの専制的な人種差別制度を終わらせた立役者、ネルソン・マンデラ*。黒人として初めての南アフリカ大統領に選ばれるまで、彼は人種差別に公然と反対の声を上げたために、二七年間監獄に入れられていました（想像できますか？）。もし彼が恐怖心のために、人種差別と闘うことをやめていたら、結果はどうなっていたでしょうか。あるいは、合衆国憲政下で婦人選挙権を勝ち取るために長く苦しい闘いを率いたスーザン・B・アントニー*の不屈の勇気。また、第二次世界大戦当時に英国の首相を務めたウィンストン・チャーチル*はどうでしょうか。彼はナチスドイツに対する自由世界の戦いの先頭に立ちました。もし彼が自信を喪失して、戦争中に怖じ気づいていたらどうなっていたでしょう。言うまでもありませんが、偉大な功績は、有名・無名に関係なく、恐怖に立ち向かった人によって成し遂げられてきたのです。

恐怖に立ち向かうのは、決して簡単なことではありません。でも後になってみると、必ずやってよかったと思えるはずです。私は大学四年生のとき、単位がいくつか不足していたので、カリキュラムにざっと目を通して、不足分を埋める授業を探しました。声楽の授業に「プライベート・ボイス・トレーニング」があるのを見つけたとき、私は思いました。「自分の快適ゾーンから飛び出して、トライしてみるのもいいかもしれない」と。

グループ・レッスンではなく、プライベート・レッスンを選んだのは、他の学生の前で歌って恥をかきたくなかったからです。

授業は順調でした。学期末に担当教授がショッキングな知らせを伝えるまでは。

【尺には尺を】
シェイクスピアの代表的戯曲の一つ。姦通を犯した主人公アンジェラにウィーン公爵ヴィンセンシオが死刑を宣告する際の非常に有名な台詞。「尺には尺を持ってする。それが古今の常法である」

【ネルソン・マンデラ】
1918年南アフリカ共和国に生まれる。大学で法学を学び、在学中より反アパルトヘイト運動に身を投じ、1944年にアフリカ民族会議青年同盟の創設に参加、以来、地下で活動。1962年に逮捕され、終身刑に処される。以来四半世紀獄中にあるが、黒人解放運動の象徴的存在であった。1990年に解放。1994年に大統領に選出される。ノーベル平和賞受賞。

【スーザン・B・アントニー】
（1820～1906）米フェミニズム運動の先駆者の一人。1852年より運動を開始。1872年には女性参政権を求めて逮捕されるなど、積極的に活動。生涯を通じ、女性解放のためにアメリカ国内を講演してまわった。

【ウィンストン・チャーチル】
（1874～1965）イギリスの政治家。1940～45と1951～55の2度、首相を務める。特に第二次世界大戦中の彼の采配は、米ルーズベルト大統領とともに連合国を勝利に導いたとして高く評価されている。1953年にノーベル賞受賞。

「ところでショーン、他の学生の前でどの曲を歌うか決めたかい？」

「どういうことですか？」私はギョッとして聞き返しました。

「ああ、この授業では、少なくとも一回は他のプライベート・ボイス・トレーニング受講生の前で歌うのが決まりなんだ」

「あまり気が乗りません」と私はきっぱりと言いました。

「おや、たいしたことじゃないよ。きっとうまくやれる」

いいえ、私にとっては「たいしたこと」だったのです。集団を前にして歌うなんて、考えただけで文字どおり気分が悪くなりました。「何とかして避けられないものだろうか」と私は考えました。でも、逃げることはできません。なぜなら私はそれまで、さまざまなグループを前にしてスピーチし、恐怖心に決定を委ねてはいけない、と言っていたからです。今度は……自分の番というわけです。

「勇気を出せ、ショーン」と胸の内でずっと言い聞かせていました。「少なくともトライしてみなきゃ」

恐れていた日がついにやって来ました。自分がデビューを果たすことになる「審判の部屋」に入るときは、ひたすら自分を励ましました。「落ち着け、ショーン。そんなに悪いようにはならないさ」

しかし事態は悪くなる一方でした。教室にいるほとんど全員が音楽や演劇専攻の学生なのを知って、

いよいよ怖じ気づきました。彼らはみんな歌が得意だったのです。子どものときからミュージカルに出演したり、コーラスで歌ったりしていた人たちなのですから。最初の学生が呼ばれて、ミュージカル『レ・ミゼラブル』の一曲を歌うのを聴くと、私の恐怖感は募る一方でした。その歌は本物のブロードウェイ公演よりも上手に聞こえました。素晴らしい出来です。にもかかわらず、クラスのみんなは厚かましくも、厳しく批評しています。

「音程がちょっと低いんじゃないかな」（ああ！　これじゃぼくは何を言われることやら）

「ショーン、君だ」

今度は自分の番です。

自分の快適ゾーンから三〇〇万光年も彼方にある教室でみんなの前に立って、私は相変わらず自分に言い聞かせていました。

「勇気を出せ！　めったにできることじゃないぞ。勇気を出せ！　いいチャンスだ！」

「『マイ・フェア・レディ*』から『君住む街で』を歌います」と震える声で言いました。

ピアノ伴奏者が前奏を弾き始め、みんなの視線がいっせいに私に注がれたとき、私は思わずこう考えました。「いったいなんの因果でこんなハメになったんだ」

しかも、みんなの表情から判断すると、彼らは私の歌を真剣に聴く気らしいのです。

【マイ・フェア・レディ】
イギリスの作家バーナード・ショウの『ピグマリオン』を原案にした人気ミュージカル。貧しい花売り娘イライザが言語学者ヒギンズに会い、ロンドンの下町訛りを克服し、淑女に変身していくまでを描くラブストーリー。1964年にハリウッドで、ジョージ・キューカー監督により映画化。主役はオードリー・ヘップバーン。

「I have often walked down this street before…（歩きなれたこの通り……）」と私は歌い出しました。

次の旋律までいかないうちに、学生たちの表情から期待が消え、苦しみの表情に変わりました。私はすっかりアガっていて、自分の身体が乾燥機から出したてのジーンズみたいにガチガチなのを感じました。歌詞は一言ずつ絞り出さねばなりませんでした。

曲の終わり近くのとても高い音は、練習でも出すのに苦労していた音です。私はそのときその瞬間が近づくのを、びくびくして待ちかまえていました。でもそのフレーズにさしかかったとき、こう思いました。「かまうもんか、やるんだ！」

果たしてその音がうまく出たのやらどうやら……、記憶にはありません。覚えているのは、何人かの学生が困惑のあまり思わず顔をそむけたこと（！）。

歌い終わった私は、そそくさと腰を降ろしました。沈黙。何と言っていいか誰にもわからなかったのです。

「よかったよ、ショーン」

「ありがとう」

私はその言葉を真に受けてでもいるように肩をすくめました。しかしです。それは気絶寸前の体験だったというのに、教室を出て、一人でガランとした駐車場を抜け自分の車に向かうとき、私が感じていたのは自分自身への誇りでした。大きな達成感があったし、正直、あの高音を人がどう思ったかなんてどうでもよかった。

私は耐え抜いた、そしてそれを誇りに感じていました。

オリンピックの体操競技の金メダリスト、ギャビー・ダグラスが言ったように、「日々努力するのは最高よ。そうすることでチャンピオンがつくられるのだから。一つのことをやり遂げられたのなら、何でもやり遂げることができる」

ですから、今度皆さんが――

・新しい友だちをつくりたい
・仲間のプレッシャーをはねのけたい
・今までの習慣を変えたい
・新しい技術を身につけたい
・チームの選考会に出たい
・劇団のオーディションを受けたい
・憧れの人をデートに誘いたい
・転職したい
・仲間に入りたい
・自分らしくいたい

と思ったとき、あるいは人前で歌いたいと思ったときには、やりなさい！　たとえあなたの恐怖心と猜疑心が「かっこ悪い」「失敗するぞ」「やめとけ」と叫んでいたとしてもです。

恐怖心に決定を委ねてはいけません。あなた自身が決めるのです。

It's not the mountain, we conquer, but ourselves.
私たちが征服するのは、
山ではなく、自分自身だ。
―エドマンド・ヒラリー―

勝つとは、転ぶたびに起き上がること

私たちは誰もが時々恐怖心に駆られますが、それはそれでいいのです。

「怖いと感じたときは、とにかく行動あるのみ」という言葉もあります。私が知っている恐怖心を克服する一つの方法は、次の言葉を常に心のどこかに留めておくこと。

「勝つとは、転ぶたびに起き上がることである」

失敗することを心配するくらいなら、やってもみないで逃す可能性のほうを心配すべきです。早い話、尊敬されている人々の多くが何度も失敗しているのです。

たとえば*ベーブ・ルースは一三三〇回も三振を喫しています。

*アルバート・アインシュタインは四歳までしゃべれませんでした。

*ベートーヴェンを教えた音楽教師はこう言いました。「彼は作曲家として見込みがない」

*ルイ・パストゥールの化学の成績は「普通」でした。

ロケット科学者の*ヴェルナー・フォン・ブラウンは中学三年の代数で赤点を取りました。

化学者の*キュリー夫人は破産直前の体験を経て、核化学という分野を切り開き、科学の世界を一新しました。

スティーブ・ジョブズは自分が設立したアップルを追われ、その後CEOとして復帰し、スマートフォンを生み出しました。

スース博士のデビュー作は二七の出版者から突き返されました。

これも、何度も挫折を味わいながら逆境をはね返したある人物の人生です。誰だかわかりますか。

・二二歳、事業に失敗
・二三歳、州議会選挙に落選
・二五歳、事業に失敗
・二六歳、恋人と死別
・二七歳、神経衰弱を患う
・二九歳、州議会議長選挙に敗れる
・三四歳、下院議員の指名者争いに敗れる
・三七歳、下院議員に当選
・三九歳、再選を目指すもまたも指名者争いに敗れる
・四六歳、上院議員選挙に敗れる
・四七歳、合衆国副大統領を目指すも落選
・四九歳、上院議員選挙に落選

【ベーブ・ルース】

（1895～1948）大リーグ史上最大のスーパースターと言われる。通算2503試合中2873安打、714本塁打、2211打点、123盗塁。1936年殿堂入りを果たす。首位打者1回、本塁打王12回、打点王6回。その素晴らしい成績のみならず愛すべきキャラクターで、世界中の野球ファンにもっとも人気があり、誰よりも愛された。


【アルバート・アインシュタイン】

（1879～1955）ドイツの物理学者。1905年相対性理論という画期的な新理論を発表した。ユダヤ人であった彼は、1933年ナチスに追放されアメリカに渡る。1921年ノーベル物理学賞を受賞。1939年に核分裂が軍事利用される危険性を説くが、皮肉にもこれがアメリカの原子爆弾開発計画の発端に。第二次大戦後、核兵器廃絶と世界連邦運動に情熱を注ぐ。死の直前に署名した核兵器廃絶を訴えるラッセル・アインシュタイン宣言が、科学者の平和運動に大きな影響を及ぼした。


【ベートーヴェン】

（1770～1827）日本でもっとも人気の高いドイツの作曲家。「絶対音楽」の確立者。貴族のものだった音楽を市民に解放した。代表作、交響曲第9番では合唱を加え、自由で深い慈愛に満ちた音楽を発表。数々の名曲を残した。


【ルイ・パストゥール】

（1822～1895）狂犬病の予防接種を始め多くの功績を残した細菌学者。彼の炭疽ワクチンの成功により、感染症に対する種々のワクチンの研究が盛んに。また、ワインの発酵の仕組みを科学的に解明、ワインの変質を防ぐ方法も発表。パリのパストゥール研究所は彼の偉大な業績を受け継いで活動を続けている。


【ヴェルナー・フォン・ブラウン】

アメリカ宇宙開発を指揮した人物。宇宙ロケットの開発者として有名。アポロの宇宙飛行士たちを月に運んだ巨大なサターンロケットや、彼が構想したドーナツ型の大型宇宙ステーションの想像図は、人々の夢を大きくふくらませた。


【キュリー夫人】

1867年ポーランド・ワルシャワ生まれ。パリ、ソルボンヌ大学に学ぶ。物理学者ピエール・キュリーと結婚、夫婦で研究生活に。1898年放射能（ポロニウムとラジウム）発見。夫妻はこの功績をたたえられ、ノーベル物理学賞を受賞。夫の死後も、1911年ラジウム精製の成功で、ノーベル化学賞を受賞。彼らの研究は20世紀の物理学、生物学、医学の発展に大きく貢献した。

この人物は、五一歳で合衆国大統領に選ばれたエイブラハム・リンカーン、その人です。彼は挫折するたびに立ち上がり、ついに目的地にたどり着き、世界の諸国民からの尊敬を勝ちえたのです。

困難のときこそ強い意志を

詩人のロバート・フロスト*はこう言っています。

「森の中で道が二つに分かれていた。そこで私は人の通っていないほうの道を選んだ。まったくの違いが生じたのはそこからだ」

難しい場面、人生の岐路で強い意志を持てれば、人生という道がまったく違ってくることが、私にもわかってきました。

では、難しい場面とは具体的にどういうものでしょうか？　それは正しいことを選ぶべきか、優しいことを選ぶべきか、二つの間で迷いが生じるときです。これは真の意味での試練であり、人生の決定的な瞬間であり、どの道を選ぶかによって、文字どおり私たちの未来が決まります。

難しい場面には小さなものと大きなものがあります。「小さな」困難には毎日ぶつかります。目覚ましが鳴ったときに起きる、かんしゃくを抑える、宿題をする習慣をつける、というのもそこに入ります。自分自身に打ち勝って、こうした難しい場面で強い意志を持てれば、毎日がもっと順調になるでしょう。たとえば困難な場面に弱くて、眠ってしまって（ベッドが理性に勝つ）、トラブルが雪だるま式にふくらんでしまい、それを皮切りに、一日中小さな失敗が続い

Two roads diverged in a wood, and I-
I took the one less traveled by, And
that has made all the difference.

森の中で道が三つに分かれていた。
そこで私は人の通っていないほうの道を選んだ。
まったくの違いが生じたのはそこからだ。
―ロバート・フロスト―

てしまったりしませんか。でも予定どおりに起き（理性がベッドに勝てば）、それをきっかけに小さな成功が続くのもよくあることです。

小さな困難とは対照的に、「大きな」困難はそれほど多くありません。いい友だちを選ぶ、ネガティブな仲間からのプレッシャーに抵抗する、大きな挫折から立ち直ることなどがそうです。チームから外されるかもしれないし、恋人にふられるかもしれないし、両親が離婚したり、家族を亡くすこともあるかもしれません。こうした事態はその後を大きく左右する上、たいていはまったく予想外のときに訪れます。前もってわかっていれば、備えることができるし、戦士のように真っ正面から向き合って、勝利することができるでしょう。

人生の岐路に立ったときは、勇気を出して！　一夜の楽しみ、週末の興奮、あるいは復讐というスリリングな瞬間と引き換えに、将来の幸せを犠牲にしてはいけません。もし、あなたがとんでもない愚行に足を突っ込もうと考えたことが一度でもあるなら、このシェイクスピアの詩句を思い起こしてください。

何が手に入るのか、もし私が求めているものを得られるなら？
夢、活力、うたかたの歓楽の泡。
つかの間の愉しみのために、一週間を嘆き暮らす者がいようか？
あるいは、玩具を手に入れるために、永遠をひさぐだろうか？
一粒のぶどうのために、誰がぶどうの木を折ろうか？

【ロバート・フロスト】
（1874 ～ 1963）アメリカ精神を伝える国民的詩人と呼ばれ北部ヴァーモント州の農場に住む。ニューイングランドの自然やそこに生きる人々の生活をリアルに描いた。ピューリッツァー賞を4回受賞。

誰がおもちゃのために、その後の人生を棒に振ろうと思うでしょうか？　一瞬の幸福と引き換えに、一週間分の苦しみを引き受けようと思うでしょうか？　あるいは、ぶどう一粒のために、ぶどうの木全体をだめにしようと思うでしょうか。そんなことをするのは愚か者だけです。

仲間のプレッシャーを克服する

一番難しいのは、仲間のプレッシャーに直面したときです。友だちのみんながイエスと言っているときにノーと言うのは、半端ではない勇気がいります。それでも仲間のプレッシャーに立ち向かうこと――「ノーと言う意志」――はあなたの信頼口座にとって大きな貯えになるのです。ある高校のカウンセラーがこんな話をしてくれました。

ある日、一年生の女の子が、「私、嫌われちゃった！　嫌われたんだ！」と大泣きしながら、学校が始まる前にカウンセリング室に駆け込んできました。

学校をサボって、シカゴに遊びに行かなかったような「いい子」はグループから出て行けと言われ、仲間外れにされたばかりでした。彼女の話では、最初は行きたかったけれども、学校から家に電話があって、学校に行っていないと聞かされたら、どんなにお母さんが悲しむか考えたそうです。お母さんは今まで自分のためにたくさんのことを犠牲にしてきたのだから、そんなことはできないと思いました。お母さんをがっかりさせることはできませんでした！

「そんなこと無理」と言ったとたんに、みんなから追い払われました。次の日にはすべてうまくいくと思っていましたが、そうではありませんでした。みんなから、彼女はいい子過ぎるから、新しい友だちを探したらと言われました。心痛で涙があふれる中、次第に気分が晴れてきましたが、寂しい気持ちもありました。友だちに受け入れてもらえなかったからです。しかし、彼女は自分を受け入れ、外部から拒絶されたにもかかわらず、自尊心と心の平安を得ました。彼女にとって、人生の教訓を学び、自分のために立ち上がった瞬間でした。

仲間のプレッシャーがあまりに強く、その環境から完全に抜け出す以外に抵抗する道がないこともあります。暴走族や暴力団、学校の同好会やサークル、特に仲のいい友だちグループから誘われたときなどがその典型です。

ヘザーにとって、ベストの解決法は環境を変えることでした。

友だちを替えなければいけないというのはずっと前からわかっていたけど、ただ、その方法がわからなかった。私の親友は自分がやっていることを私に勧めたの。つまり誰とでも寝るとか、ドラッグとか。すぐに学校の人たちが私を「不良」と呼ぶようになった。

それでも私は彼女や他の子たちと友だちのままでいたかった。一緒に過ごした楽しい時間が忘れられなかったから。でも、彼女たちと一緒に出かけると、とんでもないことをしょっちゅうしでかしてしまうの。いけない状態をずるずる続けていることはわかってた。

それで自分の環境そのものを変え、すっぱり手を切ろうと決心した。家を出て、おばのもとで新しくやり直したい、もっといい友だちをつくりたい、と母に相談したの。母も同意してくれて、その後はおばの家に引っ越して暮らしています。

今、新しい友だちに囲まれて、自分が正しいと感じることは何でも口に出せるし、以前よりも自分らしくいられるようになったわ。人にどんなことを言われても気にならないし、もし彼らが私を好きでないとしても、それでいいの！　これが私なんだし、人に合わせるために自分を変えるつもりはないわ。自分のために自分を変えるつもりです。

仲間のプレッシャーを克服するには、仲間があなたをどう思うかではなく、あなたが自分をどう思うかを考えなければなりません。ポーシャ・ネルソンの短い詩がそれを教えてくれます。

> 一週間のどんな日も
> 私は、あえて他の人々と離れ
> 自分自身と触れ合っていたい
> ——他の人々の中に取り込まれ
> 自分自身から離れているよりは

仲間のプレッシャーに逆らうのは、なぜそれほど難しいのでしょうか？　それは、人は皆何かに関わっていたいからです。高校生がよく、クラブに入部するために、荒っぽい儀式を進んで受けたり、暴力団のメンバーになるために、ドラッグや暴力沙汰に手を染めたりするのはそのためです。

人気者になるために、ある特定の人たちに取り入り、古い友だちを切り捨てなければ、社会的地位を得られないと考える人もいます。ときにはリスクを負って、仲間のプレッシャーに逆らい、正しいことをしなければなりません。ブルックリンに住むジョンがこんな話をしてくれました。

二年生のとき、友だちの何人かが、フェイスブックにクラスの嫌いな女子を名指しで書き込み始めたんだ。本当にひどかったよ。彼らは彼女の写真に落書きして、ひどいことを書いていた。

本当はそんなことする理由などないのに。よそから来たってだけで、あんな態度をとるなんて。しゃれにならないよ。僕にも仲間になれって強く言われたけど、断った。ついに、僕はグループの差別発言を匿名で報告した。そしたら、そのページは閉鎖されたよ。僕は正しいことをしたと思う。校長にも、名前を出さずに、学年の何人かがネットいじめをしていることを話したら、集会が開かれた。

次の日、学校に行ったときは、みんなの顔を見るのが怖かったけど、誰も僕がそうしたとは知らなかった。数学の授業のとき、その女の子のところに言って、話をしたんだ。彼女のことをもっと知りたかったし、彼女に一人じゃないって知ってもらいたくて。それでわかった。彼女が本当にいい子だって。以来、僕らは友だちになったけど、彼女は今でも、ネットいじめを止めたのは僕だって知らないよ。

良いプレッシャー

仲間のプレッシャーは必ずしも全部が悪いわけではありません。それどころか、いいものもたくさんあります。ベストのあなたでいられるようなポジティブなプレッシャーを与えてくれる友だちがいたら、決してその人を手放さないでください！　あなたを支えてくれる、とても稀で貴重な存在なのですから。

仲間のプレッシャーに抵抗したいのに、どうしても負けてしまうというのであれば、できることは二つです。

まず**自己信頼残高を増やしましょう**。自信も自尊心も持てないなら、どうやって抵抗する強さを身につけられるでしょうか？　何ができるでしょう？　今日から、自己信頼口座に少しずつ積み立てていくことです。自分自身と約束して、それを守ってください。困っている人を助けましょう。才能を開発しましょう。自分自身をリニューアルしましょう。誰かに踏み荒らされた道を通る代わりに、自分の道を創り出すだけの力がいつかは得られるでしょう（自己信頼口座の章を読み返すのもいいですね）。

第二に、あなたのミッション・ステートメントをつくって、目標を設定すること。自分にとって何が大切なのかわからずに、どうやってそれに向かって頑張れるでしょう？　どの目標に対してイエスと言うべきかを理解していれば、ノーと言うのもずっと簡単になるはずです。たとえば、いい成績をあげて大学に進むことに対してイエスなら、授業をサボることに対しては簡単にノーと言えるはずです（第２の習慣の章を読み返してください）。

成功の共通要因は何？

たしかに「重要なものから順番に」には自制心がいります。自分の時間を管理するのにも自制心が必要です。恐怖を克服するのにも、難しい場面で強い意志を持ち、仲間の圧力に抵抗するのにも必要です。アルバート・E・グレーという人が長年、成功を収めた人々を研究し、その成功の特別な共通要因を探り出そうとしました。彼は何を見つけたと思いますか？　服やアクセサリーに気をつかうとか、ブラン（小麦ふすま）を食べるとか？　ポジティブになる？　どれもハズレ。答えはこうです。よく読んでください。

アルバート・E・グレーの「成功の共通要因」

成功者たちの共通点は、成功していない人たちの嫌がることを実行に移す習慣を身につけているということである。彼らにしてみても、必ずしも好きでそれを行なっているわけではないが、自らの嫌だという感情をその目的意識の強さに服従させているのだ。

いったいこれはどういう意味でしょうか？　成功した人々はときには自分を抑え、好きではないことをやる、という意味です。なぜか？　それが目標達成への道だと知っているからです。

つまり、やりたいかやりたくないかは別にして、物事をやり遂げるには、意志と呼ばれる人間だけのツールを行使するしかない場合があるのです。プロのピアニストが毎日の何時間にも及ぶ練習をいつも楽しんでいると思いますか？　自活して大学に通う女性にとって、アルバイトは果たして楽しいでしょうか？
全米を代表するクラスのレスリング選手が選手生活で一番記憶に残っている一日はどれか、と質問されて、練習が中止になった日だと答えました。彼は練習が嫌いでしたが、より大きな目標、すなわち自分をベストに保つために、それに耐えていたのです。

第3の習慣は一番難しい

私は「7つの習慣」について数千人もの人々に「どの習慣がもっとも難しいと思うか」について聞きました。さて、どの習慣だと思いますか？　そのとおり、第3の習慣です。ですからこれがなかなか実践できないとしても、落ち込む必要はありません。みんなそうなのです。

どこから第3の習慣を始めればいいかわからないのなら、最初の一歩を見てください。最初の一歩はそのために——あなたの最初の一歩に手を貸すためにあるのです。

ティーンの七年間（一三〜一九歳）は、人生で一番エキサイティングで波乱に満ちた月日です。この詩が美しくうたいあげているように、一瞬一瞬にそれだけの価値があるのですね。

一年の価値を知りたければ
大学受験に失敗した学生に聞くといい

一ヵ月の価値を知りたければ
未熟児を生んだ母親に聞くといい
一週間の価値を知りたければ
週刊誌の編集者に聞くといい
一日の価値を知りたければ
六人の子を抱えた日雇い労働者に聞くといい
一時間の価値を知りたければ
逢瀬を待つ恋人たちに聞くといい
一分の価値を知りたければ
最終電車に乗り遅れた者に聞くといい
一秒の価値を知りたければ
事故から生還した者に聞くといい
一〇〇〇分の一秒の価値を知りたければ
オリンピックで銀メダルに終わった者に聞くといい

さて次は……？

これから、本当の人生についてお話ししましょう。きっとびっくりしますよ。どうかこのまま読み進めてください。ところで、あなたはこの本をちょうど半分読み終えました。おめでとう！

最初の一歩

❶ 自分に合ったプランナー（手帳）を探して使ってみよう。1 週間が見開きで見えるものがいいでしょう。そして予定を整理し、計画を立ててみよう。

❷ 一番の時間のムダづかいは何か突きとめる。2時間他の人のインスタグラムをチェックしたり、テレビゲームを見たりするのは、果たして必要なことだろうか?

一番の時間のムダづかいは、

....

....

❸ あなたは何に対しても誰に対しても、イエスと答えてしまう「八方美人」ではないだろうか?　もしそうなら、すべきでないことに対しては、勇気を出してノーと言おう。

❹ 1 週間以内に大切なテストを控えているなら、勉強を前日まで先延ばしにしない。本気になって、毎日少しずつ勉強しよう。

❺ あなたにとって本当は重要なのに、長い間先延ばしにしているものを考えてみよう。それをやるために、今週、時間を確保しよう。

私が長い間先延ばしにしてきたのは、

....

....

❻ 来週に備えて、もっとも重要な大きな石を 10 個書き出そう。今度は、それを一つずつ達成するために、時間を確保しよう。

....

....

....

....

❼ あなたが目標に向かって一歩を踏み出せないでいる原因、何が怖いのか、その正体を突きとめよう。人かもしれないし、恐怖心かもしれないし、傷つくのが怖いのかもしれない。今すぐに自分の快適ゾーンから踏み出し、恐怖のせいで全力を尽くせない状態から抜け出そう。

私をためらわせている恐怖は、

……………………………………………………

……………………………………………………

❽ 仲間のプレッシャーはどの程度あなたに影響しているだろうか？　あなたに一番大きな影響を与えてきた個人、グループを特定しよう。「自分の望んでいることをやっているだろうか、それとも人が私に望んでいることをやっているのだろうか」と自分に聞いてみよう。

私に一番大きな影響を与えてきた個人、グループは、

……………………………………………………

……………………………………………………

THE SEVEN HABITS OF HIGHLY EFFECTIVE TEENS

Part 3

公的成功
やっぱり
人からも認められたい

人間関係信頼口座
──人からの信頼も貯金できる

第４の習慣　Win-Win を考える
──人生は本当に勝ち負けではないの？

第５の習慣　まず相手を理解してから、次に理解される
──真のコミュニケーションは聞くことから

第６の習慣　シナジーを創り出す
──ベスト・ソリューションを見つけよう

THE SEVEN HABITS OF HIGHLY EFFECTIVE TEENS

Part 3 人間関係信頼口座

——人からの信頼も貯金できる

とても気に入っている言葉だけど、思い出すたびにいつも後ろめたい気持ちにさせられます——
「死の床で、もっとオフィスで過ごしておけばよかったと後悔する人はいない」

「もっと時間をかけておけばよかったと誰もが思うものは何だろう？」と私はよく自分に問いかけます。思うに、その答えは「自分の愛する人々と過ごすこと」ではないでしょうか。そう、それは人間関係に尽きるのです。それこそが人生なのです。

あなたの人間関係はどうなっているでしょうか？　あなたが一番大切にしている人間関係に点をつけるとしたら、何点になるでしょう？　表でチェックしてみてください。

どんな点だったとしてもこの章は、人間関係を改善する手助けになるはずです。

ちょっとその前に、ここまでの道のりをざっと振り返ってみましょう。

あなたとの関係	うまくいっていない⇔うまくいっている				
友だちとは?	1	2	3	4	5
兄弟・姉妹とは?	1	2	3	4	5
両親または保護者とは?	1	2	3	4	5
ボーイフレンド/ガールフレンドとは?	1	2	3	4	5
教師とは?	1	2	3	4	5

「私的成功」では、自分の信頼口座と第1、第2、第3の習慣について学びました。パート3**「公的成功*」**では、人間関係信頼口座と第4、第5、第6の習慣について学んでいきます。今までにお話ししたように、よい人間関係のポイントは、まず**自分が自分の主人になる**こと(少なくともある程度まで)です。完璧である必要はありません。ただ、前進していればそれでいいのです。

なぜ、それほど公的成功の前に「私的成功」つまり自分に勝つことが重要になってくるのでしょうか? それはあらゆる人間関係において「私とはどんな人間なのか」ということが一番問題になってくるからです。エッセイストで哲学者のラルフ・ウォルドー・エマーソンは「自分が何者かということばかり声高にしゃべりすぎると、あなたが何を言っているのか他の人は聞き取れなくなる」と言っています。もしあなたが人間関係で苦労しているなら、まず自分自身を見つめ直しましょう。「私的成功」は自立を促し、「私は自分自身に責任を持っている。だから自分の運命は自分で切り拓いていける」と言えるようになるのがテーマです。これはとても大きな成果です。また「公的成功」は、自分と他人との支え合いがテーマです。他人

【公的成功】
Public Victory　自分に勝つことから一歩進んだ成功。今度は他人との関わりにおいて、1+1が3以上になるようなシナジーを生み出すことを目指す。全員が勝つことが真の公的成功となる。

と協調し、「私はチームの一員として力を発揮し、人にも影響力を持っている」と言えるようになること。これはさらに大きな成果です。**なぜならキャリアや幸せ感は、他人とうまくやっていけるかどうかに大きくかかっている**からです。

人間関係に話を戻しましょう。それをわかりやすく考える方法が**「人間関係信頼口座」**です。前に「自己信頼口座」について話しましたが、これは自分自身への信頼と自信を表していました。同じように、人間関係信頼口座は、自分が周りの人それぞれに抱いている信頼と自信を表しています。

人間関係信頼口座は銀行口座のようなもの。預け入れをして人間関係をよくすることもできるし、預金を引き出して減らせば関係は悪くなります。強く健全な人間関係は常に、長期間にわたる着実な預金から生まれるのです。

人間関係信頼口座と銀行口座の三つの違いを私の同僚、ジュディ・ヘンリッチスがこう指摘しています。

① 開ける銀行口座の数は普通限られていますが、人間関係信頼口座はあなたが出会うすべての人との間に、ネガティブなものであれポジティブなものであれ、開くことができます。

近所に誰かが引っ越して来たとしましょう。あなたがニッコリ笑ってこんにちはと言えば、それで彼に口座を開いたことになります。知らん顔をしても、彼に口座を開いたことに変わりはありませんが、それはネガティブなものです。

Life's most urgent question is: What are you doing for others?
人生におけるもっとも緊急の問いは、
人のために何をしているかだ
ーマーティン・ルーサー・キングー

②銀行口座と違い、いったん誰かにこの口座を開いたら、閉めることはできません。

だから長年ごぶさたしている友人にばったり会っても、すぐに旧交を温めることができるのです。残高は一ドルも減っていません。同じように、人は恨みをいつまでも忘れないのです。

③銀行口座では一〇〇〇円はあくまでも一〇〇〇円ですが、人間関係信頼口座では、入金と払い出しは同じように行われません。多くの場合、一回の払い出しを行うために、何度も入金しなければなりません。

「あなたが九号の服を着られるなんて知らなかったわ」などといった不用意な一言で、何週間分もの預金がなくなってしまうことがあります。口を開くときは注意しましょう。

では、いい関係を築いたり、壊れた関係を修復するには、どうすればいいでしょうか？　簡単です。一度に一口ずつの預金です。やむをえず象を一頭食べなければならなくなったとしても、方法は同じ。一度に一口ずつです。近道はありません。仮に、あなたに対する私の残高が五〇万円の赤字だとします。黒字に戻すためには、私は五〇万一円以上の預金をしなければなりません。

ティーンのグループにこう質問しました。

「あなたがもらった人間関係信頼口座への一番強力な預金は何ですか？」

答えは次のようなものでした。

・「私を力づけるために家族がいつも入れてくれる、途切れることのない預金」
・「友だちや先生、好きな人、それとか顔見知りの人がわざわざ『すてきね』とか『よくやった』と声をかけてくれるとき。ちょっとした言葉がいつまでも心に残る」
・「誕生日に友だちが私のために横断幕をつくってくれたこと」
・「他の人に私を自慢してくれた」
・「私がミスをしたとき、水に流し、私を助け、愛してくれること」
・「自作の詩を朗読したとき、友だちが天才だと褒めてくれ、絶対に本を書くべきだと言ってくれた。そもそも、わかってもらうのも難しいと思っていたのに」
・「学校に行こうとしたら、母親と二人の妹が故郷のカリフォルニアから電話をかけてきて、誕生日おめでとうと言ってくれたの」
・「兄は、友だちと一緒に、私をよくホッケーの試合に連れて行ってくれる」
・「ちょっとしたこと」
・「四人の親友がいるんだけど、ただ一緒にいて、みんなが楽しくて、幸せなんだとわかるだけで、元気が出るよ」
・「『やあ、元気？　ライアン』とクリスから声をかけられると、いつでも気持ちが明るくなる」

・「私のことをとっても誠実で、いつもしっかりしているねと言ってくれる友だちがいた。だから、きっと誰かが認めてくれているということだと思う」

もちろん預け入れにもいろいろありますが、その中でどんな場合にも役に立つ六つの預け入れがあります。そして、その反対の引き出しもあります。表を見てください。

約束を守ろう

「ショーン、何度も言いたくはないんだが、この間の夜のパーティーのゴミ袋が車のトランクに入れっぱなしだ。頼むから、捨ててくれ」

「わかったよ、パパ」

のんきなティーンエイジャーだった私は、父のフォードに積んだままのゴミ袋を片づけるという約束を完全に忘れてしまいました。その土曜日の午後、大切なデートがあったからです。私は、フォードを貸してほしいと頼んでいたのですが、父は、自分の車ではないからだめだと言いました。知り合いのカーディーラーが手配してくれた代車だったのです。

人間関係信頼口座への預け入れ	人間関係信頼口座からの引き出し
約束を守る	約束を破る
小さな親切	人と関わらない
誠実	うわさ話と裏切り
人の話に耳を傾ける	人の話を聞かない
謝る	横柄な態度をとる
見通しをはっきりさせる	物事をうやむやにする

でも、そんなことはおかまいなしに、私はその車で出かけました。父は忙しかったから、絶対にばれない自信があったんですね。

デートは最高でした。ところが――帰り道、時速五〇キロで走っていて、別の車に後ろから激突してしまったのです。大怪我をした人はいませんでしたが、車は二台ともほとんどオシャカでした。あれは人生で一番みじめな電話でした。

「パパ」

「どうした？」

「事故ったんだ」

「なんだって？　怪我はないか？」

「車は壊れたけど、誰も怪我してない」

「どの車だ？」

「パパのです」

「なんだとぉぉぉぉぉぉぉぉお！」

私は前もって受話器を二〇センチほど耳から離していました。それでも耳が痛くなりました。

私は車をフォードのディーラーまでレッカーで運んで、修理できるかどうか見てもらうことにしました。その日は土曜日だったので、月曜にならないと作業はできないと言われました。月曜日の朝、父のところに修理屋から電話が入りました。マネージャーが言うには、修理のためにトランクを開けてみると、腐ったゴミ（私が捨て忘れたやつ）の臭いがひどくて、作業員に作業はごめんだと言われたというのです。事故を起こした後、電話したときの怒り具合からして、そのときの父の顔がどんなふうだったか、想像はつくでしょう。

それから何週間か、私の評価は地に堕ちていました。父が腹を立てたのは事故のことではありません。私が約束を二つも破ったことに怒っていたのです。「車は使わないよ、パパ」と「トランクのゴミを片づけるよ」です。それは大きなマイナスであり、父との人間関係信頼残高をもとどおりに戻すにはずいぶん時間がかかりました。

信頼を築くためには、小さな義務や約束は必ず守らなければなりません。やると答えたことはやる。さもなければ、やると言わない。一一時には家に帰る、あるいは今夜は食器の後片づけをすると母親に言ったのなら、それを実行して、預金をつくる。約束は小さめにして、それを果たすために全力を尽くすべきです。何らかの理由でできないとわかったら（実際によくあることです）、その理由を伝えましょう。「本当にごめんね、今夜の君の芝居には行けないいんだよ。サッカーの試合があるのを知らなかったんだ。でも明日は必ず行くからね」というふうに。もしあなたが誠実に約束を守るように努めているなら、周りの人も何かトラブルがあったとき、理解してくれるはずです。

もし両親のあなたに対する人間関係信頼残高が低ければ、約束を守り通すことで、プラスに回復するように努めましょう。両親が信頼してくれれば、何もかももっと順調にいくはずです。それはもう言うまでもありませんね。

小さな親切をしよう

やることなすことうまくいかず、気分は最悪……すると不意に、どこからともなく誰かが現れて、優しい言葉をかけてくれる。そのとたん、一日ががらりと変わる。こんな経験をしたことはありませんか？　ときにはほんのちょっとしたこと――あいさつや、心のこもったカード、微笑み、褒め言葉、抱擁、思わず笑ってしまうメールですごく違ってくるものなのです。友情を大切にしたいなら、こうした小さなことからためしにやってみましょう。こうした小さなことは、対人関係では意外に大きいんですよ。マーク・トウェイン*いわく、

「いい褒め言葉一つで三ヵ月暮らしていける」

友だちのレノンは、お兄さんが彼女の人間関係信頼口座に入れてくれた一〇万円の預金について話してくれました。


私が中学三年生の頃、当時高校二年生だった兄のハンスは、私から見ると典型的な人気者でした。スポーツが得意で、しょっちゅうデート。家にはいつも、兄のかっこいい友人たちが来ていました。あの人たちが、いつか私のことをただの「ハンスのおとなしいチビの妹」以上の存在として見てくれたらいいなあ、と夢見ていました。

ハンスは学校で一番人気の女子生徒レベッカ・ナイトを二年生のプロム*に誘いました。彼女はＯＫしました。兄はタキシードを借り、花を買い、仲間と一緒にリムジンをチャーターし、高級レストランを予約し……。ところが、トラブルはそれからでした。プロム当日の午後、彼女がひどいインフル

エンザでダウンしてしまったのです。ハンスの相手はいなくなり、別の女の子を誘おうにも手遅れでした。

ハンスはどんな反応もできたはず。怒ったり、自分を哀れんだり、レベッカを責めたり。あれは仮病で、本当は自分と一緒に行きたくないんだと思い込むことだって。そんな考えにはまったら、ハンスはきっと負け犬みたいな気分になったでしょう。でもハンスが選んだのは、ただ主体的なだけではなく、他の誰かにとっても一生の思い出になるような夜を演出する道でした。

彼は私に、小さな妹である私に！——一緒にプロムに行ってほしいと頼んだのです。

どんなに私が興奮したかわかります？　私は母と家中を走り回って支度をしました。ところがリムジンが兄の友人たちを乗せて家の前に着いたとき、私は怖じ気づいてしまいました。みんな私のことをどう思うかしら？　でもハンスは笑って、まるで私が舞踏会の女王様であるかのように腕をとり、誇らしげに車までエスコートしてくれたのです。兄は私に、子どもっぽい真似をするなよ、とか釘をさしもせず、周りに言い訳もしませんでした。他の女の子がエレガントなフォーマルドレスで装っている中、私が飾り気のない、丈の短いピアノ発表会用のドレスを着ていてもハンスはいっこうに気にかけませんでした。

プロムはめまいがするほどすてきでした。やっぱりドレスにパンチをこぼ

マーク・トウェイン】
（1835～1910）『トムソーヤの冒険』『ハックルベリー・フィンの冒険』で有名なアメリカの作家。フロリダ生まれ。ミシシッピ川はトウェインが深い精神的つながりを感じる川である。アメリカの代表的作家となったが、むしろアメリカらしい文化とユーモアの精神を世界中に具現した功績が大きい。

【プロム】
ハイスクールの卒業記念ダンスパーティー。パートナーを自分で選び、高級車をチャーターし正装してレストランに繰り出し、ディナーの後、学校のパーティー会場に集まって、深夜から明け方までダンスを楽しむ。相手を親に紹介したり、服装、言葉遣い、テーブルマナー等、きちんと社会人として振る舞えるかが問われる。「ハイスクールを出たら社会人」という前提がそこにはある。

してしまったけど。ハンスがみんなを買収して、私と少なくとも一曲は踊るように根回ししていたのではないかしら。だって座る暇もなかったんですから。私とのダンスの順番を争って喧嘩の真似をする人たちまでいたくらい。それは素晴らしいひとときでした。ハンスも楽しそうでした。男の子たちが私と踊っている間、兄は友だちが連れてきた女の子たちと踊っていました。本当にその夜は、どの人もみんなすてきに見えました。たぶん兄が、妹がパートナーでも堂々としていようと決めていたからです。一生の思い出になる夢のような夜でした。そして学校の女の子は全員、兄に夢中になったはず。だって自分の妹を高校二年生のプロムに連れて来るほどかっこよく、優しく、自信に満ちた人なのですから。

「優しい一言で冬中暖かい」ということわざのとおり、親切な行い一つで数ヵ月続く冬を、暖かく過ごせるものです。

小さな親切をするには、何も遠くに目を向ける必要はありません。リーから聞いた人間関係信頼口座の話は、その一例です。

僕は学級委員をやっています。人間関係信頼口座のことを学び、小さな親切の預け入れを試してみることにしました。あまり知らない生徒会役員たちに「いつもありがとう」と書いて、ロッカーに入れておいたんです。書き上げるのに五分くらいしかかかりませんでした。

次の日、手紙を書いた女の子の一人がやってきて、突然、僕をぎゅっと抱きしめました。彼女は手紙をありがとうと言い、僕に手紙とアメをくれました。手紙には、その日はひどい一日だったと書かれていました。大きなストレスを抱え、とても落ち込んでいましたが、僕のちょっとした手紙で一日が一八〇度変わり、悩みの原因だったいろいろなことを楽しく成し遂げることができたそうです。手紙を書いたとき、彼女のことをほとんど知りませでした。彼女も、僕に注意を払ったことがなく、僕のことを好きでなかったに違いありません。でも、びっくりです！　短い手紙が彼女にとってどんな意味を持つか、想像だにしませんでしたから。

小さな親切は一対一でしなければならないとは限りません。他の人たちとチームを組んで、預け入れをすることもできます。シカゴ近郊にあるジュリエット・タウンシップ中央高校の子供たちの預金の話では、ロリという名前の女の子が、思いがけなく、ホームカミングクイーンに選ばれました。ジュリエット高校のほとんどの生徒と違って、ロリには障害があり、電動車椅子で通学していました。脳性麻痺のため、彼女の言葉は聞き取りづらく、動きはぎこちないものでした。けれども、学校の誰もが、彼女をかわいくて気さくな人だと思っていました。

ビジネス・プロフェッショナルズ・オブ・アメリカで学生からホームカミングクイーンの候補者に選ばれたロリは、候補者を一〇人に絞る際に勝ち残りました。すぐ後に開かれた集会で、ロリがホームカミングクイーンに選ばれたと発表されました。一二五〇人の生徒全員がロリの名前を叫びました。翌日も、生徒たちは廊下でロリに笑いかけ、ロッカーにバラの花を添えました。

いつまで冠を被っているつもりか尋ねられたロリは答えました。

「永遠に」

原則に従って、あなたが人にしてもらいたいと思うことを、あなたも人にしてください。どんな預け入れをしてほしいかではなく、預け入れが他の人にどんな意味を持つかを考えてみてください。人への思いやりは、他人への預け入れになるのです。

もし人に言ってあげたいすてきな言葉があったら、くだらないなどと思わず、口に出してみましょう。ケン・ブランチャードが『一分間マネジャーの時間管理』で書いているように、「言葉に表されない名案には価値がある」のです。声を掛けるべきかどうか迷ったら、褒められたらどんなにうれしいか思い出しましょう。花をあげるのに、相手が亡くなるのを待つことはありません。

誠実さとは?

高校二年生のときに、友人のエリックと一緒に高校のバスケットボールの試合を観戦していたときのことです。私は、いつもベンチにいる、ある選手の悪口を言い始めました。彼はいいやつで、いつも親切にしてくれたのに、他のみんなが彼をからかうので同調してしまったのです。エリックも笑いました。何分間かこの選手をこきおろしてから、何気なしに振り返ると、ばつの悪いことに、彼の弟が真後ろの席に座っているではありませんか。全部聞かれていたんです。彼の顔に浮かんだ、裏切られたというショックの表情。私はそそくさと向き直ると、後は黙りこくって観戦しました。自分の間抜けさかげんに身の縮む思いでした。誠実でいるという大切な教訓が、その日ほど身にしみたことはありません。

もっとも大きな預金の一つは、**周りの人々に対して誠実でいる**ことです。その人たちの前にいるときだけではなく、その人たちがいないときにも誠実でいることが特に大切です。人の陰口は、二つの意味であなたを傷つけているのです。

第一に、あなたの言葉を耳にした全員から預金を引き出したことになります。私がグレッグのいないのをいいことに彼をこきおろしたとします。あなたがそれを耳にしたら、自分がいないときに何を言われるだろう、と思いませんか？　そのとおり、私はきっとあなたの陰口も言うでしょうね。

第二に、悪口やうわさ話は、その相手からの「見えない預金の引き出し」になるのです。どこかで誰かに陰口を言われていると感じた経験はありませんか？　耳に入らなくても感じとれるのです。不思議なことですが、事実です。面と向かったときはお世辞を言い、陰で悪口を言っていれば、気づかれないほうがおかしいのです。どうしても伝わります。

人のうわさ話はティーンにとっては深刻な問題です。特にその傾向が強いのは女の子ですが、男の子もします。男の子は普通、他人を攻撃するには別の方法（たいていは喧嘩）に頼るのですが、女の子は「言葉」を使います。なぜ、うわさ話はそんなに人気があるのでしょうか？　人の評判を自分で左右するのが快感だから？　あるいは、私たちが不安や恐れ、脅えを感じているからかもしれません。だからこそ、外観や考え方の違う人たち、自信のある人たち、どこか目立ったところのある人たちがうわさ話の標的になるのです。しかし他人を傷つけることで、自分がいい顔をできると考えるのはやっぱりおかしいでしょう。

うわさ話はインターネットにもはびこっています。誰かがアップした写真を見て、嫉妬したり、仲間外れにされた気分になったりします。他の人をめちゃくちゃにしてやりたいと思うこともあるでしょう。評判や人間関係を台なしにするという点で、陰口やうわさ話は他の悪い習慣が全部束になってもかないません。友人のアニーから聞いた話は、そうした残念な例です。

高校を卒業した年の夏、親友のタラと私は、それぞれとても感じのいい男の子とデートしていました。向こうも親友同士だったので、よくダブルデートをしました。ある週末、タラと私のボーイフレンド、サムはどちらも家族と一緒に旅行に出かけました。タラのボーイフレンド、ウィルが電話してきて、こう言いました。「どう、映画に行かないか？　タラもサムも町にいないし、ぼくらはやることないだろ」

ウィルも私も本当に単なる友だちとして出かけました。でも、映画館で私たちの姿を見かけた誰かが誤解したのです。小さな町だから、話には尾ひれがつきがちです。タラとサムが帰ってきた頃にはもう、うわさが広がっていました。私が二人に言い訳をする間もないうちにです。広まったうわさを打ち消す手段はありませんでした。私が二人に電話すると、北極の冷気のようなよそよそしい声が返ってきました。説明もできず、とりつく島もありませんでした。私の親友と私のボーイフレンドは、意地悪なうわさのほうを信じてしまったんです。二人の怒りはいよいよ増すばかりでした。その夏に得た、誠実でいることについての手厳しい教訓を私は忘れられないし、乗り越えられそうもありません。そして未だに私の親友は、私を信じようとしないのです。

この破局の場合、ある程度の誠実さを守れば、多くの問題は解決できたでしょう。では、誠実でいるとはどういうことなのでしょうか？

誠実な人は秘密を守る――何かを打ち明けてくれた人に「これはここだけの話よ」と言われたら、まるで自分の身体のコントロールがきかなくなったみたいに駆け出して、出会う人ごとに面白おかしく聞いた話を言いふらすのではなく、必ず「そこだけの話」に留めておくこと。もしその人に秘密を打ち明けてもらってうれしいなら、その秘密を守れば、もっといろいろ打ち明けてくれるはずです。

誠実な人はうわさ話を避ける――自分が抜けた後で誰かに自分のうわさ話をされるのではないかと心配で、井戸端会議から抜けられなくなったということはありませんか？　そんなうわさ好きの人間だと思われてはいけません。他人のことをよく考え、不確かなうわさでその人を判断するのはやめましょう。他人の話をするなという意味ではなく、建設的な方法をとろう、ということです。覚えておいてください。強い精神の持ち主は思想について語り、弱い精神の持ち主は他人について語るのです。

誠実な人は他人を応援する――今度、仲間が他人のうわさ話を始めたら、加わらないようにするか、その人を弁護しましょう。自分だけいい子ぶっていると受け取られない方法でそうすることもできます。

高校三年生のキャシーがこんな話を教えてくれました。

ある日、英語のクラスで、友だちのマットがキムという女の子の話を始めました。その子は私の近所に住んでいて顔見知りでしたが、親しいわけではなかった。マットの友だちが彼女をダンスに誘ったことがあって、マットはその子が「すごく生意気なやつだ」とか「気取り屋だ」というようなことを言い始めたのです。

私は向き直って言いました。「キムは私の幼なじみだけど、私が出会った中で一番優しい心の持ち主だと思うわよ」

そう言ってしまってから、自分でもちょっとびっくりしました。実を言えば、彼女とはそれまではウマが合わなかったから。キムは私がそんなふうに言ったとは知らないのですが、私の彼女に対する姿勢が変わったせいで、私たちはとても親しい友だちになりました。

マットとは今でもいい友だちです。誠実な友人として私を信頼してくれているみたいです。

うわさ好きの人たちに逆らうのは勇気がいります。しかし最初こそ気まずい雰囲気になるかもしれませんが、あなたが根っから誠実なのを知れば、周りの人は尊敬してくれるでしょう。私が特に**誠実であってはしいと願うのは、あなたの家族に対して**です。なぜなら家族という関係は一生涯続くからです。

A・A・ミルンの『くまのプーさん』に描かれているように、人間関係では安心感が必要です。

ピグレットはプーに忍び寄りました。

「プー」ピグレットは小声で言いました。

「なあに、ピグレット」

「別に」

ピグレットはプーの手を取りながら言いました。

「安心したかっただけ」

人の話に心から耳を傾ける

人のためにできる最大の預け入れは、話を聞くことです。なぜでしょう？　ほとんどの人は人の話など聞かないからです。さらに、話を聞いてあげることには心の傷を癒す力もあるからです。トーニという一五歳の少女の経験がそのいい例です。

今年の初めから、私は両親とのコミュニケーションがうまくいかなくなりました。親は私の話を聞いてくれないいし、私も聞かないいんです。「正しいのは自分で、悪いのはあなた」というような感じ。私は遅く帰宅して、そのままベッドに入ってしまうようになりました。そして一言も口をきかずに朝食を食べ、そのまま学校に行くんです。

私は年上のいとこに会いに行き、こう言いました。「あなたに話したいことがあるの」私たちは、二人きりになれるように車で町を出ました。彼女は私が興奮して泣きわめきながら話すのを二時間半、じっと聞いてくれました。そして、彼女は私をとても力づけてくれました。すべてをひたすら聞いてくれたからです。彼女はこれからのことについては楽観的で、私が両親の信頼を取り戻すよう努力すれば大丈夫、とアドバイスしてくれました。

最近では、両親の立場になって物事を見るように努めています。もう仲違いはしていないし、両親との関係は正常に戻ろうとしています。

生きるには食べ物が必要です。それとほとんど同じくらい、話を聞いてもらうことも必要なのです。時間をかけて相手の話を聞けば、すてきな人間関係が築けるでしょう。話を聞くことについては第5の習慣「まず相手を理解してから、次に理解される」でもっと説明します。もうすぐですよ。

「ごめんなさい」と言おう

大声を上げたり、大げさな反応をしてしまったり、つまらないミスをしたときには、「すみません」と言えば、マイナスになってしまった残高をすぐにもとに戻すことができます。でも友だちのところに行って「悪かった」「謝るよ」「ごめんなさい」と言うには勇気がいりますよね。特に、親に対して自分の過ちを認めるのは難しいものです。自分のほうがよくわかっていると思えば、なおさらですね。一七歳のレナがこんな話をしてくれました。

経験があるから、謝ることが両親にとってどれほどの重みを持っているか、私にもわかっています。私が過ちを認めて謝れば、ほとんど何でも許してくれ、私がやり直すのを待っていてくれます。だからといって、優しいという意味ではありません。

この間の夜、私のやったことに納得できなかった母と喧嘩になりました。私は自分の過ちをいっさい認めませんでした。それどころか、親をバカにしたような態度で、母の目の前で部屋のドアをバタンと閉めてしまいました。

自分の部屋に入ったとたん、私はしまった、と思いました。自分が悪いとずっと前からわかっていたのに、とても無作法な態度をとってしまったから。このまま部屋に閉じこもってベッドに入り、ほとぼりが冷めるのを待とうか、それとも二階に行って謝ろうか？　私は二分ほどしてから、正攻法をとることに決め、まっすぐママのところに行って肩を抱きしめ、あんな真似をしてごめんなさいと謝りました。それは私が今までにした中で一番いい行いでした。何もなかったような雰囲気にたちどころに戻ったからです。心がすっかり晴れて、何か他のことに集中できそうな気分になりました。

人の心を傷つけてしまったら、プライドにこだわったり、勇気がないと言って、謝るのをためらわないでください。考えているほど恐いことではないし、後で気分がスッキリしますよ。それに謝れば相手は武装を解除します。人は怒ると、剣を手にして、自分を守ろうとしがちです。しかしこちらから謝れば、相手は戦う気をなくして、剣を収めるでしょう。

誰でも、もちろん私も、これからの人生で過ちを犯すことはよくあるでしょうし、「ごめんなさい」と言う習慣は身につけておくべきです。

相手の期待をはっきりさせよう

「思うんだけど、あたしたち、違う相手と付き合うべきなんじゃないかしら」突然あなたのガールフレンドが言い出しました。

「ぼくは、ずっと付き合っていけると思ってたけど」

あなたは大ショックです。

「あたしはそうは思わないわ」

「じゃあ、今まで君が言ってたことは何だったんだよ！」

「はっきり付き合うとか、そんなつもりじゃなかったの」

相手のあいまいな言葉を誤解してその気になってしまい、最後に傷ついてしまう人たちがどれほどいるでしょう。人間には、他人の機嫌をとって喜ばせたいという気持ちがあります。その結果、あいまいな、非現実的な期待を持たせてしまうことがよくありませんか。

とりあえず父親の喜ぶ顔が見たくて、こんなふうに言ってしまう。「いいよ、パパ。今度の週末、車の修理を手伝うよ」

しかし実際には週末は予定がびっしり、一分の余裕もない。結局、あなたは父親をガッカリさせてしまいます。最初から現実的な受け答えをしておいたほうが、ずっとよかったはずです。

信頼を深めたければ、あいまいなメッセージや、事実とは違うありそうもないことを口に出すべきではありません。

「とっても楽しかった！　ジェフ、また来週も遊ぼうね」とマヤが言ったとしても本音はこうです。

「まあまあ楽しかったけど、ただの友だちでいましょうね」

でもマヤが思わせぶりなことを言ったせいで、ジェフはこの先せっせと彼女をデートに誘い、マヤはそのつど「たぶん、来週なら……」などと断り続けるはめになるのです。マヤが最初から率直でいたほうが、どちらにとってもよかったはずです。難しいことですが、デートの誘いなどを断るのを恐れないでください。長い目で見れば、その気にさせた後で突き放し、彼らをもっと傷つけることになります。

新しい仕事、新しい人間関係、新しい環境に踏み出すときには、必ず起こりそうな問題についてゆっくり話し合い、誰もが共通の理解を持てるようにしましょう。人によって理解にズレがあると、それだけ信頼残高もマイナスになります。

アルバイト先の主任からこう言われたとします。

「今週の火曜日の夜はよろしく」

「すみません。火曜日の夜は、母の代わりに弟の面倒を見なければならないので」とあなたは答えます。

「雇うときにそう言ってくれればよかったのに。一体どうすればいいんだ」

信頼関係を築くには、最初からありのままを伝えて、**できること、できないことの見通しをはっきりさせておく、**これがポイントです。

壊れた関係を修復しよう

これから皆さんに個人的な課題に取り組んでもらいます。これまでにうまくいかなくなってしまった関係の中で一番大切なものを選んでください。両親、兄弟姉妹、友人との関係かもしれませんね。では一つひとつ確実に預金をしていく方法で、壊れた関係をもとどおりにするという目標に、真剣に取り組んでみましょう。最初のうち、相手はけげんな顔をするかもしれません。「どういう風の吹き回し？何か下心でもあるの？」

でも、辛抱強く続けるのです。いいですか、何ヵ月もかかって壊れていった関係を取り戻すには、同じくらいの時間がかかるかもしれません。でも、預け入れをするたびに、あなたが本気であること、友だちでいたいと心から願っていることを少しずつわかってもらえるはずです。簡単にはいきませんが、やってみる価値はきっとあります。

さて次は……？

あなたがバイキングを好きなら（嫌いな人はいませんね）、きっと次の章も好きになるはずです。

最初の一歩

約束を守ろう

❶ 今度、夜の外出をするときには、お父さんかお母さんに帰宅時間を言い、それを守ろう。それから、帰るときはメールしよう!

❷ 今日１日、何かを約束するときは、一息置いて、それを果たせるかどうかを考えよう。守れないのに「今夜メールするよ」とか「今日一緒にプールに行こう」とは言わないように。

よい行いをしよう

❸ 今週、ユニセフや恵まれない人のための募金に協力しよう。

❹ 以前から感謝の気持ちを伝えたいと思っている人に、お礼のカードを書こう。
私がお礼を伝えなければならない人は

....

誠実になろう

❺ どうしてもうわさ話を我慢できないのはどんなとき、どんな場所か、具体的に考えてみよう。決まった友だちと一緒のとき？　ロッカールーム、それともランチを食べているとき？　うわさ話を避けるためのアクションプランを考えてみよう。

❻ 他の人についてポジティブなことだけ言うように、まる１日努力してみよう。

人の話に心から耳を傾けよう

❼ 今日はあまりしゃべらないようにしよう。一日、人の話を聞くのに時間をかけよう。

❽ 妹、兄、祖父など、あなたがあまり話を聞いていない人は誰だろうか。時間をとって話を聞こう。

❾ 今夜寝る前に、もしかしたら傷つけたかもしれない人に対して短い謝りの手紙を書こう。

相手の期待をはっきりさせよう

❿ あなたと他の人との間で期待に食い違いができるのはどういう場合だろう。共通の理解が得られるように一緒に検討してみよう。
他人の期待

....

私の期待

....

4

第4の習慣

Win-Winを考える

——人生は本当に勝ち負けではないの？

もし、お互いの人生を生きやすくするためではないとしたら、私たちは何のために生きるのだろうか?

ジョージ・エリオット（作家）

私が通ったビジネス・スクールでは成績の評価に、悪名高い「強制的相対評価*」を採用していました。どの講座も学生は九〇名で、そのうちの下位一〇%、すなわち九名がカテゴリー3という評価を受けるのです。カテゴリー3は「お前は落第！」のていねいな言い方。つまり受講生全員の成績がどんなによくても、あるいは悪くても、九名は必ず落第するのです。もしたくさん講座を落としてしまえば学校から追い出される。ものすごいプレッシャーでした。

困ったことに、私は採点ミスで入れたのかと思うくらい、学生全員が優秀でした。当然競争は熾烈になり、その影響を受けて、私やクラスメートは奇妙な行動をとるようになりました。

大学や高校のときみたいに、いい成績を狙うのではなく、落第の九名にならないように、ならないようにとしていたのです。勝つためではなく、負けないためのプレーです。そう、熊に追いかけられた二人の男のこんな話があります。一人が後ろを振り返り、言いました。「わかった、熊に勝つ必要はないんだ。君に抜かれないようにすればいいわけだ」

その日も授業中に私は周りを見渡して、私よりもレベルの低そうな九人を数えていました。誰かがバカな発言をすると、「いいぞ、これで彼の落第は決まり。残るは八人」と考えている自分がいたのです。勉強会でも、自分の一番いいアイデアは他の学生には隠していました。アイデアを盗まれて、自分の代わりに他人がいい評価を受けるのではないかと心配だったからです。こんな気持ちにじわじわむしばまれて、自分がとても心の狭いけちな人間になってしまった気分でした。問題は、私が勝ち負けを考えていたことでした。このＷｉｎ‐Ｌｏｓｅ（Ｗｉｎ＝勝ち、Ｌｏｓｅ＝負け）の考え方は、人を必ずネガティブな気持ちにしてしまうのです。幸い、もっといい方法があります。それが**「Ｗｉｎ‐Ｗｉｎを考える」**、第４の習慣です。

Ｗｉｎ‐Ｗｉｎは、**自分も勝ち、相手も勝つ**という、人生に対する態度、考え方です。勝つのは自分か相手かではなく、両方。Ｗｉｎ‐Ｗｉｎは、人とうまくやっていくための基礎です。まず人は皆平等であり、誰かが優れているわけでも劣っているわけでもない、またその必要もないという信念から始まります。

またしても横やりが入りそうですね。「現実的になれよ、ショーン。そんなわけないだろ。ここは情け容赦ない競争の世界なんだ。必ずしも全員が勝てるわけじゃない」

ところがそうではないのです。それは人生の本当の姿ではありません。人生の目的は競争でもなければ、人を出し抜くことでも、クラスで上位五％以内の成績を取ることでもないのです。ビジネス、スポーツ、学校はそうかもしれませんが、それは人がつくった、ただの制度にすぎません。人間関係はまったく違うものです。そして一つ前の章で学んだように、**人間関係こそが人生の本質**なのです。「あなたと友人との人間関係において、勝ったのはどちらか？」なんて、何を基準に、いつの時点でわかるでしょうか？

【強制的相対評価】
相対評価では個性に関係なくクラス、あるいは学年での順位によって成績が決まる。反対に絶対評価では教師の裁量によって全員がＡをもらうこともありうる。日本でも絶対評価を採用する学校が増えている。

それでは、このWin-Winという一風変わった考え方を詳しく見てみることにしましょう。まずWin-Winでない考え方から見てみます。Win-WinはWin-LoseでもLose-WinでもLose-Loseでもありません。どれも一般的ですが、貧しい人生観です。では乗車して、シートベルトを締めてください。出発です！

Win-Lose――人生は勝ち負け？

「ママ、今夜大切な試合があるから車を使いたいの」

「ごめんなさい、マリーナ、今夜は買い物に行かなければならないの。友だちに乗せてもらわないとだめね」

「でも、いつも友だちに乗せてもらってるんだもん。恥ずかしいよ」

「あのねえ、あなた、家に食べ物がないって、この一週間ずっと文句を言ってたじゃない。今日しか買い物に行けないのよ、悪いけど」

「悪いなんて思ってないくせに。本当にそう思っているなら車を使わせてくれるはずでしょ。ずるいよ。私のことなんてどうでもいいんだ」

「わかった、わかった、もういいわ。車を使いなさい。その代わり、明日食べ物がなくてもママに文句を言わないでよ」

マリーナが勝って、母親が負けました。これがWin-Loseです。でも、マリーナは本当に勝ったのでしょうか？　今回はそうだとしても、母親はどう感じているでしょう？　今度マリーナにお返しするチャンスが巡ってきたら、母親はどう出るでしょうか？　だからＷｉｎ-Ｌｏｓｅの考え方は長い目で見ると割りに合わないのです。

Ｗｉｎ-Ｌｏｓｅは、成功という一つのパイを誰かと奪い合う人生観です。ですから、あなたが大きなパイを取ったら、私の分は小さくなります。だから我先に、人よりも大きなものを取ろうとしてしまいます。それは競争です。「自分が他人よりも優位にいるなら、正しいかどうかなんて気にしない」というわけです。人間関係、友情、誠実さなどは全部二の次、ゲームに勝つこと、一等賞を取る、我を通すことが優先です。

Ｗｉｎ-Ｌｏｓｅは、高慢のかたまりです。Ｃ・Ｓ・ルイスは言っています。「高慢な人は、何かを持つことで喜びは感じない。ただ、隣の人間よりも多く持つことでしか喜びを得られないのだ。人と自分を比較することで高慢さが生まれ、人の上に立っているという喜びを感じるのだ」

> *Pride gets no pleasure out of having something, only out of having more of it than the next man.*
> 高慢な人は、何かを持つことで喜びを感じない。ただ、隣の人間よりも多く持つことでしか喜びを得られないのだ。
> ―C・S・ルイス―

でも、Ｗｉｎ-Ｌｏｓｅで考えてしまっても、自分を責める必要はありません。私たちは小さなときからそうしつけられているのですから。素晴らしいチャンスがある一方で、競争も激しいアメリカで育った人は特にＷｉｎ-Ｌｏｓｅで考えがちです。

もっと具体的に考えるために、ごく平凡な少年、トレイの生い立ちをたどってみましょう。トレイが初めて競争を体験したのは小学校三年生の運動会のときでした。なあんだ、一着、二着、三着でゴールインした人しかリボンがもらえないのか。しかしどのレースにも入賞できなかったトレイも、参加賞のリボンをもらえたのでニコニコしていましたが、親友から「そんなリボンはたいしたことないんだぜ、誰でももらえるんだから」と言われてがっかり。

中学に入るときは、トレイの家では最新流行のジーンズや靴を買う余裕がなかったので、古いので我慢しました。ついお金のある友だちの服装に目がいってしまい、自分はかなわないと感じてしまいます。

高校になるとバイオリンを始め、オーケストラに入りました。ところが、第一バイオリンになれるのは一人だけ！　トレイは第二バイオリンを割り当てられてがっかりしましたが、まあ、第三じゃなくてよかったと思いました。

トレイはずっと、母親の一番のお気に入りの息子でした。ところが最近では、運動会でたくさんのリボンをもらった弟が、母親の自慢の息子。トレイは学校で必死に勉強しました。弟よりもいい成績を取れば、母親のお気に入りの座に返り咲けるかもしれない。

高校を卒業したトレイは大学進学を目指して、SAT（全米の大学入試に採用されたテスト）を受験。一〇〇人中五〇位の成績でした。これは同学年の半分よりは優秀だけど、後の半分よりは下回っているという意味。残念ながらこの成績では、志望大学には入れません。

トレイが入った大学は、「強制的相対評価」を採用していました。三〇人いる化学のクラスで、A、Bの評価がもらえるのはそれぞれ五名だけ。残りはCかD。トレイはCやDにならないよう猛勉強して、幸い最後のBを取りました。そして――。

ストーリーはまだ続きます。

トレイでなくてもこんな世界で育ったら、人生は競争だ、勝利こそすべて、と思うようになっても不思議ではありません。周りを見回して、自分がトーテムポールのどの位置にいるのか気にするのも当然ですが、ラッキーなことにあなたと私は競争の犠牲者ではありません。主体的に行動する力、そしてこのＷｉｎ－Ｌｏｓｅという条件づけを乗り越える力を持っているからです。

Ｗｉｎ－Ｌｏｓｅの人生観にはさまざまな面があります。たとえば、

・利己的な目的のために、人を利用する
・人を押しのけて進もうとする
・他人のうわさを広める（まるで人をおとしめることが自分の手柄でもあるかのように）
・人の気持ちを考えずに、いつも我を通す
・身近な人に何かいいことがあると、妬んだり、やきもちを焼く

Win-Loseの考え方は、結局は、いつも裏目に出ます。最終的に、梯子のてっぺんに上がれたとしても、そこでは一人ぼっちで、友だちもいない。女優のリリー・トムリンが言っています。

「ネズミの競争でいくら勝ったとしても、ネズミはやっぱりネズミのままよ」

Lose-Win──ドアマット症候群「悪いのは私」

あるティーンの手紙にはこう書かれていました。

「私はいつも妥協してしまうの。口論になるのが嫌で、何でも自分のせいにしてしまう。私ってバカよねって、気がつくといつも言ってるの」

この言葉に思い当たるふしはありませんか？　もしあるなら、あなたはLose-Winの罠にはまっています。Lose-Winは上辺こそきれいですが、危険な点ではWin-Loseと変わりません。これがドアマット症候群です。Lose-Winの考え方のテーマは「私のことなら好きにして。あなたの靴も私の上で拭けばいい。みんなそうしてるから」

このタイプの問題は弱さにあります。踏みつけにされるのも、いい人でいるのも簡単です。争いごとを好まないという口実で折れてしまうのも、自分の気持ちを親に伝えずに、親の言いなりになっているのも簡単です。

Lose-Winの人は、自分の期待そのものを低く設定し、さらにその基準も妥協して繰り返し自分を曲げてしまいます。仲間のプレッシャーに負けるのもLose-Winです。本当は学校をサボりたくないのに、グループがそそのかす。そこで、あなたは折れる。勝敗はどうなりますか？　そう、あなたが負け、向こうが勝ったのです。これがＬｏｓｅ-Ｗｉｎです。

Ｌｏｓｅ-Ｗｉｎを基本的な人生観にすると、人は汚れた足をあなたの上で拭いていくのです。こんなに嫌なものはないし、さらに本心を深く隠してしまうことになり、健全とは言えません。

もちろん負けるときだってあります。妹とチャンネル争いになったとか、お母さんにフォークの使い方を注意されたとかいうような、些細な問題であれば、Ｌｏｓｅ-Ｗｉｎでもいいでしょう。小さな問題で相手に勝ちを譲っても、それは人間関係信頼口座への預金になります。ただし重要な問題には、必ずはっきりした態度をとってください。

もしあなたが虐待されていて、その人間関係から脱け出せないのなら、Ｌｏｓｅ-Ｗｉｎに深くはまってしまっているのです。虐待は、苦痛と服従、服従と苦痛と続く、果てしないサイクルです。改善の余地はありません。ここにあなたの勝ち目はないのですから、逃げ出さなければいけません。虐待されるのは自分に何か落ち度があるからだとか、虐待されて当然だなどとは考えないでください。ドアマット症候群の人は、すぐそんなふうに考えてしまいます。虐待されても仕方がない人など、この世に一人もいないのです。

Lose-Lose――らせん降下

Lose-Loseのテーマは、「もしオレが落ちたら、お前も一緒に落ちるんだよ、バーカ」。早い話、不幸は道連れを求めるのです。戦争はLose-Loseの代表的な例です。考えてもみてください。より多くの人々を殺した側が勝つのです。でもどちらも本当の意味で勝つとは思えません。復讐もやはりLose-Loseです。復讐を果たすことで勝ったと思うかもしれませんが、実際には自分を傷つけているだけなのです。

Lose-Loseは、Win-Loseの人同士が一緒になるとよく起こります。あなたも相手も、何が何でも勝ちたいと思っていると、結局二人とも負けることになるのです。

他人のことに悪い意味でこだわっている場合にもLose-Loseになりがちです。これは特に、ごく身近な人との間でよく起こります。次のオリビアの例がそうです。

マギーと私は中学一年生のときからの大親友。会った瞬間にわかったわ。この人が私の新しい一生の大親友だって。彼女はとっても面白くて、すてきで、自分の意見をはっきり言う人なの。本当は私だって頭は切れるし、面白いんだけど、はた目には、恥ずかしがり屋でちょっと内気に見えた。でも、マギーは恥ずかしがり屋な見た目の内側にある私の強さを見てくれた。だから、彼女と一緒にいるととっても気分がよかったの。

でも、大学に入った頃には、私はおとなしくて恥ずかしがり屋、マギーは明るくて誰にでも好かれるというのが少しずつ重荷になっていったわ。自分が彼女の引き立て役のような気がしてきて、腹が立ったの。彼女がクラスで一番頭がいいって思われていて、男の子たちも彼女は本当にすてきと思っていることがねたましかった。私も、みんなから彼女に夢中で、女の子たちしくて、彼女のように振る舞おうと努力したわ。どうしたら自分自身になれるのかわからなかった。

いいことがあったなんて話を彼女から聞かされるたびにイライラした。とうとうある日、些細なことで彼女に腹を立てて、それから大げんかになった。彼女は言ったわ。「私のことが嫌いなら、なんで友だちでいるのよ」私は、彼女が嫌いなんじゃない、ただ妬けるだけって答えた。彼女と比べて、自分の魅力、自分の知性、自分の意見が価値がないように感じていた。自分が見劣りすると思ってた。

自分の言葉を聞いているうちに、なんて愚かなんだろう、マギーに不公平じゃないと思った。彼女のせいじゃないから。彼女はただ彼女自身であっただけ。いったんは私たちの友情にひびが入ったけど、彼女は私の嫉妬を許してくれて、私は比べることに何の意味もないと思えるようになった。自分がいい気持ちになるために、彼女を自分と同じレベルに引きずり落とす必要はないことに気づいたの。自分がそんなすてきな人が自分の身近にいるのは、うれしいことだって。自分が好かれるために、彼女のまねをする必要はない。ただ私自身でいればいいと思えるようになったの。

ラッキーなことに、オリビアとマギーの友情は、Ｌｏｓｅ-ＬｏｓｅからＷｉｎ-Ｗｉｎに変わりました。

うかうかしていると、ボーイフレンドやガールフレンドとの関係も、Ｌｏｓｅ-Ｌｏｓｅに堕落してしまうことがあります。あなたにも経験があるでしょう。二人の善良な人間が付き合い始めると、初めはうまくいきます。それがＷｉｎ-Ｗｉｎです。しかし二人が徐々に精神的にべったりになり、互いに依存し合うようになると、相手を束縛したり、やきもちを焼き始めるのです。二人は常に一緒にいて、触れ合っていなければ不安です。まるでそれぞれが相手の人格を所有しているみたいに。最終的にこうした依存関係は、最悪の事態を引き起こします。喧嘩や口論、そして互いに「仕返し」を始め、Ｌｏｓｅ-Ｌｏｓｅのらせん降下に終わってしまうのです。これではどちらも楽しくありません。

Win-Win　食べ放題のレストラン

Ｗｉｎ-Ｗｉｎは誰もが勝つことができるという考え方です。素晴らしいけれど、難しくもあります。人を踏みつけにしたくないし、かといって誰かのドアマットになるつもりもない。人のことを思いやり、成功を願っていますが、自分のことも気にかけているし、自分も成功したい。Ｗｉｎ-Ｗｉｎは豊かです。手に入る成功はたくさんあるという考え方です。「あなたか私か」ではなく、「二人とも」なのです。誰が一番大きなパイを取るかというレベルではありません。全員でも食べきれないほどたくさんの食べ物がある。人生が食べ放題のレストランに変わるのです。

友人のドーンが、Ｗｉｎ-Ｗｉｎのパワーを発見したいきさつを語ってくれました。

高校二年生のとき、私は女子バスケットボールチームに所属していたの。私は年齢の割に上手で背も高かったから、二年生なのに代表チームの先発メンバーに選ばれました。パムというクラスメート（親しい友だちで、やはり二年生）も一緒に先発メンバーに昇格したわ。

私は三メートル離れたところからのシュートでもほぼ確実に決められた。一ゲームに四本か五本、こうしたシュートを決めるようになり、おかげで認められるようになったの。でも、パムは私が注目を浴びるのが気に入らなかったのか、意識的かどうかはわからないけど、私にボールを回さなくなったの。私がフリーでシュートを打てる位置にいても、パムは私にボールをパスしないんです。

その夜のゲームも、パムは私にほとんどボールを回して来なくってサイテイだった。自分でも経験したことがないほど腹が立って。それで父と長い間話をして、すべてを振り返り、前は友だちで今は敵になったパムへの怒りをぶちまけたの。長い話し合いが終わると父は、考えられるベストの方法は、私がボールを手にしたら、そのつどパムにパスすることだと言ったの。そのたびによ。バカげてると思った。父はただ、それしかないと言い残し、私を一人キッチン・テーブルに残して考える時間をくれたってわけ。でも、私は考えることもしなかった。そんなこと役に立つわけないと、父の愚かなアドバイスは忘れることにしたの。

次のゲームはすぐだったから、私はパムと同じやり方で彼女をやっつけてやろうと決心した。いろいろ策を練って、パムの企みをつぶしてやるつもりでコートに出た。最初にボールを手にしたとき、観客席から父の声が聞こえた。父の声はとてもよく響くから、プレーに集中していても、父の太い声だけはいつも聞き分けることができたの。私がボールをつかんだ瞬間、父は声を張り上げたの。

「彼女にパスするんだ！」

一瞬ためらったけど、正しいと思うことをした。自分でもシュートを打てる位置にいたのに、パムを見つけて彼女にパスしたんです。彼女は一瞬驚いていたけど、向きを変えてシュートを放ち、2点を決めました。ディフェンスにまわるためにコートを走っているとき、私は今までに味わったことのない気持ちを感じていた。それは、他の人が成功することに対する純粋な喜びだった。さらに、それがゲームに有利に働くのがわかったの。勝つのって気分がいいでしょう？　前半、私はボールを持つたびにパムにパスした。必ずよ。後半も私はパスし続け、指名されるか完全にフリーになったとき以外にはシュートしなかったんです。

私たちはこのゲームに勝ち、それ以降のゲームではパムが、私が彼女にパスするのと同じくらい頻繁にボールを私に回して来るようになった。私たちのチームも、二人の絆も強くなる一方だった。チームはそのシーズンを大きく勝ち越し、私たち二人は小さな町の伝説的なコンビになったわ。地元の新聞までが、二人の互いにパスを回す能力、名コンビぶりを記事にしたくらい。結果として、私自身も今まで最高の得点を記録したの。

そうなんです。Ｗｉｎ-Ｗｉｎは常に、より多くを生み出す、終わりのないバイキングなのです。ドーンが経験したように、**他人の成功を願うと、自分がいい気持ちになれる**のです。ボールをパスしたことで彼女の得点は減ったりせず、むしろ増えたのです。事実、二人が自己中心的になって相手にボー

ルを渡さなかったら、あれほどの得点を上げられなかったし、試合に勝つこともできなかったはず。

誰でもおそらく、自分で意識している以上にＷｉｎ-Ｗｉｎの考え方をしているはずです。そうしたＷｉｎ-Ｗｉｎの態度の例を少し挙げてみましょう。

・最近、勤務先のアイスクリームショップで昇進した。そして自分が褒められたこと、認められたことを、支えてくれた人たち全員に伝えた。

・学校で重要な役員に選ばれたばかりだけれど、決して「優越感」を抱かないように注意している。友人のいない人や人気のない人とも、平等に接している。

・最近、一番の親友が自分も志望していた大学に合格した。自分は不合格だった。自分自身の境遇はつらいが、友人のことは心から喜んでいる。

・自分は夕食に出かけたいと思っていたが、友だちは映画を見たいと言うので、みんなで話し合って、ビデオを借り、食べ物を買ってきて家で食べることに落ち着いた。

Ｗｉｎ-Ｗｉｎを身につけるには

では、どうすればいいのでしょうか？　どうしたら自分が大学受験に失敗しても、友だちの合格を喜べるようになるのか？　どうすれば、いつもゴージャスな服を着ている近所の女の子に嫉妬しないでいられるのか？　どうすれば、自分も相手も勝てるように、問題を解決できるのでしょうか？

ヒントは二つ。「私的成功」についてまず考えること、そして二大悪習を予防することです。必ずうまくいきますから。

まずは「私的成功」を目指そう

すべてはあなたから始まります。もしあなたが極端に自信不足で、「私的成功」を勝ち取るための努力をしていなければ、Win-Winで考えるのは難しいでしょう。他の人に恐れを感じてしまい、人の成功も喜べません。褒められ、認められたことを分かち合うのも難しいはず。自信のない人は、とても嫉妬に駆られやすいのです。次のオースティンとそのガールフレンドとのやりとりは、いかにもそうした自信不足の人たちが交わしそうな会話ですね。


「エイミー、君のタンブラーへの投稿全部にリンクしてるやつはいったい誰？」とオースティン。

「誰って、ジョンのこと？　幼なじみよ。一緒にキャンプに行ってたの」とエイミー。

「なんで彼のコメントにいちいち返事するんだよ」

「だって、友だちだから。ずっと前から知ってるのよ。小学校が一緒だったの」

「じゃあ、なんで君にべったりしてるのさ」オースティンは怒って言います。

「オースティン、そんなたいしたことじゃないでしょ。彼は二枚の写真が気に入っただけよ」

「なら、君のことはほっとくべきだ」

「オースティン、私が一緒にいたいのはあなただってわかってるでしょう。男の友だちだって、ただの友だちだわ」


オースティンは自分に自信がなくて、ガールフレンドに精神的に依存している限り、こうした場面で彼が寛大になれないということがわかりますか？　オースティンはまず、自分を変えなければなりません。自分の信頼残高を増やし、自分の人生に責任を持ち、きちんとした計画を立てれば、自信と安定感が深まり、他人に脅える代わりに、人との関係を楽しむことができるようになるはずです。まず自分自身を安定させること、それがＷｉｎ‐Ｗｉｎを考えるの基礎なのです。

二大悪習にご用心

ちょうどガンのように、内側から人の心をむしばんでしまう習慣が二つあります。それは**「競争」**と**「比較」**で、対になっています。これを中心にしたら、もうＷｉｎ‐Ｗｉｎで考えることはできません。

悪習　その1　競争

とても健全な競争もあります。それは私たちの向上心や努力を促してくれるものです。競争がなければ、自分をどこまで伸ばすことができるかわからないでしょう。たとえば、オリンピックの栄光は、競争に勝ち、人に抜きんでなければ得られません。すばらしい選手になろうと努力するのは、そのためです。ビジネスの世界では、競争が革新と成長を促します。

しかし、競争にはあまり好ましくない面もあります。映画『スター・ウォーズ』で、ルーク・スカイウォーカーは、「フォース」と呼ばれる万物を司る力を学びます。後に、ルークは暗黒卿ダース・ベイダーと対峙し、フォースの「暗黒面」を知ることになります。ベイダーが言うように、「おまえは暗黒の力を知らない」のです。競争も同じです。暗い面と明るい面があり、どちらも強い力を持っています。あなたが自分自身と闘う場合、あるいはベストを目指して真剣に努力する刺激となる競争は健全です。けれども、自尊心のために勝とうとしたり、他人よりも上に立ちたいという気持ちから競争するときは「暗い力」になってしまうのです。

ティモシー・ガルウェイの『インナーゲーム』を読んでいた私は、それを見事に述べている言葉に出会いました。ティムはこう書いています。

> 競争が他人と自分の比較のために利用されると、その人の持つ最悪の面が現れる。そして誰でも持っている不安や不満が極端に誇張されてしまう。世の中には一番になり、勝者になることでしか、自分の求めている愛や尊敬が得られないのではないか、と考える人もいる。競争に勝つことが評価につながると教えられた子どもたちは、勝利が何よりも重要だという強迫観念に駆られた大人になる。

ある有名大学のコーチが言うには、スポーツ選手にとって最悪なのは、失敗への不安と並み外れた勝利欲、勝つためにはどんな犠牲もいとわないという考え方を持つことだそうです。

ビーチバレーの試合で弟のチームが私たちのチームを破ったとき、こんな口論をしたことがあります。

「お前たちに負けるなんて信じられないよ」私は首をかしげながら言いました。

「何がそんなに信じられないのさ？　ぼくよりもスポーツが得意だと思い込んでいたんだ、そうだろ？」と弟。

「ああ、そうだ。実績だってある。スポーツはオレのほうがお前よりずっとできた」

「でも、兄さんの考えているスポーツマンの定義は狭いんじゃないかな。正直言って、ぼくのほうが高く跳べるし速く走れる。兄さんより優秀なスポーツマンだと思うけど」

「バカバカしい！　お前のほうが速いわけがない。それに走ることや跳ぶことに何の意味かある？　オレはどんなスポーツでもお前には負けない」

「ほんとかい？」

「当たり前だ」

冷静になってみると、二人とも自分が愚かだったことに気がつきました。私たちは競争の暗い面に惑わされていたのです。もちろん後味がいいはずはありません。

競争は自分自身を評価するために使うべきです。ボーイフレンドやガールフレンド、地位、友だち、人気、ポジション、注目などを賭けて競争するのはやめ、人生をエンジョイしましょう。

悪習　その2　比較

比較は競争の弟分で、ガンのように悪質です。自分を他人と比較しても、百害あって一利なしです。なぜでしょうか？　**人それぞれ成長のスケジュールは違う**からです。社会的、精神的、肉体的、どれをとってもそうです。ケーキの焼き方は人それぞれなのですから、隣の人のふくらみ具合と比べるために、オーブンの扉を開けたり閉めたりしてはいけません。そんなことをしていると、自分のケーキがふくらまなくなってしまいます。ポプラのように植えたときからぐんぐん成長する人もいれば、竹のように、四年間はまったく成長しないように見えて、五年目にいきなり三〇メートルも伸びてしまう人もいます。

たとえるならば、人生は巨大な障害物コースです。一人ひとりに、他の人のコースとは高い壁でへだてられた自分のコースが用意されています。あなたのコースには、あなた自身の成長のために特別にデザインされた専用の障害物がセットされています。だとすれば、壁に登って、他人の進み具合をのぞいたり、他人の障害物を自分のと比べたりして何のトクがあるでしょう？　あなた自身の障害物を乗り越えられなくなるだけです。

自分の人生の土台を、他人と比較して築き上げても、決して安定したものにはなりません。もし私が偏差値や、自分の友だちのほうが他人の友だちよりも人気があるかどうかを心の拠り所にしていたら、自分よりもっと高い偏差値の持ち主や人気のある友だちがいる人が現れたら、どうなるでしょう？　自分を人と比較するのは、風に翻弄される波のようなもの。上がったり、下がったり、ときには劣等感を、ときには優越感を感じ、自信を持ったかと思うと、次の瞬間には萎縮してしまぅのです。正しい比較はただ一つ、今の自分を自分の可能性と比べることです。

女優でシンガーソングライターのアリアナ・グランデはハリウッドとインターネットでティーンを虜にしました。しかし、天下のアリアナでも、自身のボディイメージや他人と比較することを危惧しています。「自己評

竹の成長

1年　2年　3年　4年　5年

価が低く、ゆがんだボディイメージのせいで、摂食障害になる女の子が多すぎるわ……自分自身を好きになって、自分の体を大事にすることは、女の子たちにとってとても大切なことだと思う」

アリアナは言います。

「人は自分たちと違う人や特別な人に対して偏見を持ったり、心を閉ざしてしまったりすることがあるけど、だからこそ、今の若い人たちにとって、ありのままの自分に満足して、あら探しをする人たちの言うことなんか気にしないようにするのは大変なことよ。自分に満足する。自分の欠点を好きになる。自分の個性を受け入れる。そうすれば、自分が他の人と同じように完璧なんだって思えるわ」

おそらく、このような新鮮で健全な態度が、彼女と彼女の音楽が誰からも愛され、多くの人が彼女のツイッターをフォローしている理由でしょう。アリアナが、このようなよい感化をいつまでももたらしてくれますように。

アンという女の子は、比較の罠に何年間かとらわれていたのですが、ようやくそこから抜け出すことができました。そして、そこから抜け出せないでいる人たちに、こんなメッセージを伝えています。

私の悩みは、クレイトンバレー高校の一年生だったときに始まりました。生徒のほとんどがお金持ちで、ファッションがすべてだったのです。最大の関心は、今日は誰が何を着て来るかでした。服装についてはいくつか暗黙のルールまであって、たとえば同じものは二度と着ないとか、誰かと同じものは着ないということになっていました。ブランド物と高級ジーンズは必須アイテムでした。あらゆる色と、あらゆるスタイルのものを持っていなければならないのです。

一年生のとき、私は二年生と付き合っていましたが、私の両親は彼を気に入っていませんでした。彼とは最初はうまくいっていたのですが、彼のせいでだんだん私は自意識過剰になってしまって。彼は、「どうしてあの子みたいなファッションができないんだ?」、「どうしてそんなに太ってるんだ」、「ちょっと変えるだけで、とてもよくなるのに」と私に言い続けたのです。

私は彼の言葉を信じるようになりました。他の女の子たちを見て、自分がなぜあんなふうにきれいになれないのか、分析するようになりました。服ならクローゼットにいっぱい持っているのに、不安でたまらなかった。なぜって、何を着ていいかわからなかったからです。最新流行の一番いい服を手に入れるために万引きまでするようになりました。いつの間にか、自分がどんな人間であるかは、誰と一緒にいるか、どんなふうに見えるか、どんなタイプの服を着ているかで決められていました。私は誰といても自分に自信を持てませんでした。

この状況を切り抜けるために、私はたくさん食べては吐くようになりました。食べることで安らぎが得られ、吐くことで一種のコントロールをしていました。太ってはいなかったのに、太るのを極度に恐れていたのです。たちまち、吐くことが私の生活のほとんどになってしまいました。一日三〇回から四〇回、学校でも、トイレでも、いろいろな場所で吐くようになりました。でも私はそのことを秘密にしていました。両親の期待を裏切りたくなくて、打ち明けられなかったのです。

そんなとき、人気者グループからフットボールの試合に誘われたんです。彼らは一六歳。私よりも一つ年上です。すっかり舞い上がってしまった私は、母と二人で必死になって似合う服を選びました。でも、何時間も窓から外を眺めて待っていたのに、誰も迎えに来なかったんです。自分にはなんの価値もないんだと思いました。「私がかっこよくないから、かわいくないから、迎えに来てくれなかったんだ」と。

そしてとうとう最悪の事態が起こりました。ある芝居の舞台に立っていたとき、意識がもうろうとなって、失神してしまったのです。楽屋で意識を取り戻すと、母がそばにいました。「助けて」と私は小声で言いました。

自分が問題を抱えていると認めることが立ち直りの第一歩でしたが、それに何年もかかりました。今振り返ってみると、そんな精神状態になるまで自分を追い込んだことが信じられません。何不自由ない生活だったのに、みじめでした。私はキュートで、才能もあり、スマートな女の子だったのに、比較という世界に迷い込んだばっかりに、自分に満足できなくなっていたのです。私は全世界に向かって叫びたい。「私のようなことをやっては絶対にだめ！　何にもならないんだから」と。

私が立ち直れたのは、何人かの本当に特別な友だちとの出会いのおかげでした。私が大切にすべきなのは、ありのままの私で、何を着ているかではない、と実感させてくれたのです。みんなは言ってくれました。「こんなものはいらない。君は、そんなものよりも価値があるんだ」気に入られるためには変わらなければいけないと誰かに言われたからではなく、自分自身のために変わり始めたんです。

この話のメッセージは、「こんな真似はやめなさい」ということです。こうした悪習慣は断ち切るべきです。いつまでも自分を他の人と比較していると、ドラッグやアルコール並みの強烈な中毒になりかねません。モデルのようなルックスやファッションを追わなくても、幸福になれるのです。何が本当に大切かを理解した以上、こうしたゲームにはまり、人気者になれるかどうかばかり気にしてティーン時代を過ごしてはいけません。人生はこれからだからです。

Ｗｉｎ－Ｗｉｎ精神で得られるもの

Ｗｉｎ－Ｗｉｎを考える大切さはわかってもらえたでしょうか。次はアンディの経験です。

ぼくは最初、Ｗｉｎ－Ｗｉｎを考えることに意味があるとは思えませんでした。でも放課後のアルバイトに応用してみて、ビックリでした。始めてから二年になりますが、正直に言って、この習慣のパワーは恐いくらいです。もっと早くに知りたかった。おかげでリーダーシップを発揮できるようになっただけでなく、「この仕事をもっと楽しんでやろう。自分と経営者両方にとってＷｉｎ－Ｗｉｎにしよう」という気持ちで仕事にのぞめるようになりました。ぼくは今、毎月マネージャーと話す機会を持ち、社内でぼくが気づいたいろいろなことを、細かいこともすべて伝えています。まだ社内で実現できていなくて、ぼくがやりたいと考えていることについてです。

前回、マネージャーと面談したとき、彼女はこう言いました。「私は以前から、やり残しになっているこうした仕事をどうやって片づけようかと悩んでいたの。あなたが課題を率先して探して、実行したいと意欲を燃やしているのには感心するわ」そして、時給を一ドル上げてくれたのです！

本当に、このＷｉｎ－Ｗｉｎには伝染力があるんですよ。もしあなたが心の大きい人間で、他人の成功に本気で協力し、賞賛を分かち合いたいと願っているなら、まるであなたが磁石になったみたいに友だちが集まってくるでしょう。考えてみてください。自分の成功に関心を持ち、自分の勝利を願ってくれる人を、好きにならないわけがありません。それどころかお返しに、手を貸したいと思うでしょう。

Ｗｉｎ-Ｗｉｎの精神は、親との深刻な対立の解決から、犬の散歩係を決めることまで、どんな場面にも応用できます。ベンの場合がいい例です。

僕らの親は、姉さんと僕に一日一時間しかタブレットを使わせてくれないんだ。最初のうちはどちらが先に使うかで争っていた。宿題で調べ物をしたり、ツイッターをチェックしたり、ビデオを見たりするのに使いたかったから。しばらくして、僕らは新しいことを試してみることにしたんだ。使う順番を一日交代にしたんだ。ときには一緒にツイッターをやったり、ビデオを見たりするようになって、楽しみも増えたよ。

ときには、どんなに頑張ってもＷｉｎ-Ｗｉｎの解決法が見つからないこともあるでしょう。相手が勝ち負けにあまりにこだわっていて、その人たちに働きかける気にすらなれないなんてこともよくあります。こうした場合、喧嘩腰になったり（Ｗｉｎ-Ｌｏｓｅ）、最初から勝ちをゆずってしまう（Ｌｏｓｅ-Ｗｉｎ）のはやめましょう。Ｗｉｎ-Ｗｉｎを目指すか、でなければＮｏ-Ｄｅａｌ、取引はなし、です。つまり、Ｗｉｎ-Ｗｉｎの解決策を見つけられないなら、プレーしない。それがＮｏ-Ｄｅａｌです。たとえば、友だちとその夜何をするかで意見が分かれたら、どちらかが我慢する代わりに、その夜はとりあえず別れて別の夜にまた会えばいいのです。また、あなたが付き合っている人とＷｉｎ-Ｗｉｎの関係になれないのなら、Ｎｏ-Ｄｅａｌにして別の道を歩むのがベストかもしれません。Ｎｏ-Ｄｅａｌは、Ｗｉｎ-ＬｏｓｅやＬｏｓｅ-Ｗｉｎ、あるいは最悪のＬｏｓ

【No-Deal】
双方が納得する答えを見つけることができないときには「合意しないことに合意する」、つまり取引はしない、という意味。

e-Loseより、間違いなくマシです。

父親からWin-Winを教わった一五歳のブライアンがこんな面白い話をしてくれました。

去年の夏休み、友だちと僕はお金を稼ごうと思ったんだ。それで、窓ふきと芝生の手入れの仕事を始めた。「グリーン&クリーン」なんて、かっこいい名前も考えてね。

スティーブの親の友だちから窓ふきを頼まれて、その後すぐうわさが広がって、依頼がいくつか来たよ。

お父さんのコンピューターのプログラムを使って、Win-Win契約書と名前を付けたちょっとした計算書もつくった。頼まれた人の家に行って、窓の寸法を測り、見積書を作成した。あらかじめ決められた価格で窓をきれいにしてもらえることがお客さんにわかるようにしたんだ。頼みたいって人が次から次へと現れたよ。もし僕らがきちんとやらなければ、次はないってわかってた。仕事を終えたら、自分たちで確認して、それからできばえを見てもらうようにした。僕らは信用できるってわかってほしかったから。

少ない額だけど、「グリーン&クリーン」には資金も用意した。仕事を始めるときに互いにお金を出して、窓ふきに必要な道具を買ったんだ。お客さんは窓をきれいにしてもらって幸せだったし、一五歳の僕らもお小遣いを稼げて、まさにWin-Winだったよ。

Ｗｉｎ-Ｗｉｎによってどんな気持ちになれるか

Ｗｉｎ-Ｗｉｎの姿勢を育てるのは簡単ではありません。でも、あなたにもできます。もし、今、一日の一〇％をＷｉｎ-Ｗｉｎで考えているなら、今度は二〇％、次には三〇％をＷｉｎ-Ｗｉｎで考えるようにしてください。やがてその考え方が習慣となり、そうしようと意識する必要すらなくなります。それがあなた自身の一部になるのです。

おそらくＷｉｎ-Ｗｉｎを考えるの一番驚くべき利点は、いい気分になれることです。私のお気に入りの、Ｗｉｎ-Ｗｉｎのパワーを実証する話は、ジャック・リュッセイラン*の自伝『And There Was Light（そこに光があった）』に出てくる実話です。この本に序文を寄せた雑誌『パラボラ*』の編集者は、リュッセイランのストーリーをこんなふうに要約しています。

「一九二四年、パリに生まれたジャックは、フランスがドイツに占領された当時、一五歳だった。一六歳で、ジャックは自ら組織したレジスタンスを指導した（中略）。この地下組織は五二人の少年から始まり、一年足らずのうちに六〇〇人の規模に成長した。これだけでも驚きだが、さらにすごいのは、ジャックが八歳のときから完全に視力を失っていたという事実だ」

全盲にもかかわらず、ジャックには、別の意味でものが見えていたのです。彼はこう言います。

「私は視力を失っていたが、光が見えたし、その後も光

【ジャック・リュッセイラン】
1924年パリ生まれの作家。15歳、ヒトラーがパリを占領したとき、友人とともにレジスタンスを組織し、活躍する。ナチの収容所に入れられたときの体験を『And There Was Light』に綴っている。8歳のとき事故で失明した彼は「内なる目」で多くを見て語る。

【パラボラ】
フランスの雑誌、季刊。世界の神話、象徴、宗教的伝統をテーマに編集されている。特に蓄積された人類の叡智と我々の現代生活との関係性に焦点を当てている。書籍やビデオなども出している。

は見え続けた。光が昇り、広がり、物を照らし、それらに形を与え、また去っていく。（中略）私は光の流れの中で生きていた」彼は、その光の流れを「私の神秘」と呼んでいます。

しかし、この光がジャックから遠ざかり、物事がはっきり見えなくなるときもたびたびあったと言います。そんなときは必ず、Ｗｉｎ-Ｌｏｓｅの考え方をしていたと言うのです。

「小さな仲間たちと一緒に遊んでいるとき、なんとしても勝とう、一番になろうと思ったら、突然何も見えなくなった。文字どおり霧か煙の中に入ったのだ」

「私はもう、嫉妬に駆られたり、不親切になることはできなかった。そうなったとたん、目隠しがされ、腕と脚を縛られ、放り出されるからだ。いきなり黒い穴が口を開け、私はなすすべもなく、その中に落ちる。しかし私が幸福で、穏やかに自信を持って人々に接し、彼らのことを十分に思いやっているときは、私は光によって報われる。私がごく若いうちから友情と調和を愛するようになったのにはなんの不思議もないだろう」


あなたがＷｉｎ-Ｗｉｎで考えているか、それとも他の考え方をしているかは、ズバリあなたの感情に表れます。Ｗｉｎ-Ｌｏｓｅあるいはは Ｌｏｓｅ-Ｗｉｎの考え方は、判断力をくもらせ、心をネガティブな気持ちでいっぱいにします。それは本当に耐えがたい苦しみです。一方ジャックが発見したように、Ｗｉｎ-Ｗｉｎはあなたの胸を幸福と安らぎで満たしてくれます。あなたは自信が持てるようになり、光で満たされるでしょう。

さて次は……？

次の章では、ポジティブなやり方で、あなたの両親の心をつかむ秘訣をお伝えします。どうか、チャンネルはそのままで。

最初の一歩

❶ あなたが他人と比較してやっきになっている生活の分野を特定しよう。たぶんそれは、ファッション、容姿、友だち、男の子たちや女の子たちの注目、才能ではないかな。

私が他人と比較してやっきになっているのは

…………………………………………………………………………

❷ もしスポーツをやるなら、スポーツマンシップを発揮しよう。試合が終わった後、相手チームの誰かを褒めたたえよう。

❸ もし誰かにお金を貸しているなら、恐れずに、親しみのこもった言い方で念を押そう。「先週貸した 1000 円のこと忘れてない？　できればすぐにでも使いたいんだけど」

Lose-Win ではなく、Win-Win で考えよう。

❹ トランプやゲームをして遊ぶときには、自分の勝ち負けにはこだわらないようにしよう。

❺ 大切な試験が間近に迫っていないだろうか？　もしそうなら一緒に勉強する仲間を見つけて、自分の一番いいアイデアを分かち合おう。全員が成績を上げられるはずだ。

❻ 今度親しい人が成功したら、ひがまずに、心から喜ぼう。

❼ 自分のふだんの人生観について考えてみよう。Win-Lose、Lose-Win、Lose-Lose、Win-Win のどれが基本だろうか？　そうした人生観がどんな影響をあなたに及ぼしているだろうか？

❽ Win-Win の考え方の代表例だと思う人物を挙げてみよう。あなたはこの人物のどういうところを敬愛しているだろうか？

人物

…………………………………………………………………………

敬愛する点

…………………………………………………………………………

❾ 異性の誰かと Lose-Win の関係になっていないだろうか？　もしそうなら、あなたも勝つために何をしなければならないか考えよう。あるいは No-Deal を選んで、その関係から抜け出そう。

5

第5の習慣

まず相手を理解してから、次に理解される

——真のコミュニケーションは聞くことから

人の靴で歩きたいなら、まず自分の靴を脱がなければならない。

作者未詳

たとえば、新しい携帯電話を買いに行くとしましょう。販売員が尋ねます。「どのようなスマートフォンをお探しですか？」

「えーと、あのー」

「わかりました」販売員はあなたの話を最後まで聞かずに言います。「おまかせください。一番人気はこの新機種ですね」

販売員はさっとその場を離れ、あなたがこれまで見た中で一番洗練されたデザインでスリムなスマートフォンを手に持って戻ってきます。「さあ、ご覧ください」販売員は言います。

「ええ、すてきですね。でも、私が欲しいのはこれじゃないんです。予算オーバーですから」

「今、一番話題になっているものですよ。売り切れる前に、ぜひ」

「ごめんなさい。お金がないものですから」

「絶対気に入りますって。高いだけの価値はありますよ」

「でもー」

「一〇年間、携帯電話を売っている私が言うのだから確かですよ。お客様にはこのスマートフォンがお勧めです」

こんな経験をしたら、二度とその店には行くものかと思いませんか？　そう思いますよね。あなたが何を必要としているのか理解しようとしないで解決策を出すような人は信用できませんから。でも、私たちは互いに気持ちを伝えるとき、同じことをしがちなのは知っていましたか？


「ちょっと、ミッシー、どうしたの？　ずいぶん落ち込んでいるみたい。何かあったの？」

「あなたにはわかりっこないわよ、リリー。きっとバカバカしいと思うわ」

「絶対にそんなことないから、何があったか話して。ちゃんと聞くから」

「どうしようかな」

「いいから、話して」

「そうね、その、タイロンとうまくいかなくなって」

「彼とは付き合うなって言ったじゃない。きっとだめになると思ったわ」

「タイロンが悪いわけじゃないのよ」

「いい、ミッシー。もし私があなたの立場だったら、彼のことなんてさっさと忘れちゃうわよ」

「でもリリー、私の気持ちは違うの」

「いいから聞いて。あなたの気持ちはわかるの。私だって、去年同じような目に遭ったんだもの。覚えてる？　おかげで、去年は最低だったわ」

「もういいわ、リリー」

「ミッシー、私はあなたの力になりたいだけなの。本当にあなたのことわかってあげたいのよ。さあ、話して。あなたの気持ちを聞かせてちょうだい」

問題が何なのかも理解しないうちに、スーパーマンのように空から舞い降りて、みんなの悩みを解決してしまいたいと誰もが思いがちです。要するに、他人の話を聞いていないのです。アメリカン・インディアン*の格言にはこうあります。

「聞きなさい、でないと、お前の舌がお前の耳をふさいでしまう」

コミュニケーション、そして他人に影響力を及ぼすポイントを一言でまとめると、「まず相手を理解してから、次に自分が理解される」ということです。つまりまず人の話を聞いて、それから話すこと。これが第5の習慣。効果バツグンですよ。あなたがこのシンプルな習慣――自分の意見を言う前に、人の立場で考える――を身につければ、「理解」というまったく新しい世界が開けるはずです。

Listen, or thy tongue will make thee deaf.
聞きなさい、でないと、お前の舌がお前の耳をふさいでしまう。
―アメリカン・インディアンの格言

人が心から求めるものとは

なぜ、この習慣がコミュニケーションの鍵なのでしょうか？　人は心から理解されたいと思っているからです。誰もが自分の存在を重視してほしい、尊重してほしいと願っています。唯一無二で、ユニークで、(とりあえず今のところは) 絶対にクローン不可能な個人として。

人は本当に愛され、理解されていると感じない限り、もろく傷つきやすい内面をさらけ出そうとはしません。しかし、いったん信頼ができあがれば、あなたが聞きたいと思っている以上のことを打ち明けてくれるのです。次の拒食症に悩んだ少女の話は、理解してもらうことの大切さを物語っています。

大学一年生のとき、ルームメイトのジュリー、パム、レイボンと知り合うまで、私は筋金入りの拒食症でした。高校の最後の二年間は運動とダイエットに打ち込み、体重が〇・五キロ減ったといっては得意になっていました。一八歳の頃には身長一七二センチで体重はたったの四三キロ。がりがりに痩せていました。

友だちはあまりいませんでした。栄養不足のせいで、イライラ怒りっぽくなり、いつもくたびれていて、日常会話ができないほどギリギリの状態でした。学校の行事は問題外でした。顔見知りの生徒たちの誰とも共通点があるとは思えませんでした。それでもなんとかしようとする一握りの友人たちが、頑張って力を貸そうとしてくれましたが、私は自分の体重についてのお説教じみたアドバイスには耳を貸そうとせず、きっと私への嫉妬に違いないと思い込んでいました。

両親は新しい服で私を釣ろうとしました。服を買ってあげたのだから、今ここで食べなさいと私にしつこく迫るのです。私が断ると、両親は私を無理矢理あちこちの医者やセラピスト、専門家のところに連れて行きました。私は不幸せで、これからの人生もずっとこんなことが続くんだと思い込んでいました。

その後、私は大学に入るために引っ越しました。寮でジュリー、パム、レイボンと一緒の部屋になったのは幸運でした。この三人のおかげで、私は再び生きがいを取り戻したのです。

私たちが住んでいたのは小さなシンダーブロック*のアパートでした。私の風変わりな食生活や運動ノイローゼはたちまちばれてしまいました。血色が悪くあざだらけで、髪は薄く、腰骨と鎖骨が浮き出した私の姿は、彼女たちの目に奇異に映ったに

【アメリカン・インディアン】
アメリカの先住民族。かつて彼らはそれぞれの部族社会を形成していた。ヨーロッパ人のアメリカ移住のため、多くの貴い犠牲が払われ、ほとんどの部族は滅んでしまったが、未だ伝統を守り抜いている部族もある。ネイティブ・アメリカンとも言われる。

【シンダーブロック】
セメントと石炭殻を混ぜた、軽量コンクリートブロック。中空の建設に用いられる用材。

第5の習慣

違いありません。今でも一八歳の頃の写真を見ると、そのひどさにぞっとしてしまいます。

しかし、彼女たちはそんなそぶりは見せませんでした。私を問題児扱いしなかったのです。お説教もしなければ、食事を無理強いしようともせず、陰口もきかず、脅しもしませんでした。彼女たちに対してどう振る舞ったらいいか、自分でもわからなくなるくらい普通でした。

私はたちまち彼女たちと打ち解けました。彼女たちと私の違いは、私が食べないことだけ。一緒に授業を受け、アルバイトを探し、夕方にジョギングし、テレビを見て、土曜日には街をぶらつきました。私の拒食症が話題の中心にならなかったのは初めてでした。代わりに私たちは家族について、将来の夢について、さまざまな不安について毎晩のように話し合いました。

私たち四人は驚くほど似ていました。ここ何年かで初めて、私は理解してもらえたと感じたのです。何はさておき私の病気を治そうとするのではなく、私という人間を理解するのに時間をかけてくれている、そんな気がしました。三人にとって、私は治療の必要な拒食症患者ではなく、ただの四人目の女の子でした。

仲間意識が深まるにつれて、私は彼女たちを観察するようになりました。三人は幸せそうで、魅力的で、頭がよくて、時々焼く前のクッキーの生地をボウルから直接取って食べたりするんです。彼女たちとの間にこれほど共通点があるのだから、私も同じように一日三回食事してみようかしら？

パム、ジュリー、レイボンは、私には治療の「ち」の字も口にしませんでした。彼女たちは毎日自分たちの姿を私に見せ、私を治そうとする前に、一生懸命に理解しようとしてくれました。大学での一学期が終わる頃には、三人は私のために夕食の席を用意してくれるようになっていました。そして、私は喜んで加わるようになっていたのです。

この三人の女の子は、四人目の女の子に評価を下したりせず、理解しようとしましたが、そうすることによって三人はどんな影響を彼女に与えたでしょうか。評価されるのではなく、理解してもらえたと感じた瞬間から、彼女はすぐに固いガードをといて、三人に対してオープンになったのです。実に興味深くありませんか？　ルームメイトが、彼女にお説教をしていた場合と比べてみてください。

「人は、その人が自分のことを気にかけてくれているとわかるまで、どんなにその人がいろいろなことを知っていても聞く耳は持たない」という言葉がありますが、名言です。たとえば誰かが、あなたを理解し、あなたの話を聞く時間を割いてくれなかったとしたら。あなたはその人たちの言い分を素直に聞く気になれるでしょうか？

大学でアメフトをやっていた頃、私は一時期、二頭筋のひどい痛みに悩まされていました。症状は複雑で、いろいろな治療法を試しました。冷やす、温める、マッサージ、ウェイト・トレーニング、抗炎症剤など。でも、どれも効き目はありませんでした。

そこで経験豊かなスポーツ・トレーナーを訪ねて、助けを求めました。しかし、私が症状を説明し終わらないうちに、彼はこう言いました。「こういう症状は前にも見たことがある。治すにはこうすればいいよ」

私はもっと説明しようとしましたが、彼はもう問題はわかっていると自信たっぷりでした。私は「ちょっと待った、ちゃんと聞いてください、先生。あなたはわかっていない」と言いたい気分でした。

ご想像のとおり、彼の治療は症状をかえって悪化させました。彼は聞く耳を持たなかったし、私は理解してもらえたとは思えませんでした。彼のアドバイスを聞く気が失せ、それからは怪我をしてもまったく彼を頼りませんでした。彼の処方が信じられなかったのです。彼は「診察」してくれなかったのですから。彼にどの程度の知識があるかなど、どうでもよかった。なぜって、彼は私のことを気にかけてはくれなかったからです。

相手を気づかう態度を示すには、**判断や助言を挟まず、時間をかけて話を聞くこと**です。この短い詩から、人がどんなに切実に話を聞いてもらいたいと望んでいるかが伝わってきます。

どうか聞いてください

私が話を聞いてくださいと言うと
あなたはアドバイスを口にする
それは私の望みではないのです。
私が話を聞いてくださいと言うと
そんなふうに思ってはいけないとお説教。
あなたは私の気持ちを踏みにじる。
話を聞いてくださいと私が頼み

あなたが私の悩みを解決するために
何かをしなければという気になったら
奇妙に思えるかもしれないけれど、
あなたは私の期待を裏切ったのです。
聞いてください！　私が願うのは、ただ、あなたに聞いてもらうこと。
何も話さず、何もしないで。ただ聞いてほしいのです。

五つの聞き下手スタイル

相手を理解するためには、その人の話を聞かなければなりません。意外なことに、たいていの人は話の聞き方を知らないのです。

想像してみてください。あなたは来年、どの授業を取るか決めようとしています。カリキュラムを見て、どの講義が受講可能か調べます。

「ふーん、そうだなあ。幾何に創作、スピーチの基礎、英文学、聞き方。ちょっと待って。聞き方だって？　聞き方の授業？　何かの冗談かな？」これはちょっとした驚きでしょうね。でも実は驚くことではないのです。**聞くこと**は、読む、話す、書くと並んで、コミュニケーションの四大形式の一つだからです。考えてもみてください。あなたは生まれたときから読み方、書き方、話し方を習ってきたのに、上手に聞くための授業を受けたことがあるでしょうか？

人が話しているとき、私たちはめったに聞いていません。どう答えようか、どう判断すべきかと考えたり、相手の言葉を自分自身のパラダイムというフィルターにかけたりするのに忙しいからです。たいてい、五つの聞き下手スタイルのうちのどれかになっていることが多いのです。

五つの聞き下手スタイル

- 上の空
- 聞いているふりをする
- 選択的に聞く
- 言葉だけ聞く
- 自己中心的に聞く

「上の空」というのは、人が話をしていても、心が別の宇宙をさまよっているために、耳に入らないことです。相手は何か重要なことを伝えようとしているかもしれないのに、自分自身の思考から抜け出せないのです。人は時折、上の空になることがありますが、あまりに度重なるとぼんやりと言われてしまいます。

「聞いているふりをする」ことは、もっとよくあります。この場合も他の人にろくに注意を払っていないのは同じですが、大切な話の継ぎ目で「ええ」とか「ふーん」「へえー」「すごいね」と相槌を打つことで、少なくとも聞いている「ふり」だけはしているのです。話し手はたいていその気配を察して、自分の話には価値がないのだと思ってしまいます。

「選択的に聞く」のは、自分の興味のある部分にだけ注意を払うという聞き方です。たとえば友だちが、軍隊で、優秀なお兄さんの陰に隠れてしまっていたときの気持ちを話しているとしましょう。耳に入った「軍隊」という言葉だけで、あなたはこう言います。「ああ、軍隊ね。最近、そのことをいろいろ考えるんだ」

もしあなたが相手の話したいことではなく、自分の話したいことばかり話しているなら、友情を長続きさせるのは難しいですね。

「言葉だけ聞く」とは、実際に人が話していることに関心を向けてはいるものの、一つひとつの言葉だけにとらわれていて、ボディランゲージ、感情、言葉の真に隠された真意を聞き逃している場合です。結果として、何が本当に語られたのかをとらえ損なっているのです。友だちのキムがこう言ったとします。「あなた、ロナルドのことをどう思う？」

あなたはこう返事します。「なかなかすてきだと思うわ」

でも、あなたがもっと敏感に彼女のボディランゲージや声の調子を聞き取っていれば、実は彼女が「ロナルドって私のことを好きだと思う？」と言っていたのがわかったかもしれません。言葉の表面だけに関心を向けていると、人の心の中の深い思いに触れることはほとんどできなくなってしまいます。

「自己中心的に聞く」というのは、すべてを自分の観点から見ている状態です。たいていの人は、相手の立場になるよりは、相手に自分の立場になってほしいと考えます。「ああ、あなたの気持ちは本当によくわかる」という言葉が出て来るのが、その証拠です。相手の本当の気持ちはわからなくても、自分の気持ちはよくわかります。ですから、相手も自分と同じように感じているのだと思い込むのです。自己中心的な聞き方は、えてして相手に一歩先んじようとするゲームになってしまいます。会話が競争であるかのように、互いに先手を打とうとするわけです。「ついてない一日だったって？　そんなの何でもないよ。ぼくがどんな目に遭ったか聞かせたいよ」

自分の観点から話を聞いていると、返事の仕方は三つ、「評価する」「助言する」「探りを入れる」のどれかになります。しかも、どれも相手を即座に黙らせてしまうものです。では一つひとつ見ていきましょう。

相手を黙らせる返事　その1　評価する

相手の話を聞きながら、私たちは時々、（心の中で）相手や話の内容に評価を下しています。ときには評価に忙しくて、ろくに人の話など聞けていないかも。相手は評価してほしいのではなく、話を聞いてほしいのです。次の会話で、聞き手はほとんど話を聞いておらず、心の中では評価に大忙しであることに注目してください（カッコの中が聞き手の内心の評価の部分です）。

ピーター「昨夜はキャサリンと一緒でとても楽しかったよ」

カール「へえ、それはよかったね（キャサリン？　よく、キャサリンなんかとデートする気になるもんだ）」

ピーター「彼女があんなにすてきな子だったなんて、思ってもみなかった」

カール「そうかい？（またかよ。お前にとってはどの女の子もすてきなんだから）」

ピーター「ああ。ぼくは彼女をプロムに誘おうと思っているんだ」

カール「ぼくはまた、てっきりジェシカを誘うんだと思ってたけどね（どうかしてるんじゃないか？　ジェシカのほうがキャサリンよりずっとイケてるのに）」

ピーター「そのつもりだったんだけど、今はキャサリンを誘おうと思ってる」

カール「そう、じゃあそうすれば？（明日になったら、お前も気が変わるさ）」

カールは評価に忙しくて、ピーターが言っていることを一言も聞いておらず、ピーターの人間関係信頼口座に預け入れをするチャンスを逃しています。

相手を黙らせる返事　その2　助言する

自分の経験からアドバイスや意見を言うことです。年長者の「おれがお前くらいの年のときにはな……」で始まるお説教がそうですね。

感情的になっている妹が、お兄さんに話を聞いてもらおうとしています。

「私、今の学校が全然好きになれない。引っ越して来てから、まるで仲間外れって感じなの。新しい友だちが見つかればなあ」

お兄さんは妹の話を聞いて理解しようとするのではなく、自分の経験をもとにこう言います。

「新しい仲間をつくったり、スポーツやクラブ活動に参加したりしないとだめだよ。オレがしたみたいに」

妹が求めているのは、お兄さんからの善意のアドバイスではありません。それがどんなにいいアドバイスでも関係ありません。妹はただ話を聞いてもらいたかったのです。理解してもらえたと感じない限り、彼女はアドバイスも受け入れようとはしないでしょう。お兄さんは、大きな預け入れをするチャンスを逃しました。

相手を黙らせる返事　その3　探る

探るとは、相手が気持ちを打ち明ける前に、それを掘り起こそうとすることです。探りを入れられた経験はありませんか？　親は子どもに対してしょっちゅうやっていますよね。母親はまったくの善意から、子どもの生活を探り出そうとします。しかし、子どもに打ち明ける気がなければ、お母さんの態度を差し出がましいと感じてしまい、自分の人生から締め出してしまうでしょう。

「あら、お帰り。今日は学校はどうだったの？」

「順調だよ」

「テストはどうだった？」

「大丈夫だったよ」

「友だちはどうしてる？」

「元気さ」

「今夜は何か予定があるの？」

「別に」

「最近、誰かかわいい女の子とデートしてる？」

「してないよ、ママ。ほっといてくれよ！」

尋問されるのが好きな人はいませんね。もしいろいろと質問しているのに、答えがろくに返って来ないなら、あなたはおそらく探りを入れてしまっているのです。人には、打ち明けるつもりになれなかったり、話す気になれないときがあります。上手な聞き手になるすべを身につけ、相手が話す気になったら喜んで耳を貸すようにしましょう。

心から耳を傾ける――真のコミュニケーション

今や、コミュニケーションのほとんどはメールやインターネットで行われます。でも、何か大事なことを伝えたいときは、誤解されないよう、直接会って伝えましょう。ラッキーなことに、あなたも私も、五つの聞き下手スタイルをやっていないはず。まあ、たまにはあるかもしれませんが、幸い、真のコミュニケーションに至るためのもっといい聞き方があります。この「心から耳を傾ける」というやり方をぜひとも実行してください。ただし、心から耳を傾けるには、三つのことを同時にしなければなりません。

「第一に、目と心と耳で聞こう」

ただ耳で聞くだけでは足りません。言葉は、コミュニケーションのわずか七%。残りはボディランゲージ（五三%）と言い方、つまり、声の調子と雰囲気です（四〇%）。たとえば、どの単語を強調するかで、文章の意味はガラリと変わります。

私は、あなたの態度に問題があると言ってはいない

私は、**あなたの**態度に問題があると言ってはいない

私は、あなたの**態度に**問題があると言ってはいない

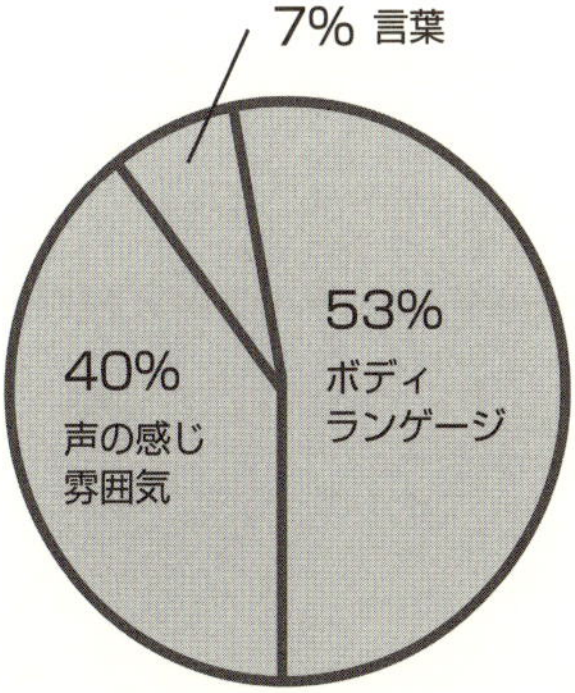

ですから、何か大事なことを伝えたいときは、あなたが言いたいことを相手に理解してもらえるよう、メールやインターネットではなく、直接会って話す方がよいのです。感情的な問題をメールで伝えた場合、相手はすぐに結論に飛びついて、誤解してしまうので、もっと厄介な問題が生まれがちです。ですから、デリケートな問題や込み入った話をしなければならない場合は、直接話をしましょう。

相手が言わんとしていることを知るには、言葉に出さない心の声を聞き取る必要があるのです。上辺はどんなに気難しそうに見えても、ほとんどの人は内面に弱さを抱えていて、理解されたいと心から望んでいるのです。そうした人の心を見事に表した詩があります（以前から私が好きだった詩です）。

お願いだから——言葉にならない思いを聞いてほしい

私に惑わされないで。私がつけている仮面に惑わされないで。私は仮面をつけている。一〇〇〇の仮面をつけている。その仮面を外すのは恐ろしい。そのうちのどれも、私ではない。自分を偽る技術は私の第二の天性、でも、惑わされないで。

——外見も内面もしっかり者、いつも明るく平静、自信が私の代名詞、冷静さが私の身上、すべてが順調で、私の思いどおり、誰の助けも必要としない——それが私の印象でしょう。でも、信じてはだめ。お願いだから。

私はあなたとあたりさわりのない軽い話をする。私は何でも話すけれど、本当に大切なことは何も言わない。心の中の叫びとはうらはらに。だから、私がとおりいっぺんのことを言っていても、言葉に惑わされないで。お願いだから、注意深く耳を澄まし、私が言葉にしないことを聞いて。言えたらいいなと思っていることを。生き延びるために、言うべきなのに言えないことを。隠しごとは大嫌い。本当に嫌い。私が演じている上っ面だけの偽りのゲームも嫌い。

ありのままの、自然な私でいられたら。それにはあなたの助けがいるのです。手を差しのべて、私を助けてください。助けなど無用だとばかりに私が振る舞っているときも。

あなたが優しく親切に励ましてくれるたび、あなたが心から気づかってくれ、理解しようとしてくれるたび、私の心に翼が生える。とても小さな翼です。とてもか弱い翼です。それでも翼には違いない。あなたの思いやりと共感と理解の力があれば、私にはできる。あなたは私に生命を吹き込める。それは、あなたにとってもたやすいことではないでしょう。自分には価値がないという長い間の思い込みが強固な壁となって立ちはだかっているから。でもそんな壁より強い愛に、私の希望があるのです。どうか力強く優しいその腕で、この壁を打ち砕いてください。子どもはとても傷つきやすいもの、私は子どもなのです。

私がいったい誰なのかとあなたはいぶかるかもしれません。でも、私こそすべての男、すべての女、すべての子ども、あなたが出会うであろうすべての人間なのです。

第5の習慣

「第二に、相手の靴を履こう」

誠実な聞き手になるためには、自分の靴を脱いで、相手の靴を履く必要があります。ロバート・バーンは「他人のモカシンを履いて一マイル（約一・六キロ）歩いてみない限り、その臭いは想像できない」と言いました。人がどんなふうに世界を見ているか、どんなふうに感じているかを理解しようとするのが大事です。

世の中の人全員がサングラスをかけていて、まったく同じ色のレンズは二つと存在しないと仮定してみましょう。あなたと私は川岸に立っています。私のは緑色、あなたのは赤です。「見てごらん、あの緑色の流れを」と私が言います。

「緑色だって？　頭がどうかしてるんじゃないの？　川の水は赤いよ」とあなた。

「まさか。まさに緑の中の緑だよ」

「赤だよ」

「緑だ！」

「赤だ！」

会話は競争だと思っている人もたくさんいます。会話は自分の見方VS他人の見方で、どちらも正しいということはないのだと。でも実際には、私たちは別々の視点から出発しているのですから、どちらも正しいということがありうるのです。さらに言うなら、会話で「勝とう」とするのはバカげていますね。それでは結局、Ｗｉｎ-ＬｏｓｅあるいはＬｏｓｅ-Ｗｉｎに終わってしまうし、人間関係信頼口座もマイナスになります。

私の妹が、トビーという友だちからこんな話を聞かされました。人の立場になることでどんな違いが生まれるかに注目してください。

学校に通っていて一番嫌だったのは、バスに乗らなければならないことだった。友だちはほとんどみんな（たとえオンボロでも）自分の車を持っていたのに、ぼくは自分専用の車を買ってもらえなかったから、バスに乗るか、友だちの車に乗せてもらうしかなかった。学校が終わると、時々母親に電話して迎えを頼んでいたけど、あんまり時間がかかるので、イライラした。「なんでそんなに時間がかかるの？　ぼくを何時間も待たせてよく平気だね？」と何度も怒鳴りつけたよ。ぼくは母の気持ちにも、母がしていることにも気づいてあげられなかった。自分のことばかり考えていたから。

ある日、母がそのことを父に話しているのが耳に入った。母は、ぼくに車を買ってやれたらどんなにいいか、余分なお金をつくるために自分がどんなに頑張って働いているかを泣きながら父に訴えていたんだ。

ぼくの物の見方はがらりと変わった。母親が感情――不安や希望、迷い、そして自分への大きな愛情――を持った生身の人間だということがわかったから。もう二度と母にあんな口をきくまい、と心に誓ったよ。それから、ぼくは母ともっと話すようにした。アルバイトを探してお金を稼ぎ、自分で車を買う方法を母と一緒に考えたんだ。母は自分から進んで、アルバイトに行くぼくを車で送り迎えしてくれた。もっと早く母の声に耳を傾けていればよかったよね。

第5の習慣

オウム返しとミラーリングの違い

オウム返し	ミラーリング
言葉を繰り返す	意味を繰り返す
同じ言葉を使う	あなた自身の言葉を使う
冷淡で無関心	温かく親身

「第三、ミラーリング」鏡のように行動します。

鏡は何をしているでしょうか？　鏡は評価を下しません。アドバイスもしません。鏡は映し出すだけです。ミラーリングとは、要するに、他の人が言うこと、感じていることを自分自身の言葉で繰り返すことです。でもミラーリングは、オウム返しとは違います。オウム返しは、他の人が言うことをそっくりそのまま繰り返すことです。たとえば、このように。


「あーあ、今、学校で最悪なんだ」

「君は今、学校で最悪なんだね」

「ほとんど全部の科目で落第点取っちゃって」

「君はほとんど全部の科目で落第点なんだ」

「おい、ぼくが言ったことを全部繰り返すのはよせよ。いったいなんのつもりだ？」


ミラーリングと、オウム返しとでは次の点が違います。


普段の会話でミラーリングの効果を見てみましょう。

お父さんがこう言ったとします。「だめだ！　今夜、お前には車を使わせない。だめなものはだめだ」


典型的な「**まず自分の話をしようとする**」式の対応はこうでしょうか。

「パパは車を使わせてくれたことないじゃないか。ぼくはいつも人に乗せてもらうしかない。もうウンザリだよ」

この手の対応は、ののしり合いになってしまうのがおちで、どちらにも後味の悪い思いが残るだけです。

代わりに**ミラーリング**を試してみましょう。「他の人が言うこと、感じていることを自分自身の言葉で繰り返す」のです。では、もう一度。


「だめだ！　今夜、お前には車を使わせない。だめなものはだめだ」

「怒りたい気持ちはわかるよ、パパ」

「怒るのも当然だろう。最近のお前の成績の下がり方を見てみろ。そんなやつに車を使う権利なんかない」

「ぼくの成績を心配してるんだね」

「そうだ。わかってるとは思うが、お前にはぜひとも大学に進んでほしいんだ」

「パパにとっては、ぼくが大学にいくことがすごく重要なんだね」

「パパは大学に進むチャンスに恵まれなかった。そのせいで、たいした稼ぎがないんだ。金がすべてだとは思ってないが、あるにこしたことはない。お前にはもっといい人生を歩んでほしいんだ」

「そうだね。パパが言っていることはわかるよ」

「能力はあるのに、勉強に本腰を入れていないお前を見ると、くやしくなってしまってね。お前が後で勉強すると約束するなら、今夜は車を使ってもいいだろう。言いたいのはそれだけだ。約束してくれるか？」


何が起きたかわかりましたか？　ミラーリングというテクニックを使ったことで、この少年は父親の隠されていた本音を探り当てたのです。父親は車を貸す貸さないにこだわっていたわけではなく、息子の将来と勉強に対するいいかげんな態度が気がかりだったのです。成績や大学進学が大切だということを息子に理解してもらえたと感じたとたん、父親はガードを下げたのです。

ミラーリングがいつもこんなに理想的な結果に終わるとは限りません。普通はもっと複雑です。父親はこう言うかもしれません。

「私の言いたいことをわかってもらえてうれしいよ。じゃあ、今から勉強しなさい」

でもミラーリングをすると、相手の人間関係信頼口座への預け入れになるし、「喧嘩するか逃げるか」式の壊し方よりも効果があることは保証します。だまされたと思ってやってみてください。きっとうれしい驚きがありますよ。

ここでは注意することがあります。もし、あなたがミラーリングを実行しても、本気で相手を理解したいと思っていないなら、向こうはそれを見抜き、あなたにいいようにあしらわれていると感じるでしょう。**ミラーリングは、スキルの一つ、氷山の一角に過ぎません。**相手を本当に理解したいという態度や思いは、海面下に隠れているのです。態度が正しくて、技術が不足している分には、問題ありません。ただし、その逆はダメです。正しい態度とスキルを両方身につければ、あなたはパワフルなコミュニケーターになれるでしょう。

「心から耳を傾ける」を実行するときに役に立つフレーズをいくつか紹介しましょう。「他の人が言うこと、感じていることを自分

自身の言葉で繰り返す」これを目標にすることがポイントです。

ミラーリングに役立つフレーズ

・「私は思うんだけど、あなたが感じているのは……」
・「そうだね、たぶんそれは……」
・「君の気持ちは、つまり……」
・「あなたが……と思う気持ちはわかる」
・「とすると、あなたが言っているのは……」

《重要な注意点》

心から耳を傾けるには、それにふさわしい時間と場が必要です。心から耳を傾けたいと思うのは、重要な、あるいは微妙な問題を話し合う場合でしょう。たとえば、友だちが真剣に助けを求めているとか、愛している人との間で意思の疎通がうまくいかないといった場合です。こういったことはじっくり時間をかけて話し合いましょう。焦りは禁物です。ただし、何気ない会話や普段のおしゃべりでミラーリングをする必要はありませんよ。

「ねえ、トイレはどこ？　今すぐ行きたいんだけど」

「ということは、あなたは、トイレが間に合わないんじゃないかと心配しているわけですね」

「心から耳を傾ける」ケーススタディ

では、心から耳を傾けることの効果を知ってもらうために、お兄さんに話を聞いてもらいたがっている妹の例をもう一度見てみましょう。

妹が言います。

「私、新しい学校が全然好きになれない。引っ越してきてから、まるで仲間外れって感じなの。新しい友だちが見つかればなあ」

お兄さんは次のような返答をするかもしれません。

・「ポテトチップスもらえる？」（上の空）
・「そりゃすごいね」（聞いているふりをする）
・「友だちって言えばね、ぼくの友だちのジュリオが……」（選択的に聞く）
・「お前も、新しい仲間をつくらなきゃ」（助言）
・「お前の努力が足りないんだ」（評価）
・「成績に何か問題でもあるのかい？」（探る）

もしこのお兄さんが賢明なら、ミラーリングを試します。

「お前は今、学校がちょっとつらいんだね」（ミラーリング）

「もう最悪。つまり、私には友だちがいないのよ。おまけに、タバサ・ジョーンズときたら、ずっとつんつんしてるし。ああ、もうどうしたらいいかわかんない」

「困っているわけだ」（ミラーリング）

「そうなの。今まではいつだって人気者だったのに、ここでは誰も私の名前を知らない。いろいろな人と友だちになろうとしてみたけど、うまくいかないみたい」

「お前がガッカリするのもわかるよ」（ミラーリング）

「そうね、私、いろいろ考えすぎてちょっとおかしくなってたかも。でも、ありがとう、聞いてくれて」

「いいんだよ」

「私はどうすればいいと思う？」

話に耳を傾けることで、彼は妹の人間関係信頼口座に大きな預け入れをしたのです。しかも今回は、彼女は、お兄さんのアドバイスを受け入れようとしていますね。今が、自分の考えを妹に理解させ、意見を伝える絶好の機会です。

アンディという名前の少年がこんな話をしてくれました。

僕はガールフレンドとうまくコミュニケーションできなくなったことがあった。本当に大好きだったのに、付き合ってから一年ほどして、よく言い争うようになったんだ。僕は本当に恐れてた。彼女を失うことになったらって。まず相手を理解してから、次に自分が理解されること、自己信頼口座を人間関係に応用することについて学んだとき、自分でもやってみることにした。僕はいつも彼女が話している最中に割り込もうとして、心を開いて聞こうとしていなかったことに気づいたんだ。おかげで、関係は元通りになって、二年後の今も付き合ってるよ。第5の習慣を信じているから、僕らの関係はほとんどのカップルよりもずっと成熟している。僕らは大きな決定や、夕飯を食べに出かけるといった小さなことにも、これを利用しているよ。彼女と一緒に過ごすたびに、僕は自分に言い聞かせているんだ。「今は黙って、彼女を理解してみよう」

親とのコミュニケーション

ただでさえコミュニケーションは難しいですが、そこに両親とのコミュニケーションとなると、ますますシンドイ場面も出てきます。私がティーンの頃は両親とかなりうまくいっていましたが、それでもやつらは人間の皮をかぶったエイリアンに違いないと思っていた時期もありました。私を理解してくれないし、一人の人間として尊重してもくれない、そこらへんの子どもと一緒くたにしているだけだと思っていたのです。でも親がどんなによそよそしく見えても、コミュニケーションがとれれば、毎日がずっと快適になります。

もしあなたが親との関係をよくしたいなら（そして驚かせたいなら）、あなたが友だちにするように、両親の話に耳を傾けてみてください。自分の親を普通の人として扱うのはヘンな気分かもしれませんが、やってみる価値はあります。子どもはいつも親に「ぼくのことをわかってくれない。誰もぼくのことを理解してくれないんだ」と言うものです。でも、もしかしたら自分も親のことを理解していないんじゃないか、と考えたことがありますか？

親にもやっぱりプレッシャーがあるのです。あなたが友だちのことや間近に迫っている歴史のテストのことを心配しているとき、親は上司のことで悩んだり、あなたの歯列矯正代をどうやって捻り出そうかと気をもんでいるのです。あなたと同じように、職場で腹の立つこともあれば、化粧室に駆け込んで泣くこともあるんです。支払いをどうやってすませようかと悩むことだってあります。お母さんは、息抜きや気分転換をしたくても一人で外出する時間もつくれないのかもしれません。お父さんは乗っている車のせいで、近所の人の笑い者になっているかもしれません。二人には、あなたの夢をかなえるために犠牲にせざるをえなかった、かなわぬ夢があるかも……。そう、**親だってやっぱり人間**なんです。笑ったり、泣いたり、傷ついたりする。親だからといって、必ずしもいつもうまくやれるとは限らない。私やあなたと同じです。

時間をかけて親を理解し、話を聞けば、二つの素晴らしいことが起きます。まず親への尊敬の気持ちが増します。私は一九歳になったとき、生まれて初めて父親の著書を読みました。父は有名な作家で、素晴らしい本を書いているとみんなから聞かされていたのですが、その年になるまで、読んでみようとさえしなかったのです。その本を読み終えて私は思いました。「へえ、親父、やるじゃん！」

それまではずっと、自分のほうが頭がいいと思い込んでいたんです！

第二に、親の話を聞き、親の考えを理解する時間をとるようにすると、自分の意見も通しやすくなります。これは人心操作術などではなく、**「原則」**なのです。理解してもらったと感じれば、親もあなたの話をもっと聞こうという気になり、もっとフレキシブルになり、もっとあなたを信頼するでしょう。

ある母親はこんなことを言っていました。

「娘たちが少しでも、私のてんてこまいの毎日を理解して、家の中のこまごました用事を手伝ってくれたら、あの子たちが思ってもみないような特権をいろいろ持たせてあげるのにね」

では、どうしたらもっと親を理解できるのでしょう？　まず、両親に質問してみましょう。お父さんやお母さんに「今日はどうだった？」「今している仕事のどんなところが嫌いで、どんなところが好き？」「家のことで何か私に手伝えることない？」などと聞いたのはいつのことですか？

両親の人間関係信頼口座にちょっとした預け入れを始めることもできます。まず、こう自分に質問してください。「両親にとっての預け入れとはなんだろう？」

親の立場になって、自分ではなく親の視点から考えてみるのです。親への預け入れは、頼まれる前に洗い物やゴミ出しをやることでもいいし、約束した帰宅時間を守るとか、もし家族から離れて暮らしているのなら、週末ごとに電話することでもいいかもしれません。

今度は自分を理解してもらおう

一番恐れているものは何かというアンケートの結果、二位に挙がったのは「死」でした。一位は意外や意外、「人前でスピーチすること」！　人前でスピーチするくらいなら、むしろ死を選ぶというわけです。面白いと思いませんか？

人前で話すには度胸がいる。それは確かです。でもそれを言うなら、話すこと自体に度胸が必要です。第5の習慣の後半「次に理解される」も前半同様大切ですが、これには別のエネルギーがいるのです。「まず相手を理解する」には思いやりが必要ですが、「次に理解される」のに必要なのは**勇気**です。

前半「まず相手を理解する」だけでは足りません。それではＬｏｓｅ-Ｗｉｎと同じで、ドアマット症候群です。特に親と接するときはＬｏｓｅ-Ｗｉｎに陥ってしまいがちなんですよね。

「パパに私の気持ちを話そうとは思わない。パパは聞く耳を持たないし、理解してくれないんだもの」

こうした思いを胸にしまい込んでしまうと、親はあなたの本当の気持ちを知らないままになってしまいます。これでは健全とは言えません。肝心なのは、表現されなかった感情は消えてしまうわけではないという点です。そうした思いは生き埋めにされると、後でもっと醜くなって現れます。自分の思いを伝えないと、抑えつけた感情に心がむしばまれてしまうのです。

それに、時間をかけて相手の話を聞けば、自分の話を聞いてもらえる可能性ももっと大きくなります。次のストーリーで、リーが第5の習慣の前半・後半の両方を実践していることに注目してください。

私は気分が悪くて一日学校を休みました。両親は私が寝不足ではないか、夜遊びのしすぎではないかと心配していました。私は言い訳を考える代わりに、二人の言い分を理解しようと努力しました。そして、納得もしたんです。私は両親に、最終学年を楽しく過ごしたいと思っていること、それには友だちとの時間も欠かせないことを説明しました。両親は私の立場になって考えてくれ、私たちは歩み寄りました。その週末のうち一日は、私は家にいてゆっくりすることにしたんです。もし私が先に二人を理解しようとしなかったら、両親がこんなに寛大になってくれたかどうかわかりません。

自分を理解してもらうためには、フィードバック*することが大切です。きちんとフィードバックできれば、人間関係信頼口座への預け入れになります。たとえば誰かのズボンのジッパーが開いていたら、すぐ言ってあげましょう。その人は心から感謝してくれますよ。もし親しい友だちに（それで悪い評判が立つほど）口臭のひどい人がいたら、率直にフィードバックしてあげれば、その人は感謝すると思いませんか？　もしあなたがデートから帰ってきて、一晩中歯に肉が挟まっていたことに気

【フィードバック】
相手に対して率直な意見・反応を返すこと。もとは情報技術の用語で、出された情報をインプット側に返すこと。

第5の習慣

づいたとしたらどうでしょうか？　その日の笑い顔を思い出すたびに、ゾッとすることでしょう。教えてくれればよかったのにと思いませんか？

もしあなたの人間関係信頼残高が高ければ、ためらうことなく、率直にフィードバックできるはずです。私の弟のジョシュアが高校三年生のとき、こんな話をしてくれました。

兄や姉がいて助かることの一つは、彼らがフィードバックしてくれることだね。学校のバスケットボールやフットボールの試合から帰ると、両親は玄関まで迎えに出て、その日ぼくが得点にからんだプレーを一つひとつ聞き出すんだ。母はぼくに素質があると褒めちぎり、父は、チームを勝利に導いたのはお前のリーダーシップだ、なんて言う。

姉のジェニーがキッチンに来て話に加わると、ぼくのプレーどうだった？　と聞いてみる。すると姉はあっさり言うわけだ。可もなく不可もなしね、もし先発のポジションを守りたいんだったら、もっと動きに磨きをかけて、次のゲームではもっと頑張って、あたしに恥をかかせないでよ、ってね。

ジェニーとジョシュアはとても仲がよいので、正直にフィードバックし合うことができるのです。フィードバックする際には、次の二つの点を心に留めておいてください。

第一に、このフィードバックは**本当に相手のためになるのか**、自分の都合のいいように相手を変えようとしているだけではないか、ということを考えましょう。もしあなたが、本当に相手のためを思っているのではないとしたら、フィードバックすべきではありません。

第二に、「相手」のことを指摘するのではなく、**「私」のメッセージ（アイメッセージ）を伝える**ようにすること。つまり、フィードバックは一人称で、という意味です。たとえば「ぼくは、君が短気を起こすせいで困っているんじゃないかと気がかりなんだ」とか、「私は、最近あなたがわがままになっているんじゃないかという気がするの」という具合にです。それに比べて「あなた」を主語にすると、まるで決めつけているような、脅迫的な響きになりますよ。

「あなたは自己中心的よ」、「君はひどいかんしゃく持ちだ」相手は攻撃されたように感じるはずです。

最後に一言。耳は口よりも一つ多いのですから　耳と口をきちんと適切に使いましょう。

この続きは……？

次は、一プラス一が二ではなく、三になることもあるという話です。では、そこでお会いしましょう。

最初の一歩

1. 話している相手の目を、どれだけ長く見つめていられるかやってみよう。はじめは緊張しても、それが効果的なコミュニケーション方法です（思いを寄せている人なら特に）。

2. 人を観察してみよう。人がどんなふうにコミュニケーションしているか見てみよう。彼らのボディランゲージが何を伝えているのかに注意して観察しよう。

3. 今日、会話するときに、1 人にはミラーリング、もう 1 人にはオウム返しで答えてみよう（頭の中でオウム返しをしてもいい）。その結果を比べてみよう。

4. 自分に質問しよう。「聞き下手の 5 つのスタイルのうち、自分がやめるのに一番苦労しているのはどれだろう。上の空、聞いているふりをする、選択的に聞く、言葉だけ聞く、自己中心的に聞く（評価する、助言する、探りを入れる）」それを慎むよう 1 日心がけてみよう。

   私がやめるのに一番苦労している聞き下手のスタイルは

   ……………………………………………………

   ……………………………………………………

5. 今週、お父さんかお母さんに「今日は忙しかった?」と聞いてみよう。心を開いて、親の言うことに心から耳を傾けてみよう。そこで知ることにきっと驚くはず。

6. もしあなたがおしゃべりなら、話すのをちょっと休んで、まる 1 日、聞き手に徹してみよう。必要なときだけ話すようにしよう。

7. 今度自分の感情を押し殺そうとしているのに気がついたら、すぐにやめよう。代わりにポジティブな形でその感情を表現しよう。

8. あなたの建設的なフィードバックが本当に人のためになる場面を考えてみよう。適切な機会に、それを伝えよう。

   私からのフィードバックが役に立つ人は

   ……………………………………………………

   ……………………………………………………

6

第6の習慣

シナジーを創り出す

——ベスト・ソリューションを見つけよう

人は、一人ではほとんど何もできないけれど、力を合わせれば、多くのことができる。

ヘレン・ケラー

冬を越すために南に向かう雁がV字型の編隊を組んで飛んで行くのを見たことがありますか？　科学者は雁がそんな形で飛ぶのには、驚くべき理由があることを発見しました。

・編隊で飛ぶと、単独で飛ぶよりも七一％も遠くまで行ける。雁が羽ばたくときに、後続の鳥に上昇気流をつくり出す。
・先頭の雁は疲れるとV字型編隊の後尾に回り、別の雁と先頭を交代する。
・後ろの雁はガーガー鳴いて、前の雁を励ます。
・編隊から脱落しそうになっても、一羽で飛ぶと抵抗が大きいので、すぐに群に戻る。
・群の一羽が病気や怪我で編隊から脱落すると、二羽の雁が援助と保護のために付き添って地上に降りる。この二羽は脱落した雁が回復するか死ぬまで付き添い、その後新しい群に加わるか、独自の編隊をつくってもとのグループに追いつく。

シナジーを創り出すもの	シナジーを阻害するもの
違いを歓迎する	違いを受け入れない
チームワーク	一人で働く
広い心	自分が常に正しいと考える
新しく優れた方法を見つけ出す	妥協する

雁の何という賢さ！　互いの風圧を分け合い、先頭ポジションを交代し、励ましの鳴き声をかけ合い、編隊を守り、傷ついた仲間を見守ることで、彼らは単独で飛ぶときよりも大きな力を出しているのです。もしかしたら、第6の習慣**「シナジーを創り出す」**の講義を受けたのでは、と思えるくらいです。

シナジーとは何でしょうか？　簡単に言うなら、二人以上の人が協力して働けば、一人でやったときよりもよい結果が出るということです。自分のやり方、人のやり方ではなく、より優れたやり方、高度なやり方なのです。

シナジーは他の習慣、特に「Ｗｉｎ‐Ｗｉｎを考える」と「まず相手を理解してから、次に理解される」ことが身につくにつれて、手に入るご褒美であり、最大の成果なのです。それは、世の中をたった独りで渡るのではなく、他の人とＶ字型編隊を組んで行くのと同じです。きっと驚くほどもっと速く、もっと遠くまで行けますよ。

シナジーをさらによく知るために、上の表を見てください。

どこにでもあるシナジー

自然界のあらゆるところにシナジーは見られます。セコイアスギの木（高さが一〇〇メートル以上になります）は群がって生育し、相互にからみ合ったおびただしい数の根を共有しています。互いに支え合っていなければ、嵐で倒れてしまいます。

多くの植物や動物が共生関係にあって、一緒に暮らしています。小さな鳥がサイの背中で餌をついばんでいる写真を見たことがありますか？　それがシナジーの一例です。お互いが利益を得ているでしょう。鳥は餌をもらっているし、サイは身体を掃除してもらっています。

シナジーは別に新しいものではありません。あなたが何かグループに入ったことがあれば、経験があるはずです。チームワークのいいグループ研究や楽しいグループデートなどでも、実感できますね。

いいバンドはシナジーの恰好の例です。単なるドラムス、ギター、サックス、ボーカルではなく、全員が一体となって「サウンド」を創り上げます。バンドのメンバーそれぞれが自分の力を持ちよると、一人のときよりももっと優れた音楽が生まれます。どれか一つのパートが他のパートよりも重要ということはありません。ただみんな、それぞれ違うだけです。

人との違いを歓迎する

シナジーは待っていても起こりません。それはプロセスです。自分でたどり着かなければなりません。そして、そこにたどり着くための基本は、違いを歓迎する姿勢を身につけることです。

高校生のときのトンガから来たフィーニー・ウンガとの出会いは一生忘れません。当初、私は彼に完全に圧倒されました。戦車のような体つきで、雄牛のように強そうだったし、ストリートファイターだといううわさもあったのです。見た目も服装も、話し方も考え方も、食べ方も違いました（彼の食べる様子は一見の価値がありました）。そんな私たちのただ一つの共通点がフットボールでした。いったいどうして私たちは親友になったのでしょうか。たぶん、私たちが全然違っていたからだと思います。フィーニーが何を考え、次に何をするのか、私には全然わからなかったし、彼もそうでした。何もかも新鮮でした。試合のときは特に、彼の友だちでよかったと思いました。彼には私にない強さがあり、私には彼にはない強さがありました。私たちはすばらしい仲間でした。

まったく、世界が行動も考え方も私とそっくり同じのクローンだらけじゃなくてよかった！　多様性に感謝です。

多様性という言葉からは、たいていの人が人種や性の違いを思い浮かべます。でも、違いには身体的な特徴や衣服、言語、貧富、家族、宗教、ライフスタイル、教育、関心、技能、年齢、スタイルなど、いろいろな種類があります。スース博士の『**One Fish, Two Fish, Red Fish, Blue Fish**（一匹の魚、二匹の魚、赤い魚、青い魚）』という詩を読んでみてください。

第6の習慣

彼らがやってくる。
彼らが去ってゆく。
速い者もいる。
遅い者もいる。
高い者もいる。
低い者もいる。
誰一人として
似かよっていない。
なぜ、と私たちに聞かないで。
あなたのママに聞いてごらん。

世界は今、急速に文化、人種、宗教、思想のメルティングポット（るつぼ）になっていっています。ですから、そうした変化にどう向き合っていくか、というのはとても重大なことです。考えられる姿勢は三つあります。

レベル1――多様性を遠ざける
レベル2――多様性に寛大になる
レベル3――多様性を歓迎する

遠ざける人ってどんな人？

多様性を遠ざける人は、違いが怖いのです（死ぬほど怖がっている場合もあります）。自分と肌の色が違う、別の神を信じている、違うブランドのジーンズをはいている、それが不安なのです。なぜかというと自分たちのライフスタイルが「ベスト」であり「正しく」「唯一」だと思い込んでいるからです。

彼らはよく、自分たちと違う人たちをバカにします。おまけに自分が恐ろしい疫病から世界を救っているのだと信じています。必要とあらば手荒な行為に出るのもいとわないし、集団や徒党、反対グループに進んで加わることもよくあります。そこでは数の力がものを言っているのです。

寛大な人ってどんな人？

寛大な人は、人それぞれ違う権利がみんなにあるべきだと信じてはいます。多様性を否定はしませんが、受け入れもしない。この人たちのモットーは「自分は口出ししないし、人にもさせない。自分は自分、人は人。面倒をかけるのも、かけられるのも嫌だ」です。

この人たちもシナジーに近づいているとは言え、決してたどり着くことはありません。なぜなら違いを、潜在的な力としてではなく、障害物だと思っているからです。違いに「目をつむる」だけで、違いを理解したり、違いから学ぼうとすることはありません。自分が何を逃しているか、彼らは気がついていません。

歓迎する人ってどんな人？

多様性を歓迎する人は、人との違いを尊重します。違いを欠点ではなく、長所と考えます。考え方の違う二人の人間は、考え方がまったく同じ二人よりも、もっとたくさんのことをやり遂げられると知っているのです。それは、必ずしも妥協し合うのではなく、ただ違いを尊重することなのだとわかっています。彼らにとっては、多様性＝創造のひらめき＝チャンスなのです。

では、あなたはどのタイプでしょうか？　厳しい目で判断してください。

誰かの服装のセンスがあなたと違っていたら、あなたはその人の個性を尊重しますか、それともその人が「ずれている」と思いますか？

あなたと違う宗教観を持つグループに対してはどうでしょう。あなたは彼らの信仰を尊重していますか？　変わり者の集団と決めつけていませんか？

あなたは街の別の区域に住んでいる人からも何か学ぶことがあると思いますか？　住んでいる場所を理由に彼らにレッテルを貼ってはいませんか？

実を言うと、違いを歓迎するのは誰にとっても難しいことで、何が違うかによっても微妙に対応が変わってくるものです。たとえば、民族的・文化的多様性を認める人でも、服装のセンスが自分とは違うというようなところで、人を見下しているかもしれません。

私たちはみんなマイノリティ

誰もがみんな、どこかの部分ではマイノリティ（少数派）であることに気がつけば、違いを認めるのはずっと簡単になります。さらに、違いには表面的なものだけではなく、内面的なものもあることも忘れてはいけませんね。同じ話題であっても、考え方はみんな違います。あなたと友だち、家族の違いについて考えてみましょう。日常生活で問題が起きたとき、みんな同じように反応しますか？　そんなことないですよね。のんきな人もいれば、神経質な人もいます。では、頭の中はどんなふうに違っているのでしょうか？

まず学習の仕方が違います。友だちや姉妹の脳みそは、あなたと同じように働いているわけではありません。トマス・アームストロング博士は頭のよさを七つの分野に分け、子どもの得意とする面を活かしたやり方で学ぶのが一番効果的だと言っています。

- ・言語的―読み、書き、話を伝えることを通して学ぶ。
- ・論理的・数学的―論理、パターン、カテゴリー、関連によって学ぶ。
- ・身体的・運動的―身体感覚、触れることで学ぶ。
- ・空間的―イメージや画像によって学ぶ。
- ・音楽的―音とリズムを通して学ぶ。
- ・社交的―他者とのやりとりやコミュニケーションを通して学ぶ。
- ・内面的―自分の感覚を通して学ぶ。

どのタイプが優れているということではありません。単に一人ひとりタイプが違うのです。あなたには論理・数学的なものが合い、妹さんには社交的なことが合っているのかもしれません。あなたは「妹は口数が多いからおかしい」と言うこともできるし、違いをポジティブにとらえて、妹さんにスピーチの勉強を手伝ってもらうこともできます。それはあなたの姿勢次第なのです。

見方が違います。誰もが世界をそれぞれ別の見方でとらえ、自分自身、人、人生一般について違うパラダイムを持っているんでしたね。それがわかるように、ある実験をしてみましょう。次の絵を何秒間か見てください。今度は三三七ページの下の絵を見て、何に見えるか説明してください。三三七ページの絵は、しっぽの長い小さなネズミの走り書きだと思うかもしれませんね。

でも、それは間違いだと私が言ったとしたら？　ネズミなんかじゃなく、眼鏡をかけた男の顔の走り書きだと言ったらどうでしょう？　あなたは私の意見を尊重するでしょうか。それとも、自分とは違った見方をするという理由で、変なやつだと思うでしょうか？

私の視点を理解してもらうために、三四九ページを開いて、そのページの下の絵をしばらくじっくり見てください。次に三三七ページの絵をもう一度見てください。今度は、私の視点がわかりますね？

こんなふうに、私たちはみんな過去のあらゆる経験から、ある種の眼鏡、パラダイムをつくり上げ、それを通して世界を見ているのです。**世の中にまったく同じ過去の持ち主は一人もいない**のですから、同じものの見方をしている人間もいないのです。ネズミに見える人もいれば、男の顔に見える人もいる。

どちらも正しいのです。

誰もが世界を違うふうに見ていること、そしてどれも正しいことが腑に落ちれば、いろいろな立場を理解し、尊重する姿勢が持てるようになります（この実験を友だちと一緒にやってみるのも面白いでしょう）。

◎あなたの長所と欠点は？　フルーツ性格診断テスト

スタイルや性質、性格は十人十色。次のテストであなたの全般的な性格や個性を楽しく探ってみましょう。このテストはノースカロライナ州議会の研究所で開発され、キャスリーン・バトラーの『It's All in Your Mind（すべてはあなたの心の中に）』に掲載されたものに基づいています。

フルーツ性格診断テスト

各行には好みや行動を表す言葉がありますので、横に見ていき、その中で一番自分に当てはまると思う言葉に4を、二番目に自分に当てはまるものに3を書いてください。同じように、三番目に当てはまる言葉には2、一番当てはまらないものに1を書き入れます。これで一行が完成です。たてに集計し、一番合計点の高かった果物があなたのタイプです。

ぶどう	オレンジ	バナナ	メロン
□ 空想好き	□ 調査好き	□ 現実的	□ 分析的
□ 融通が利く	□ せんさく好き	□ 整理好き	□ 批評好き
□ 関連づける	□ つくり上げる	□ 核心を突く	□ 議論する
□ 個性的	□ 冒険的	□ 実務的	□ 学術的
□ フレキシブル	□ 創意工夫する	□ きちょうめん	□ 体系的
□ 共有する	□ 独立独歩	□ 大人しい	□ 繊細
□ 協調的	□ 競争的	□ 完全主義的	□ 論理的
□ 神経質	□ リスクを引き受ける	□ 勤勉	□ 知性的
□ 仲間好き	□ 問題解決型	□ 計画的	□ 読書家
□ 結びつける	□ 発案する	□ 記憶する	□ 考え抜く
□ 自発的	□ 変革者	□ 指示待ち	□ 判定者
□ 交流する	□ 発見する	□ 慎重派	□ 推理派
□ 世話をする	□ 挑戦する	□ 練習する	□ 検証する
□ 感じる	□ 経験する	□ 行動する	□ 考える

各列の数字を合計し、下の欄に書き込んでください。

□ ぶどう　□ オレンジ　□ バナナ　□ メロン

一列目の数字が一番高ければ、あなたは「ぶどう」です。
二列目の数字が一番高ければ、あなたは「オレンジ」です。
三列目の数字が一番高ければ、あなたは「バナナ」です。
四列目の数字が一番高ければ、あなたは「メロン」です。
では、自分の果物について見てみましょう。

ぶどう

持ち前の能力
・よく考える
・感受性が鋭い
・柔軟
・創造的
・グループでの仕事を好む

ぴったりの学び方
・他の人と一緒に手分けして
・仕事と遊びのバランスをとる
・交流できる
・競争の激しくない環境で

ちょっと苦手かも…
・正確な答えを出す
・一つのことに集中する
・整理

個性を伸ばすには
・細かい点にもう少し注意しよう
・あわてない、あわてない
・何かを決めるときに
感情的にならないで

オレンジ

持ち前の能力
・実験すること
・独立心が強い
・好奇心が強い
・別の方法を考え出す
・変化を起こす

ぴったりの学び方
・試行錯誤しながら
・実際にものをつくる
・競争しながら
・自分で決められる環境で

ちょっと苦手かも…
・締め切りを守る
・説明どおりにやる
・あまり選択肢がないとき

個性を伸ばすには
・仕事を他の人に任せよう
・他人の考え方をもっと受け入れよう
・物事に優先順位をつけよう

バナナ

持ち前の能力
・計画を立てる
・事実を突きとめる
・整理する
・指示に従う

ぴったりの学び方
・整理された環境で
・具体的な成果の上がることを
・お互いに信頼し合って役割分担する
・予測可能な状況で

ちょっと苦手かも・・・
・人の気持ちを理解する
・反論されること
・「もし〜なら」を考える

個性を伸ばすには
・自分の気持ちをもっと表に出そう
・他人の意見にも耳を貸そう
・あんまりかたくなにならないで

メロン

持ち前の能力
・自分の意見について議論する
・解決策を見つける
・考え方を分析する
・価値や重要性を見極める

ぴったりの学び方
・いろいろな情報源にアクセスする
・独自に仕事できる環境で
・伝統的な手法を守って

ちょっと苦手かも・・・
・グループで仕事をする
・批判されること
・外向的手腕で人を納得させる

個性を伸ばすには
・不完全さを受け入れよう
・あらゆる代案を検討しよう
・他人の気持ちにも気を配ろう

自分自身の多様性を歓迎しよう

「どの果物が一番いいの？」と聞きたがるのが私たちの悪い癖ですね。でもそんな質問はバカげています。

たとえば、私には三人の兄弟がいます。鼻の高さや親が同じ、といった共通点はかなりありますが、四人とも全然違う性格です。ティーンの私は、兄弟の中で自分が一番才能があると証明しようとやっきになっていたものです。「たしかにあんたのほうが社交的かもしれないけど、それがどうした？　学校の成績はぼくのほうがいいし、こっちのほうが重要だ」という具合。そのうちだんだんと、そんな考え方のあさはかさに気がつき、今では、みんなにはそれぞれ長所が、自分には自分なりの強みがあるとわかってきました。**優劣の問題ではなく、みんな違うだけ**なのです。

ですから、（憧れの）彼女、あるいは彼がよそよそしくても落ち込まなくていいんです。あなたは甘さ保証つきのみずみずしいぶどうだけれど、その人はオレンジが好きなのかもしれません。そして、あなたがどんなに他の果物になりたいと思っていても、ぶどうはぶどうで、相手が探しているのはオレンジなんです（でも気にしないで。ぶどうを探している人が必ず現れますよ）。

溶け込んでみんなと同じになってしまうよりも、自分の個性や資質に誇りを持ちましょう。フルーツ・サラダがおいしいのは、それぞれの果物が自分なりの味を持っているからだと思いませんか？

第6の習慣

偏見です。

違いを歓迎できないのはなぜ？

シナジーを邪魔するものはたくさんありますが、大きなものを三つ挙げるとすれば、無知、排他心、偏見です。

無知

無知とは文字どおり何も知らないということです。人が何を信じ、どのように感じ、何を経験してきたか知らない。とくに障害を持つ人を理解しようとする場合、無知は大きくなりがちですね。シアトル市の新聞『ミラー』に掲載された、クリスタル・リー・ヘルムズの投書を紹介します。

私の名前はクリスタルです。身長一五三センチ。髪はブロンドで、瞳はブルー。いいじゃない、そう思いませんか？　でも私は耳が聞こえないと言ったら、どうでしょうか？

完璧な社会ではそれは問題にはならないし、なるべきではありません。でも私たちは完璧な社会に生きているわけではないので、それが問題になるんです。私は耳が聞こえないのだと気がつくと、みんなの態度ががらりと変わります。とたんに、私を違う目で見るのです。本当に驚くほど違うんです。

一番よく聞かれる質問は「どうして耳が聞こえなくなったの？」です。私の答えを聞いた人たちの反応は、質問と同じように決まりきっています。「ああ、ごめんなさい。それはお気の毒に」

そんなとき、私は必ず相手の目を見て、静かに言うのです。

「いいえ、全然つらくありませんから。謝らないでください」

たとえ善意から出たものでも、同情されるといつもムカつくんです。

いつもそんなふうに身がまえているわけではありません。ただおかしいと感じることもあります。

私が友だちと歌っていると、見知らぬ男性が話しかけてきました。

「耳が聞こえないって、どんな感じ？」

「さあね。聞こえるって、どんな感じ？　つまり、何でもないってこと。ただ、聞こえないだけよ」

つまり、私が言いたいのは、あなたがもし耳の聞こえない人に出会ったら、障害者や弱者として片づけないでほしいのです。代わりに、その人たちを知ることにゆっくり時間をかけて、耳が聞こえないとはどういうことかをわかってほしいのです。そうすれば他の人を理解できるのはもちろん、自分自身のことも理解できるようになるのです。

排他心

気の合う仲間と一緒にいたいと思うのは、当たり前です。けれどグループが閉鎖的になって、自分たちと合わない人を手当たり次第に排除し始めたらちょっと問題ですよね。とても親しい、緊密な人間関係ができあがってしまうと、違いを受け入れるのはなかなか難

しい。外部にいる者は二流扱いされた気分になるし、内部にいる者は優越感を抱きがちです。でも実はそんな集団に入るのはカンタンなんです。ただ自分のアイデンティティを捨てて、同化し、サイボーグ集団の一員みたいに振る舞えばいいんですから。

偏見

肌の色が違う、男だから、女だから、言葉の訛りがきつい、あるいは住んでいる地区が違うといった理由で決めつけられたり、レッテルを貼られたり、偏見を持たれたと感じた経験はありませんか？ 誰でも一度くらいそんな経験があるのではないでしょうか。そして、それは嫌な気分ではありませんでしたか？

人は皆平等に創られていますが、残念ながら、必ずしも平等に「扱われて」いるわけではありません。悲しいかな、あらゆる種類のマイノリティには、人生という荒海に飛び込むとき、余分なお荷物がつきものなのです。なぜなら、偏見を持つ人がまだまだ多いからです。アメリカではアフリカ系アメリカ人が大統領に選ばれましたが、人種差別は今でも大きな問題であることに変わりありません。ナターシャはこう話しています。

人種差別によって成功が難しくなることがあります。黒人生徒が学年の上位一〇%以内の成績を修め、平均四・〇の学業平均値を維持していると、一部の人はそれを脅威だと感じる傾向があります。私はただ、出身や肌の色とは無関係に、同じ機会に恵まれる権利が全員にあることをみんなに理解してもらいたいと願っているんです。友だちや私の知る限り、偏見はいつでも争いのもとです。

人は生まれつき偏見を持っているではありません。だんだんと偏見を身につけるのです。たとえば、子どもは人種の違いに無頓着です。でも成長するに従って、他人の偏見を感じ取り、壁をつくるのです。ロジャーズ&ハマースタインのミュージカル『南太平洋』*の詞からもわかります。

あなたは恐れることを教わった。
奇妙な目をした人々を　そして肌の色の違う人々を
用心しろと教わった。
手遅れにならないように、六歳、七歳、八歳になる前に教わるのだ。
あなたの親戚が憎んでいる人々を皆憎めと
用心しろと教わった。

次の詩も人々がお互いに偏見を持つことの悲しさを伝えています。

内面の寒さ

思いがけなく六人が、吹きさらしの極寒の中に閉じ込められた。
めいめいが木の枝を一本ずつ持っていた、と話には伝えられている。

【南太平洋】
リチャード・ロジャーズ作曲、オスカー・ハマースタイン作詞のブロードウェイ・ミュージカル（1949）。第二次大戦中の南太平洋を舞台にした農園主と従軍看護婦のおおらかな恋物語。たくさんのヒット曲を生み出した。多くの黒人奴隷が登場する。1958年に映画化された。

消えかけた火には薪がいる。最初の男は隠しておいた、
火を囲む男の中に、一人の黒人がいるのに気がついて。
次の男は見回して、同じ教会の信者がいないのを見てとると、
自分の樺の木を火にくべるのをためらった。
ぼろぼろの服を着て座る三人目の男は、上着をぐいとかき合わせた、
なんでわざわざ自分の薪で金持ちを暖めてやらにゃあならんのだ？
金持ちは座り込んだまま考えた。おれの財産、おれの金、
どうやってこのズルで役立たずの貧乏人から守ろうか。
そして炎が消えたとき、黒人の顔は復讐の色に染まった、
彼にとっては木の枝は、白人に復讐するための道具でしかない。
みじめな一同の最後の男は、損得以外は頭にない、
自分に与えてくれる者にだけ報いよう、それが唯一のゲームのやり方だった。
死んでも離そうとしなかった彼らの枝が、人間の罪の証だった、
彼らは外の寒さで死んだのではない。内面の寒さのために死んだのだ。

違いと多様性を歓迎しよう

幸い世の中には、内面の温かい人、そして違いと多様性を大切にする人がたくさんいます。ビル・サンダースの次の話は、多様性を支持すること、勇気を発揮することの素晴らしさを伝えています。

二年前に目撃した勇気に、私は全身が震える思いをしました。

高校の集会で私はいじめの問題について発言し、私たちは皆、人をいじめるのではなく、守る力を持っているはずだと話しました。その後しばらくして、出席者が座席を離れてマイクの前で自由に発言できる時間になりました。生徒が自分を助けてくれた人に感謝の言葉を伝えられるんです。実際に何人かが前に進み出て、そうしました。ある女子生徒は、家族とのトラブルに苦しんでいたときに助けてくれた友人にお礼を言い、ある男子生徒は精神的に苦しい時期に自分を支えてくれた人たちに感謝の気持ちを伝えました。

次に三年生の女子生徒が立ち上がりました。彼女はマイクの前に進み出ると、二年生の席を指さし、全校生徒に向かって言ったのです。

「その男の子へのいじめをやめましょうよ。たしかに彼は私たちとは違うけれど、今、この場に一緒にいます。内面は私たちと変わらないし、私たちに受け入れられること、そして私たちの愛、思いやり、理解を求めているんです。彼には友だちが必要なんです。なぜ、いつまでも彼をいじめ続け、仲間外れにするんですか？　彼への態度を改め、チャンスを与えるように、私は全校生徒に対して訴えます！」

彼女が発言している間、私はその子が座っている席に背を向けていたので、彼が誰なのかはわかりませんでした。しかし、どうやら学校中が知っているようでした。私は、振り向くのが怖かったのです。その子が顔を真っ赤にして、座席の下にもぐり込み、隠れてしまいたいと思っているのではないかと。けれど振り返ってみると、彼が晴れやかに笑っているのが目に入りました。彼は全身で躍り上がって、拳を高々と上げました。そのボディランゲージはこう語っていました。
「ありがとう、ありがとう。話を続けて。君は今日、ぼくを救ったんだ！」

自分がいじめられたら、どんな気持ちがするかわかるでしょう。恐ろしいことであり、誰も耐える必要などありません。リアルでも、オンラインでも、いじめの真っ最中にそれを止めることができるなら、勇気を出して止めましょう。

よりよい道（ベスト・ソリューション）を見つけよう

違いは欠点ではなく長所であることに気づき、違いを歓迎しようと決意すれば、よりよい道を見つけ出す準備はもうできていると言ってもいいでしょう。仏教で言う「中道」は妥協ではありません。三角形の頂点のように、高い道を意味しているのです。

シナジーはただの歩み寄りや協力とも違います。歩み寄りは一＋一＝一と二／二で、協力は一＋一＝二です。シナジーは一＋一＝三またはそれ以上なのです。それは「創造的」な協力であり、全体の和は一つひとつを足したものより大きくな

アメリカ式指話言語で
「私たちは違っている」の意味

るのです。

建築に携わる人は、そのことを熟知しています。五×一〇センチの梁で仮に二七三キロの重量を支えることができるとすれば、二本の梁で支えられる重量は五四六キロになるはずですね？　ところが、実際には八二〇キロの荷重に耐えられるのです。二本を釘づけすれば、今度は、二本の梁で二二〇〇キロの重量まで支えられます。三本ならば、三八一六キロまで耐えられます。音楽家もやはりこの効果を知っています。Cの音とGの音を完璧にチューニングすると、そこから三番目の音、Eが生まれるのです。

レイニーが発見したように、ベスト・ソリューションを見つけると、もっと多くのものが得られます。

あるとき、物理の先生が実験室で運動量保存の法則を実演し、中世に使われていたような投石機をつくる課題を出しました。私たちはそれをカボチャランチャーと名付けました。

私たちのグループは男子二人と私の三人でした。私たちは全然違うタイプだったので、いろいろなアイデアがたくさん出ました。

一人はバンジーコードを使って、発射台をつくろうと言いました。もう一人は張力とロープを使おうと言いました。それぞれ試してみましたが、あまりうまくいかなかったので、次は両方を組み合わせてみることにしました。すると、片方だけのときよりも、ずっと遠くまで飛んだのです。すごいことに、飛距離が二倍になりました。

シナジーは、合衆国の建国者たちが、政府のシステムを創り上げたときにも生まれました。ウィリアム・パターソンが提唱したニュージャージー案は、人口とは無関係に、各州に同数の代議員を割り当てるべきだというものでした。この案は小さな州に有利でした。ジェームズ・マディソン（のちの第四代大統領）には別の考えがありました。これはヴァージニア案と呼ばれ、人口の多い州により多くの代議員を割り当てるというものです。この案は大きな州に有利でした。

何週間かの議論を経て、彼らは双方が納得できる結論にたどり着きました。連邦*議会を二院制にすることで合意したのです。上院には、各州が人口に関係なくそれぞれ二名の議員を送り出す。下院では、各州が人口に比例した議員数を獲得する、というものです。

この歴史に名高い結論は「偉大なる妥協」と呼ばれていますが、実際には「偉大なるシナジー」と呼んでもいいでしょう。なぜなら、これがどちらの原案よりも優れていることは実証ずみだからです。

Differences create the challenges in life that open the door to discovery.
違いは、発見のドアへと通じる人生への挑戦を生み出す。

シナジーへ至るアクションプラン

デートや門限を巡って両親と口論になったときでも、また校内活動のことで仲間と計画を立てているときでも、あるいは単に意見が合わないときでも、そこにはシナジーへと至る道があるんですよ。そこへ到達するための簡単な五つのステップを紹介しましょう。

【連邦議会】
建国当時のアメリカはそれぞれ個性の違う植民地が代表を出して議会をつくるところから出発した。1787年、イギリスに対する独立戦争など対外的な理由からも、議会の規約を見直すため、フィラデルフィア会議が開催され、連邦主義、三権分立主義、民主主義を柱としたアメリカ合衆国憲法が制定された。

シナジーへ至るアクション・プラン

問題あるいは時機をはっきりさせる

相手の道
まず相手の考えを理解するように努める

私の道
自分の考えを伝えることで、理解してもらうよう努める

ブレーンストーミング
新しい選択肢とアイデアを生み出す

より良い道
自分の考えを伝えることで、理解してもらうよう努める

このアクションプランをコピーしていつでも見られるところに貼っておこう

ではこのアクションプランをある問題に応用して、効果を確かめてみましょう。

バカンスについて

パパ「お前の気持ちはどうでもいい。行きたい行きたくないには関係なく、お前はこのバカンスの計画に従うんだ。何ヵ月も前から計画していたんだし、家族が一緒に時間を過ごすのは大切なことだぞ」

ぼく「でも、ぼくは行きたくない。友だちと一緒にいたいんだ。なんにも楽しいことがなくなっちゃうじゃん」

ママ「あなたを一人でここに残しておきたくないわ。気になって仕方がないし、それではせっかくの休暇が台なしだわ。あなたにも一緒に来てほしいのよ」

問題あるいは時機をはっきりさせる

このケースの争点は、

「親はぼくを一緒にバカンスに連れて行きたがっているが、ぼくは家に残って、友だちと出かけたい」

相手の道（まず相手の考えを理解するように努める）

パパとママのことをきちんと理解できるように、第5の習慣で学んだ、話を聞くスキルを使いましょう。両親に対してパワーと影響力を持ちたいなら、「自分の気持ちが伝わった」と相手に感じさせなければいけません。

話を聞くことによって、次のことがわかりました。

「このバカンスは父にとってきわめて重要。父は家族の絆となる時間を求めていて、ぼくがいなければ意味がないと思っている。母はぼくを一人で残しておくことが心配で、バカンスを楽しめないと思っている」

私の道（自分の考えを伝えることで、理解してもらうよう努める）

今度は、第5の習慣の後半部分を実践し、勇気を出して自分の気持ちを伝えましょう。もし相手の話をじっくりと聞いたのなら、向こうもあなたの話に耳を傾けてくれる可能性が高くなります。それから自分の気持ちを伝えましょう。

「ママ、パパ、ぼくは家に残って友だちと過ごしたいんだ。友だちはぼくにとって、とても大切なんだ。いろいろ計画も立ててあるし、せっかくの楽しい機会をムダにしたくない。それに、弟と妹と一緒に窮屈な車に一日中乗っているなんて、ごめんだよ」

ブレーンストーミング（新しい選択肢とアイデアを生み出す）

奇跡が起きるのはここです！　想像力を駆使し、一人では絶対に思いつかなかったアイデアをみんなで考え出しましょう。ブレーンストーミングの際には、次の点に注意してください。

・クリエイティブになろう——突拍子もないアイデアでも、思いつくまま口に出そう。
・批判はしない——批判的な態度は、創造性の最大の敵。
・積み上げ方式でいこう——いいアイデアをどんどん積み上げていこう。一ついいアイデアが出れば、芋づる式に出てくるはず。

ブレーンストーミングでは、次のようなアイデアが出ました。

・行く場所をぼくももっと楽しめるような行楽地にする、とパパ。
・近くに住んでいる親戚の家にやっかいになるのもいいかも、とぼく。
・ぼくの友だちを連れて来てもいい、とママ。
・ぼくは、自分の貯金を使ってバスで行き、みんなと合流してもいい、と提案。そうすれば、車で窮屈な思いをしなくてもよくなる。
・ママは、それならぼくの負担が軽くなるように、バカンスの予定を短縮してもいいと言った。
・ぼくは、バカンスの前半を家で過ごし、後半、家族に合流してはどうかと提案。
・パパは、みんなの旅行中に、パパのパソコンをクリーンアップして高速化しておいてくれるなら、家に残ってもいいと言った。

よりよい道（ベスト・ソリューションを見つけ出す）

しばらくブレーンストーミングを続けると、一番いいアイデアが浮かんで来ます。後は実行するのみです。

「結局、ぼくがバカンスの週の前半を家で過ごし、その後、友人と一緒にバスで出発して家族と合流し、後半一緒に過ごすということで合意しました。両親は、パソコンをクリーンアップすることを条件に、ぼくと友人のバス代を出してくれるとまで言いました。たいした仕事ではないので、それをこなしても友人と外出する時間の余裕はあります。両親は上機嫌。ぼくも上機嫌です」

ここに紹介した基本原則にのっとって行動すれば、あなたもきっとその成果にびっくりするはずです。でも、シナジーを実現するには、かなりの熟練も必要です。他人の立場に進んで身を置いてみなければいけませんし、自分の立場・意見をはっきり示す勇気も求められます。最後に、自分のクリエイティブなパワーを発揮させることも忘れないでください。

エリカはシナジーを実現しました。

学校新聞の副編集長をしている私にはさまざまな責任がありました。今年は内容をちょっと変更して、新しいコーナーを設けようと思いました。毎週、いろいろな生徒を特集し、特技や興味についてインタビューするというものです。上級生の中から人気のある生徒を選ぶのはどうかという提案もありましたが、私はもっと対象を広げたらどうかと言いました。内気で、特技を披露したがらないけれども、すばらしい才能を持つ一年生がいるかもしれないからです。

そこで、新聞部のツイッターのページに、ユニークな経歴や特技を持つ生徒を探していると投稿したところ、すぐに投稿やツイートがありました。ある男子はブレークダンスが得意で、ビデオをアップロードしてくれました。スペイン語と英語のバイリンガルで、私たちが新聞で発表できるように詩を訳してくれた女子もいました。私の美術のクラスの同級生はとても恥ずかしがり屋でしたが、バンドでベースを演奏しているビデオを送ってくれました。彼は本当にすばらしいミュージシャンでした。

私と一緒に編集している仲間も、この投稿の呼びかけに賛成してくれました。彼は、人気のある生徒だけを探していていたら、範囲が限定されてしまうことをすぐに理解してくれました。先週、彼と私は、インターネットだけでなく、直に特技を披露できる学芸会を開くことを生徒会に提案しました。とにかく、生徒会というのはユニークな才能や個性を持つ人たちのシナジーなんだと実感しました。

後は実技あるのみ！

シナジーへ至るアクションプランは、あらゆる場面で使うことができます。

・生物のグループ研究で、三人の知らない生徒と一緒に組まされた。
・夏休みのアルバイトでソーシャルメディアの担当となり、さまざまな意見を処理しなければならなくなった。
・大学に進学したいけれど、両親が資金援助に乗り気でない。
・生徒会の役員として、あなたのグループにホームカミングの計画を任された。
・門限について義母との間で意見が一致しない。
・パソコンを巡って兄弟でケンカが絶えない。

このアクションプランは一つのガイドラインです。この順番をいつもきっちり守らなくてもいいし、全部をやらなくてもＯＫ。もしあなたの人間関係信頼口座の残高がとても高ければ、初めの三ステップを飛ばして、いきなりブレーンストーミングすることもできます。反対に、あなたの人間関係信頼口座の残高が低ければ、話を聞くのにもっと時間をかけたほうがいいかもしれませんね。何回か話し合いを重ねないと結論を出せない問題もありますから、焦りは禁物です。

よりよい道を見つけるためにあなたが一生懸命努力をしているのに、他の人たちが何もしようとしない、なんてこともあります。そんなときも諦めないで、ひたすら人間関係信頼口座を積み立てましょう。

Synergy doesn't just happen.
It's a process.
You have to get there.
シナジーは待っていても起こらない。
それは、自発的に行うプロセスである。

意見が食い違ったとき、いつもどうやって解決していますか？　たいていは喧嘩（言葉またはこぶしで）か、逃げる（口をつぐむかその場を離れる）かではないでしょうか。しばらくすれば、事態はよくなっていくでしょう。でも**シナジーへ至るアクションプランで第三の選択肢が生まれる**のです。

あなたと親友が生徒会役員に立候補したと仮定してみましょう。あなたは当選し、彼女は落選しました。選挙以来、彼女があなたに話しかけてくることはほとんどありません。どちらも、連絡を取り合い、ねたむのをやめて、これからも友だち同士でいることができないのは相手が悪いからだと思い込み、そのせいで緊張が生まれています。シナジーについて学んだばかりのあなたは、シナジーへ至るアクションプランを実践し、親友に電話することにしました。

問題あるいは時機をはっきりさせる

あなた：選挙があってから、なんかびみょーな雰囲気になってるけど。本当のところはどうなのかな。（沈黙）私たち、目が合うたびに、嫌な雰囲気になるような気がするの。一言も話してないのに、言い争いになるみたいな。（再び沈黙）この状況をはっきりさせてみない？

彼女：いいわ。

相手の道（まず相手の考えを理解するように努める）

あなた：じゃあ、まず初めに、あなたはどう思ってるのか説明して
彼女：わかってるでしょ。あなたは、選ばれてから、自分の方が私よりも優れてると思ってる。今日はミーティング、今日はクラブ、今日は試合って。
あなた：ただ、次から次にやらなければならないことが出てくるだけよ。
彼女：そんなの知らないわよ。とにかく、私は当選しなかったの。
あなた：あなたが当選しなかったのは、残念だわ。本当に。でもね——
彼女：どうでもいいけど。じゃあ、忙しすぎて、私にメールできなかったってわけね？
あなた：あなたは、私が忙しすぎて、あなたを無視していると思ったのね？
彼女：そうよ。なんか別人になったみたい。あなたはいつも生徒会の役員の子たちと一緒にいて、完全に負け犬の気分だったわ。
あなた：それで、あなたは傷ついたのね。
彼女：あなたにはわからないでしょう。もしあなたが落選し、私が当選して、私が突然、あなたに話しかけてくれなくなったら、どんな気分かしら？
あなた：私も嫌な気分になると思う。
彼女：そうでしょう。
あなた：じゃあ、親友が突然、自分の方があなたよりも優れていると考えるようになって、あなたの相手をしている時間がなくなって、あなたは置いてきぼりにされた気分になったのね？

彼女：そのとおりよ。

私の道（自分の考えを伝えることで、理解してもらうよう努める）

あなた：そんな風に思っていたなんて。ごめんなさい。じゃあ、今度は私の話を聞いてくれる？
彼女：わかってるつもりだけど。いいよ、話して。
あなた：ミーティングやなにやらで疲れて、学校から帰るとぐったりしてただけなの。あなたが原因じゃないのよ。誰とも話す気になれなかっただけ。
彼女：そんなに忙しいの？
あなた：あなたは私が当選したことを怒っていると思ってたし。
彼女：そうね。あなたの言うとおり。あなたのせいにするべきじゃなかったわ。

ブレーンストーミング（新しい選択肢とアイデアを生み出す）

あなた：どうすればもっと会えるようになるかな？
彼女：そうね、金曜日の放課後にうちに来てくれたら、今までみたいに一緒に過ごせるんじゃないかしら。
あなた：できればそうしたいけど、委員会があって、それから試合に出たりしないといけないのよ。ねえ、試合を見に来られない？

彼女：仕事しなくちゃならないの。
あなた：いつから？
彼女：試合が始まってから1時間くらい。
あなた：じゃあ、休めない？
彼女：とんでもない。始めたばかりだもの。
あなた：じゃあ、忙しいのはわたしだけじゃないのね？
彼女：そうね。そうだわね。
（会話が途切れる）
あなた：ねえ。
彼女：なあに？
あなた：いい考えがあるわ。もしよかったら、委員会に参加しない？　もう一人女子が必要だと思ってたし、そうすればもっと会えるようになるわ。
彼女：本当？　そうしていいの？　立候補しなくていいのかな？
あなた：私は役員なんだもの。何でもできるわ。
（一緒に笑う）

よりよい道（ベスト・ソリューションを見つけ出す）

彼女：そうね、それがいいわね。
あなた：じゃあ、金曜日のミーティングに来て。それから、あなたが仕事に行くまで、試合を見に来るっていうのはどう？
彼女：いいわね。
あなた：私もそう思うわ。
彼女：電話してくれてありがとう。あなたの友だちでいられないのは、やっぱり嫌だわ。
あなた：私も。

いつもこんなにスイスイいくとは限らないかもしれません。でも、簡単にいくときもありますよ。

チームワークとシナジー

素晴らしいチームは普通、五つ以上の違うタイプの人間で構成されていて、各メンバーが、それぞれ異なる、重要な役割を演じています。

努力家タイプ――着実で頼もしく、仕事をやり遂げるまで頑張ります。
サポートタイプ――リーダーにきわめて協力的な人たち。素晴らしいアイデアを耳にしたら、ためらわずに実行します。
革新家タイプ――クリエイティブでアイデアの豊かな人たち。彼らがひらめきをもたらします。
協調者タイプ――団結と協力をもたらす人たちで、人と一緒に働けば結束を強める、素晴らしいシナジーの持ち主です。
リーダータイプ――一緒に働くと楽しく、ときにはやり手にもなります。チーム全体の成功に欠かせない刺激と弾みをよく与えてくれる人たち。

素晴らしいチームワークは、音楽に似ています。歌や楽器の全パートが同時に演奏される場所もありますが、競争ではありません。違う音色の楽器やボーカルが、それぞれ違う音を出し、休符もまちまち。それが、全部一緒に混じり合って、まったく新しいサウンドを生み出す。これがシナジーです。

あなたが今手にしているこの本にも、シナジーがあふれているんですよ。この本を書こうと最初に決めたとき、私はひどくプレッシャーを感じていました。

そこで、私は自分が知っている唯一の方法から始めたのです。つまり、協力を求めたんですね。まず友だちの一人に助けを求め、それはすぐにもっと大きなチームになりました。全国の学校や教育者に、私の草稿に対して、さまざまな段階でフィードバックをしてくれるように依頼しました。ティーンに対して個別に、あるいはグループでインタビューを始めました。アーティストを雇いました。コンテストを開催して、ティーンと7つの習慣に関するエピソードを募りました。結局、この本の制作には優に一

○○人以上が携わった計算になります。

ゆっくりと、しかし着実にこの本はまとまりを見せ始めました。それぞれの人が自分の才能を発揮し、さまざまな方法で貢献してくれました。私が執筆に専念している間に、他の人たちは自分たちの得意な分野に専念しました。体験談の取材が得意な人もいれば、名句・名言を探し出すのが上手な人もいるし、編集のノウハウに優れた人もいました。努力家もいれば、革新家もリーダータイプもいました。それはチームワークであり、究極のシナジーだったのです。

チームワークとシナジーのすてきなオマケは、たくさんの友だちができること。オリンピック代表のバスケットボール選手、デボラ・ミラー・パルモアは、いみじくもこう言っています。

「自分の人生というゲームをプレーしているときでも、人の記憶に残るのはチームワークの精神です。プレーやシュートやスコアは忘れてしまっても、チームメイトは絶対に忘れません」

さて次は……？

この後、女優のビヨンセの魅力、その真の理由をさぐります。もう後何ページかの辛抱ですよ。

最初の一歩

❶ 障害を持つクラスメイトや近所の人に会ったとき、気の毒に思ったり、何と言っていいかわからないからといって、避けないで。むしろ積極的に知り合いになろう。そうすれば、みんなが気持ちよくなれる。

❷ 今度親と意見が衝突したときには、「シナジーへ至るアクションプラン」を試してみよう。

1）問題をはっきりさせる

2）相手の話を聞く

3）自分の見方を伝える

4）ブレーンストーミング

5）よりよい道（ベスト・ソリューション）を見つける

❸ 今週、ソーシャルメディアで人を集めて、影響力を発揮し、学校にシナジーを生み出してみよう。

❹ 今週、周囲を見渡して、チーム、自然、友だち、ビジネスの世界など、自分の周りでどれくらいシナジーが生まれているか注目してみよう。どのようなクリエイティブな問題解決策が使われているだろうか?

❺ あなたをイライラさせたり戸惑わせる人のことを考えてみよう。その人たちとの違いは何だろう?

❻ その人たちの前向きな姿勢は何だろう?　その人たちから何を学べるだろうか?

7 友だちとブレーンストーミングをする。今週末は普段と同じことをやるのではなく、何か楽しくて目新しい、変わったことを考え出そう。

8 あなたが多様性をどの程度受け入れられるか診断してみよう。次のそれぞれの項目について、あなたは違いを遠ざける人、寛容な人、それとも歓迎する人のどれに当てはまるだろうか？　○をつけてみよう。

	遠ざける人	寛容な人	歓迎する人
人種・民族			
性			
宗教			
年齢			
服装			

それぞれの項目で違いを歓迎する人になるために何ができるだろうか？

THE SEVEN HABITS OF HIGHLY EFFECTIVE TEENS

Part 4

リニューアル

第７の習慣　自分を磨く
──自分のための時間

希望を持ち続けよう
──あなたも山を動かせる

7

第７の習慣

自分を磨く

――自分のための時間

屋根を修理するなら、一番いいのは太陽が出ているときだ。

ジョン・F・ケネディ（アメリカ大統領）

生活がアンバランスだ、ストレスが多い、なんだか虚しい、そう感じたことはありませんか？　もしそんな経験があるなら、きっと第7の習慣が気に入るはずです。この章は、そうしたトラブルへの対処法・特別編なんですから。最初に、自分を磨く必要性がよくわかるたとえ話を紹介しましょう。

あなたが森の中を歩いていたら、一人の男が必死になって、のこぎりで木を切ろうとしているのを見かけたとします。

「何をしているんですか？」とあなたは質問します。

「木を切り倒そうと思ってね」と男はぶっきらぼうに答えます。

「いつからやっているんですか？」

「四時間前から。でも順調にはかどっているよ」と男は言い、額の汗を拭います。

「のこぎりの刃がボロボロみたい。休憩して、研いだらどうですか？」とあなた。

「バカを言うんじゃない。切るのに忙しくて時間がない」

バカはいったいどちらか、もうおわかりですね？　この男が一五分の休憩をとって、のこぎりの刃を研いでいれば、三分の一の時間で終わっていたでしょう。つまり自分を磨く必要があるわけです。

運転するのに忙しくて、車にガソリンを入れに行く暇もないという経験はありませんか？

肉体

肉体的な側面
トレーニングする、よく食べる、よく眠る、リラックスする

知性
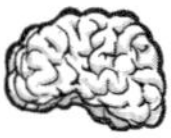
知性の側面
読書、勉強、書く、新しいスキルを学ぶ、創造する

感情

心と感情の側面
人間関係を築く（自己信頼口座、人間関係信頼口座）、奉仕する、喜怒哀楽、自分を愛することを学ぶ

精神

精神と意志の側面
瞑想する、日記をつける、祈る、信頼できるメディアの情報を集める

生活に忙しくて、自分をリニューアルする時間がないという経験はありませんか？

第7の習慣は、よりよい人生を送るために、あなた自身を研ぎ澄ますためのものです。つまり、あなたの生活の基本である四つの側面――**肉体、知性、感情、精神**――を定期的にリニューアルし、強化するのが目的です。

バランスが肝心

「何事も極端に走るなかれ」ということわざは、バランスを保つことと人生の四つの側面すべてを理解することの大切さを思い起こさせてくれます。完璧な肉体をつくるためにたくさんの時間を費やしながら、心を忘れている人もいます。またその一方で、きわめて優秀な頭脳を持ちながら、肉体を鍛えようとしなかったり、人付き合いをいいかげんにしている人もいます。自分のベストの力を発揮するためにはこの四つの側面すべてのバランスをとる必要があるのです。

なぜ、バランスがそれほど重要なのでしょうか。その理由は、一つの側面での行動や振る舞いが、他の側面に影響するからです。考えてみてください。もし車のタイヤのうち一本がバランスを崩していたら、一本だけではなく四本全部が不均等に磨り減るでしょう。へとへとに疲れ切っている（**肉体**）と、人に優しくする（**感情・情緒**）のは難しいものです。逆もまた真なりです。やる気が充実していて自分自身のバランスがとれていれば（**精神**）、勉強にも集中しやすいし（**知性**）、人にも親切になります（**感情・情緒**）。

学生時代に私は、モーツァルト、ゴッホ、ベートーベン、ヘミングウェイといったさまざまな偉大な音楽家、芸術家、作家について勉強しました。こうした人たちは、感情的に不安定に見えますよね。なぜでしょう？　思うに、彼らはバランスを崩していたのではないでしょうか。音楽や美術といった一つのことに熱中するあまり、人生の他の側面をおろそかにし、バランス感覚を見失ったのです。だからこそ、格言にもあるとおり「何事もバランスと中庸が肝心」なのです。

オフの時間をとろう

車と同じように、人にも定期的な点検とオイル交換が必要です。あなたにとって一番役に立つもの――そう、あなた自身をよみがえらせるための時間が必要なのです。リラックスして緊張をほぐし、自分を優しくいたわる時間は欠かせません。それがまさに、「自分を磨く」ことなのですから。

これから人間の四つの側面、肉体、知性、感情、精神について それぞれ見ていき、自分を磨く具体的な方法をお話しします。どうぞ続けて読んでください！

肉体を手入れしよう

私は中学校が嫌いでした。窮屈だったのです。自分が何者なのか確信が持てず、うまく溶け込めなかった。それに私の身体にはいろいろな奇妙な変化が起こっていました。そうそう、最初の体育の授業でのことです。おまけに、生まれて初めてサポーターを買ったのですが、どうはいていいかさっぱりわかりませんでした。初めて互いの裸を見た私たち男子は、あまりの決まりの悪さに、シャワーの下に突っ立ったま

ま、照れ笑いをしていました。

一〇代の間に、男子ならホルモンの分泌が高まり、声変わりし、身体のラインや筋肉が目立つようになるでしょう。あなたの「肉体」は新しく生まれ変わるのです！

実を言えば、変化し続けるあなたの身体は、素晴らしいマシンなのです。ていねいに扱うことも、酷使することもできます。

肉体をベストに保つ方法はたくさんあります。きちんとご飯を食べる、十分な睡眠をとる、清潔さを保つ、自分の部屋で腕立て伏せや腹筋運動をする（ジムの会員になる必要はありません）、ウェイト・リフティング、リラックスする時間をとる、歩く、ダンス、ヨガなど、いろいろな方法を試すことができます。次は、栄養とトレーニングについて見てみましょう。健全な肉体の四つの基本要素は、正しい睡眠習慣、身体的リラクゼーション、きちんとした栄養、適切なトレーニングです。ここでは栄養とトレーニングを中心に説明します。

食が人間をつくる

「食が人間をつくる」という言葉は、嘘ではありません。私は栄養学の専門家ではありませんが、二つのルールを見つけ、それを守るよう心がけているんですよ。

第一のルール

自分の身体の声を聞こう。食べ物によってどれだけ気分が変わるかをよく観察し、そこから自分自身のすべきことと、すべきでないことを見つけましょう。食べ物に対する反応は人によってまちまちです。たとえば私は寝る直前にたくさん食べると、翌朝決まって気分が悪くなります。またフライドポテトやナチョス、ピザを食べすぎると、必ず吹き出物ができてしまう（あなたはどうですか？）。これが私の「すべきでないこと」です。その代わりフルーツと野菜をどっさり食べて、たくさん水を飲むと、気持ちがしゃきっとします。これが私の「すべきこと」です。

第二のルール

節度を守り、極端を慎め。たいていの人は（私も含めて）、節度を守るよりは極端に走りやすいらしく、気がついてみると、生野菜とジャンクフードの間を行ったり来たり。しかし極端な食習慣は不健康のもとです。時々、少しくらいジャンクフードを食べても身体に害はありません。それを三度三度食べなければいいのです。

一〇代の肥満が増えていますが、肥満には、2型糖尿病、ぜんそく、高血圧など、さまざまな健康リスクがあります。体重が増えすぎても、どうにもならないということはありません。自分でコントロールできます。健康な食事と適度な運動をすればよいのです。医者や専門家からアドバイスを受け、食事とトレーニングについて勉強しましょう。まず、適度なペースで（一週間に一キロ以下）体重を一〇％落とし、どんな気分になるか観察しましょう。

肉体は使わないとダメになる

私の好きな映画に『フォレスト・ガンプ』*があります。これは純真な心を持ったアラバマ（米国南東部の州）出身の素朴な若者の物語です。フォレストは、そんなつもりもないのに、次々と成功を収めます。物語のある時点で、フォレストは挫折し、自分の人生について悩んでしまいます。そこで、彼はどうしたでしょう？　彼は走り始め、走り続けたのです。アメリカを二往復半横断したフォレストは、気分もスッキリして、ようやく自分の人生の問題が解決できるようになったのです。

人は誰でも落ち込んだり、途方に暮れたり、無気力になったりするときがあります。そんなときに自分自身のためにできる一番いいことは、たぶん、フォレストのやったことではないでしょうか。身体を動かして自分を取り戻すのです。トレーニングは心臓や肺にもいいし、エネルギーを生み出し、ストレスを解消し、気持ちをスッキリさせる素晴らしい方法です。

これにまさるものはありません。ティーンは身体を動かすのが好きです。ランニング、ウォーキング、サイクリング、スケートボード、ダンス、ヨガ、ウェイト・リフティングが好きな子もいます。ただ外に出て、歩き回るのが好きだと言う人もいます。ベストの結果を得るためには、一回二〇分から三〇分のトレーニングを週三日はやる必要がありますね。

「トレーニング」という言葉を耳にして、真っ先に「苦痛」を思い浮かべてはいけませんよ。自分が楽しんでできるものを見つければ、楽に続けられるはずです。

【フォレスト・ガンプ／一期一会】
（1994、米国）作家ウィンストン・グルームのベストセラー小説が原作。10 歳程度の知能しかない天真爛漫な主人公フォレストの波乱万丈の人生を通して、'50 年代から'80 年代の米国の状況をコミカルに描く。主演のトム・ハンクスはアカデミー賞主演男優賞、ロバート・ゼメキス監督は監督賞など、全部で 6 部門を受賞。

問題は見た目ではなく、あなたの気持ち

ただし注意しなければいけないのは、身体を鍛えるにあたって、外見をよくすることにあまりこだわらないことです。皆さんもご存じだと思いますが、私たちの社会は「見た目」重視です。ウソだと思ったら、有名人が世間からどのように見られているか観察してみてください。ゴシップ誌は彼らの美しさを褒めたたえたと思ったら、舌の根も乾かないうちに、ほんの少しの欠点を酷評します。これでは、誰もが自分の身体にコンプレックスを感じたとしても無理はありませんよね。

少年時代の私は、自分の丸顔が気になってしょうがありませんでした。父の話では、私のほっぺたは生まれたときからふっくらしていたので、ドクターは頭とお尻の区別がつかなくて、どっちを叩いていいのかわからなかったとか。近所の女の子に私のほっぺたをからかわれたときは、弟のデイビッドが勇敢にも私をかばって、これは筋肉なんだと言ってくれたんです。でもこれは逆効果で、「筋肉顔」というのが私のありがたくないあだ名になってしまいましたが。

中学二年のとき、私の丸顔はスッキリしました。けれど一〇代後半にさしかかるにつれ、私はもっといろいろなことが気になりだしました。友だちのようにカンペキな笑顔がつくれないとか、次々と噴き出し、絶対に消えないにきびだとか。

雑誌や映画に登場する美しい、引き締まった肉体の男女と見比べて、自分の顔や体格に愛想を尽かす前に、どうか思い出してください！　高い頬骨や強靭な腹筋、引き締まったヒップがなくても、健康で幸せなティーンは大勢いるんです。顔やスタイルはさえなくても成功した歌手、テレビ司会者、ダンサー、スポーツ選手、男優・女優もたくさんいます。幸せになるのに、筋肉増強剤*を打ったり、美容整

形をしたりする必要はありません。仮に、私たちの社会が「理想的」とするルックスや体格でなかったからといって、何だというのでしょう？　流行は、すぐに変わるものです。隣の芝生はいつだって青いものです。あなたはえくぼなんかいらないと思っていても、それをうらやましいと思うクラスメートもいるかもしれませんよ。

ありのままのあなたを受け入れましょう。たとえあなたがその美しさに気づかなくても、いずれその美しさに気づく人がきっと現れます。天然パーマや曲がった鼻、すきっ歯が好きな人、「人と違った特徴」に美しさや個性を見つける人は大勢います。

大切なのは、外見ではなく、むしろ身体のコンディションがよくて気分がいいかどうかです。テレビ番組の司会者、オプラ・ウィンフリー*がうまいことを言っています。

「あなたが変えなければいけないのは考え方よ。体重のことを気にかけるより、毎日、自分を大切にすることを心がけましょう」

これって現実？　芸術？

それに、知っていましたか？　私たちが雑誌の表紙で見ている姿も本物ではないのです。あれは「イメージ」なんです。写真を修正して、筋骨たくましい男性の筋骨をさらに強調したり、やせた女性をさらにほっそりと見せているのです。つまり、雑誌を飾る有名人も私たちと変わらないということです。彼らだって、ときにはにきびができたり、髪が縮れたり、お腹のぜい肉がベルトの上に乗ることもあります。違うのは、彼らにはこれらの「欠点」を隠すレタッチ屋がいるということだけです。ビヨンセは、自分の体のラインを加工して、割り箸のような体つきにしようとする雑誌やファッションブランドに批判的なことで有名です。自分のファンの美的価値観をゆがめてしまうことを十分承知しているからです。

スティーブ・ローは『ニューヨーク・タイムズ』の記事でこう指摘しています。

ファッション広告や雑誌に掲載される有名人やモデルの写真は、当たり前のようにデジタル加工されている。

色を明るくする、ほつれ毛を描く、吹き出物を消すといったちょっとした加工から、五キロ、一〇キロと体重を落としたり、背を高くしたり、しわやシミをすべて消すといった大胆な加工まで、写真レタッチ*の魔法を使っている。

このような加工が、極めて非現実的な美的価値観を生み出しているのではないだろうか。現実のように見える写真が、実際にはコンピューターでつくられたイメージだとわかるように、写真を加工した場合はそのように記すべきだと主張する人もいる。

誰もが憧れる彫刻のようにたくましい身体は、いつの時代にもトレンドであったわけではありません。一八世紀のヨーロッパに生まれていたら、どうでしょう？　当時は太っていることが「かっこいい」ことだったのです。あるいは、みんながだぶだぶした長い衣服を着ていた中世には、誰も実際の体格などわからなかったかも。いい時代だったと思いませんか？

【筋肉増強剤】
筋肉組織を早く強化するための薬。

【オプラ・ウィンフリー】
1954年生まれ。米国の黒人テレビタレント・女優。昼のトーク番組ザ・オプラ・ウィンフリー・ショウの司会者として全国的に人気がある。映画『カラーパープル』（1985）などで女優としても活躍している。

【写真レタッチ】
写真や画像の不要な線を消したり、ぼかしたり、写真を修正すること。以前は職人技だったが、コンピューター・ソフトの普及で誰でも手軽にできるようになった。

第7の習慣

もちろん自分をよりよく見せることや、見苦しくないよう身なりに気をつけるのは大切なことですが、こだわりすぎれば、衝動的に食べること、過食症、拒食症といった摂食障害や、ステロイドのような筋力増強剤の中毒に陥りかねません。他人に認められたいばっかりに、自分の身体をいじめてしまっては本末転倒です。

もしあなたが拒食症や過食症に苦しんでいるなら、一人で悩まないでください。ティーンの間ではごく普通の問題なのです。素直に問題を抱えていることを自覚し、友だち、家族、専門家の助けを求めましょう。

中毒にならないで

身体をいたわる方法があるのと同じく、壊す方法もあります。アルコール、ドラッグ、タバコといった常習性の物質がその代表です。たとえばアルコールは、しばしばティーンの三大死因（自動車事故、自殺、殺人）と関わりがあります。次に喫煙。これは目の濁り、肌の老化、歯の黄ばみ、口臭、虫歯の三倍増、歯茎の後退、指先の変色、さらに倦怠感やガンを引き起こすことが証明されています（ここまでわかっていて、あえて吸おうとする人の気持ちがわかりません）。さらに言うならタバコは流行遅れです。マサチューセッツ州公衆衛生局の広告は、その点をずばり突いています。

喫煙はあなたが思っているほど魅力的ではありません。ある研究では、男性一〇人中八人、女性一〇人中七人が、タバコを吸う人とはデートしたくないと言っています。ですから、もしあなたが喫煙者なら、タバコとキスするのにもっと慣れておいたほうがいいでしょう。

アメリカ肺がん協会によれば、タバコ会社上位五社は、一日三四〇〇万ドルを広告に投じています。彼らはあなたのお金を狙っているのです。一日一箱のタバコ代は一年で約一〇万円に達します。一〇万円あればいったい何が買えるのか考えてみてください。タバコ会社は特に、ティーンをターゲットにしていることで有名です。若い人ほど引っかかりやすいですから。彼らに甘い汁を吸わせてはなりません！

さて、当たり前の話ですが、自分から中毒になろうと思う人はいませんね。みんな何の気なしに手を出します。しかし、遊びのつもりでアルコールやタバコといった「麻薬への入り口」に迷い込んでしまうと、マリファナ、ひいてはコカイン、ヘロイン、阿片、LSD、覚せい剤といった致死性のドラッグ常用へとつながることがあまりにも多いのです。「自由」を主張してお酒やタバコ、ドラッグに手を出し、結局は中毒になり自由を失う例が後をたちません。

個性を主張したいなら、もっといい方法があります。

常習や中毒の最悪の点は、自分をコントロールする力を失い、中毒に支配されてしまうことです。「跳べ」と言われれば、跳んでしまう。ただ考えなしに反応してしまい、自分から主体的に動くという考え方ができなくなります。屋内が禁煙なので、仕事中、外に出てタバコを吸わなければならない人たちは本当に気の毒です。ニコチン切れに耐えられず、大雨の中、外へ出て一服する人たちの姿を目にするのは悲しいものがありませんか。

中毒なんて私には関係ない、いつでもやめられると、ほとんどの人が考えています。でも、本当にそうでしょうか？　実際には、やめるのはとても難しいのです。たとえば未成年の喫煙者で、禁煙に成功した人はわずか二五％。禁煙なんて簡単だと言うマーク・トウェインの言葉を知っていますか。

「私は一〇〇〇回もやってるよ」

ドラッグ中毒から立ち直ろうと悪戦苦闘した若者の話を紹介しましょう。

初めてドラッグみたいなものやアルコールに手を出したのは一四歳のときでした。ドラッグが何かなんて、知りもしなかった。正直、どうでもよかったんです。みんながすごくいいって言ったし。友だちが「やってみろよ、超イケてるから」と言ったからやったんだ。始めた頃は、それがかっこいいと思った。結局、それはもう仲間のプレッシャーではなかった。だって自分で始めたんだから。

ドラッグを始め、酒の量が増えるにつれて、勉強も怠けがちになり、人間関係もギスギスしてきました。家族とのふれあいもなくなり、それがとても嫌でした。物事に取り組む姿勢も変わって、なんて言うか、かなりネガティブになったんです。ガールフレンドともあまり会わなくなりました。

酒とドラッグを始めてからすぐ、体がおかしくなって。いつもとてもだるくて、体重も二ヵ月で一〇数キロも落ちました。家に帰ったとき、歯磨きが切れているとか、そんなことでよく泣いた。過剰に反応してたんです。短気で、ひどく怒りっぽかった。

一七歳になって一ヵ月後、学校でドラッグが見つかってしまい、一週間の停学を言い渡されて、そろそろ潮時だと悟りました。それでやめようとしたけど、できなくて。タバコみたいなもんですね。一本吸っては、これでやめるつもりだと言う。でも、やめるのは本当に難しいんです。

それでぼくはそれまでの友だちと付き合うのをやめて、アルコール中毒者更正会*（通称ＡＡ）の集会に行ったんです。ぼくをサポートしてくれる人も見つけました。ＡＡは一生の取り組みです。一杯飲んでしまうと、そこまで積み上げてきたものがご破算になってしまう。ＡＡに来ている友だちの大半が、誘惑に負けました。でも、ぼくの支援者は粘り強く支えてくれた。このプログラムがなかったら、禁酒できたかどうかわかりません。

このプログラムに参加するようになってから、生活は一気に好転しました。今は酒もドラッグもやっていません。学校にも普通に行ってるし、家族とも今まで以上に仲よくなった。ぼくは街のほとんど全部のファーストフード店で働いていたんですよ。どこも二週間以内でやめていたから。でも今は同じ職場に勤めて二ヵ月になります。人に気配りもできるようになった。無愛想な相手にも、愛想よくできるようになりました。人生がすっかり変わりましたね。大学進学とか、今まで考えもしなかったこともいろいろやってみたいです。高校生活を酒を飲んでムダに過ごしてしまう人がいるのを考えると複雑ですね。それは恐ろしい生活です。

断るスキル

麻薬に手を出さないようにすることは、口で言うほどやさしくはありません。飲酒、タバコ、ドラッグなど、本当はしたくないことをさせられるプレッシャーにさらされたときに、知っておくと役立つ断るスキル（The Refusal Skill™）*を紹介しましょう。

【アルコール中毒者更正会 Alcoholics Anonymous】
「匿名による酒害者の会」とも呼ばれる。1935年に２人のアルコール依存症患者が夜ごとに会って、これまでの人生の話をするようになり、気がつくとアルコールがやめられるようになっていた、というのが始まり。今では全世界規模の活動になっている。

第7の習慣

①**質問する。**自分がやろうとしていることについて、本当はどう思っているのか問い詰める。
「なんでタバコを吸いたいと思ったのか？」
「今夜酔っ払ったらどうなるか？」
②**問題を明らかにする。**自分がしようとしていることに正面から向き合う。
「ドラッグは違法だ」
「タバコを吸うと、肺をやられる」
③**結果を考える。**自分の行動の結果をじっくりと考える。
「ドラッグをやったら警察に捕まるかもしれない」
「今夜酔っ払ったら、誰かにそれをつけ込まれるかもしれない」
④**別の選択肢を考える。**誘惑に負けそうになったときにいつでも使える別の楽しい選択肢を用意しておく。
「それよりも、映画を見に行こうよ」
「バスケットボールの方がいいな」
⑤**その場を立ち去る。**よからぬ状況、厄介な事態に陥ったら、みんながどう思おうと気にせずに、その場を離れる。
「ごめん、帰るね」

想像力を発揮すれば、こうした場面でもきっぱりとノーと言う方法を自分で考え出せるでしょう。ジムの経験がその例です。

友だちもぼくも、酒やドラッグなんかでトラブったりするのはごめんだったので、グループをつくった。一〇人前後で、友だちがトラブルに巻き込まれないように協力し合うんだ。出かけるときはたいてい一緒、毎週のようにパスタ・ディナーをして、お互いどんなサポートができるかアイデアを練ったよ。主として、友だちが誘惑に負けそうになっていたり困っているのを見かけたときに、話しかけ、こんなものはカッコよさと関係ない、不要だと納得させ、代わりにぼくたちと遊ぼうと誘うんだ。これは効果的で超パワフルだったよ。

どうか、よくよく覚えておいてください！　お酒や麻薬に手を出さなくても、何かチャンスを逃したことにはならないのです。**「人生そのものが本当のパーティー」**とテレビの料理専門家ジュリア・チャイルド*は言っています。試してみる必要すらありません。一時のスリルのために、その後長い後遺症に苦しむのは、割りが合いません。まだタバコも酒もドラッグもやっていないのなら、なぜわざわざやる必要があるのでしょう？　もしもう始めてしまったなら、誰かに協力してもらってやめてはどうでしょうか？　ハイになるには、もっと自然でいい方法がいくらでもあるので、そちらを試してみましょう。


【The Refusal Skill™】

Comprehensive Health Education Foundation の商標です。

（C.H.E.F.®）および The Refusal Skill™ はワシントン州シアトルにある C.H.E.F.® の著作物です。C.H.E.F.® からの書面による許可なく複製することは禁じられています。複製の許可は C.H.E.F. によって与えられます。All rights reserved.

【ジュリア・チャイルド】

アメリカにおける「料理の母」と呼ばれる。何年間も、彼女の料理番組がアメリカ全土に放映されていた。知らない人はいないほどの有名人。フランス料理本を始めとする多くの著作を出している。

知性の手入れをしよう

ある若者が賢哲ソクラテスのもとを訪れて、こう言いました。

「私はあなたの知っているすべてを知りたいのです」

「それがお前の望みなら、私とともに川に来なさい」ソクラテスは答えました。

若者は喜び勇んで、ソクラテスと近くの川へ行きました。

川岸に二人で腰をおろすと、ソクラテスが言いました。

「川をよく見て、何が見えるか教えてくれたまえ」

「何も見えません」

「もっとよく見るんだ」

若者が岸から身を乗り出して川面をのぞき込むと、ソクラテスはいきなり若者の頭をつかんで、水の中にぐいっと突っ込みました。若者は両腕をはげしく振り回して、何とか逃れようとしましたが、ソクラテスは力を緩めようとしません。若者がいよいよ溺れそうになったとき、ソクラテスは若者を川から引っ張り上げ、川岸に寝かせました。

若者はむせこみながら、言いました。

「気でも狂ったんですか、先生。何をするんです？　私を殺す気ですか？」

「水の中に押しつけられていたとき、お前は何を一番望んでいた？」とソクラテスは尋ねました。「息をすることです。空気を求めていました」と若者は答えました。

「知恵がそんなにやすやすと手に入ると思うな、若者よ」とソクラテス。「たった今空気を求めていたのと同じくらい、切実に学びたいと思ったら、また私の所に来なさい」

この話の教訓ははっきりしています。人生で楽して手に入るものなどない、ということ。誰もが犠牲を払わなければならないのです。どこかにメモしておいてください。頭に叩き込み、アンダーラインを引いてください。他人が何と言おうと、この世にただのものはないのです。ソクラテスが一生をかけて得たものをただで手に入れようと考えた若者の何と愚かなことか！　万一、皆さんが強い精神を育てるための犠牲を払わずに、いい仕事や約束された未来が開けると考えているなら、この若者と大差ないということになります。

実際、自分への一番の投資はいい教育を受けることではないでしょうか——何と言っても将来を決定するのは、頭の中の灰色の物質*なんですから。もし、三〇歳を過ぎても大喜びでジャンクフードをぱくつき、親のすねをかじって暮らしたいというのでない限り、自分への投資は今すぐ始めたほうがいいでしょう。

第7の習慣「自分を磨く」の知性部門は、学校教育、課外活動、趣味、仕事などの経験を通じて、あなたの頭脳パワーを開発するためのものです。


【頭の中の灰色の物質】

脳みそ。知恵。アガサ・クリスティーの『名探偵ポアロ』シリーズで、ポアロは「灰色の脳細胞」と呼ばれていた。

学びは未来を開く鍵

以前ある調査で、ティーンのグループに何が不安の原因なのかを聞いてみました。驚いたことに、大勢の人たちが、学校でうまくやり、いい大学に進み、将来いい職につかなければならないという精神的ストレスだと答えました。ある人がこんな質問をしてきました。

「就職して自活するための道を確保するには、どうすればいいでしょう？」

答えは実にシンプルです。宝くじを買うのも手ですが、当たる確率はおよそ一七五万分の一。そんな確率に頼るくらいなら、知性豊かな心を育てることを断然お勧めします。いい職業と独立した生活を手に入れるには、こちらのほうがずっと確実ですよ。

それでは「知性豊かな心」とは何でしょうか？　たしかに学位を取るのもその一部で、大切には違いありませんが、それ以上のものです。ウィキペディアで調べて、専門家になったような気になる。それでは知性豊かな心とは言えません。知性豊かな心は、優れたバレリーナのようなものです。バレリーナは筋肉のすみずみまで完全にコントロールしています。彼女の身体は、彼女の意のままに屈伸し、向きを変え、跳躍し、完璧に回転します。同じように、知性豊かな心は、集中し、統合し、書き、話し、創作し、分析し、探求し、想像し、さらにいろいろなことができます。でも、当然そのためには訓練が必要です。待っているだけではだめなんです。

可能な限りいろいろな教育を受けましょう。高校卒業後の教育大学、職業・技術訓練、技能見習い、どれも時間とお金を投資するだけの価値があるはずです。これは自分の未来への投資と考えましょう。統計によれば、大卒者の収入は高卒者の約二倍です。そして、その差はますます開いていきます。経済的に苦しいというのは理由になりません。

「教育には金がかかりすぎると考えているなら、無知とはどんなものか試してみればいい」とハーバード大学元学長のデレク・ボックが言いました。教育のために何かを我慢したり、自分で費用を稼ぎ出さなければならないとしても、教育には受けるだけの価値が十分にあります。

知性を磨く

知性を育てる方法は本当にたくさんあります。ただしもっとも優れた方法はやはり、本を読むことでしょう。格言にあるとおり、「頭脳にとって読書は、身体にとってのトレーニングと同じ」なのです。読書は他のあらゆるものの土台であり、旅行などと比べたら大してお金もかかりません。知性を磨く二〇の方法を紹介します。その気になれば、きっとこれ以外にも五〇の方法を考え出せるはずです。

・信頼できるニュースサイトを、インターネットのホームページに設定する
・興味がある話題を取り上げているブログをフォローする
・旅行する
・ガーデニング
・野生動物を観察する
・地元の大学の講義を聴講する
・ドキュメンタリーを見る

・図書館に行く
・ニュースを読む／聞く
・自分のルーツを調べる
・物語、詩、歌を書く
・クロスワードパズルや数独など、一人でする難しいゲームに挑戦する
・ディベートをする
・自分より上の相手とチェスや囲碁、将棋をする
・美術館に行く
・授業で発言する
・バレエ、オペラ、演劇を鑑賞する
・楽器を習う
・友だちと刺激のある会話をする
・一人または友だちと一緒に、自分が興味があることについて、ブログを始める

得意分野を見つけよう

学校で一つくらいつまらない授業があったとしても我慢して、自分が楽しめるものを見つけ、それを得意科目にしましょう。そのテーマに関連する科目を受講したり、本で調べたり、映画を見たりしま

しょう。学校だけが勉強の場ではありません。世界をあなたのキャンパスにしましょう。授業によってはついていくのに苦労することもあるでしょう。あなたがアインシュタインでもない限り、全部の科目でAというわけにはいきませんよね。おっと、今のは失言。かの有名なアインシュタインも、四歳まで話さなかったので、知能の発達が遅れていると親に思われていたのですから。

もし学校に失望することがあっても、どうかやめてしまったりしないでください（きっと一生後悔することになります）。ひたすらこつこつやることです。やがて必ず、好きなものや、得意なものを見つけられます。

私は極端な右脳型の子どもだったクリスという若者の面談をしたことがあります。学校になじんで、得意分野を見つけられるようになるまで、ずいぶん時間がかかったと彼は打ち明けてくれました。

学校に通い出すまでは、ぼくは幸せでした。やがてぼくが勉強に苦労しているのをみんなが知って、こそこそ陰口を言うようになりました。ぼくは算数、英語、文法が苦手でした。ある日の授業で、同じグループになった女の子が立ち上がってぼくを指さし、こう言ったんです。「私、あんな知恵遅れと一緒に勉強したくないわ」あれはとてもつらかった。

小学校・中学校を通して、ぼくはほとんど本が読めませんでした。ある日、専門家が家に来ていろいろなテストをやった後、この子は絶対に読めるようにならないと母に言ったんです。母は怒って、彼を家から追い出しました。

何年か経って高校に進学したぼくは、ある日一冊のSF小説を手に取りました。驚いたことに、突然、すらすら読めたではありませんか。その本のストーリーがぼくの想像力を刺激し、単語がもはや単語ではなくなって、頭の中で絵になっていたのです。ぼくはその続巻を全部読み終え、今度は別の本も読み始めました。読むことや学ぶことがこんなに面白いことだったなんて、本当に感激でした。ボキャブラリーも増えました。話し方もうまくなり、難しい言葉も使えるようになったのです。

美術が徐々に得意になったのはこの頃です。ぼくには形と色彩に対する感性があったんです。以来、水彩、油彩、ペインティング、ドローイング、デザインに才能を発揮しています。文章もうまくなりました。自分の経験や詩も書いています。高校を卒業する頃には、さまざまな展覧会に入賞し、本当に自信をつけました。

学校と勉強は別のもの

成績はたしかに重要です。なぜなら将来の職業や教育の選択肢が広がるからです。でも勉強には、成績よりも大切なものがあります。

私の家族はみんな技術オンチです（父親の遺伝だと私はにらんでいるのですが）。父が、たとえば車のボンネットを開けるとか、電球を交換するといった「技術的に困難な」作業に取り組む場面を私は何度か目撃しました。こうした厳しい状況になると、父親の頭脳は文字どおりシャットダウンして、フリーズしてしまうのです。驚くべき現象！　自主性を持った主体的な人間である私は、この遺伝上の弱点を克服しようと、高校の最終学年で自動車整備の授業を選択しました。たとえ死ぬほど苦しい思いをしようとも、オイル交換の方法を身につける、と。

信じてもらえないかもしれませんが、私はこの科目でAを取ったんです。でも恥ずかしながら告白すると、私はほとんど何も身につけていませんでした。学ぶための本当の犠牲を払わなかったからです。ひたすら遠くから眺めるばかりで、自分ではあまり手を出さなかったのです。課題もやりませんでした。テストは全部一夜漬け、二時間後には学んだものをきれいさっぱり忘れる始末。「成績」こそよかったものの、本当の意味での「勉強」をし損なったのです。

成績も重要ですが、真に知識を身につけることのほうがもっと大切です。ですから、自分がなんのために学校に行っているのか常に意識するのが大事です。

多くの人が、些細な理由で学業をいいかげんにしています。教育なんていらないと思い込んだり、アルバイトやガールフレンドやボーイフレンド、車、バンドに夢中になってしまったりするのです。

また、いろいろなスポーツ選手がスポーツのために教育の機会を犠牲にするのも見てきました。スポーツに熱中するあまり、スポーツ中心主義になって、学業をすっかり放棄してしまう若い選手にあてて、手紙を書きたいと何度思ったことか。実は、架空のスポーツ選手にあてて一通書き上げてみました。これを自分の知性を育てることをおろそかにする人すべてに送りたいと思います。

無名のスポーツマンへの手紙

拝啓、〇〇様

私はスポーツには大きな価値があると信じています。でもあなたとお話しして、あなたの勉強に対する姿勢を知り、ショックを感じています。

あなたはプロ入りするつもりだから、勉強なんていらないと言う。あえて言いますが、あなたがプロになれる見込みは、私の父親の頭に毛がよみがえる確率と同じくらいです。「若者が自分の将来をプロ契約に賭けるのは、労働者が競馬の馬券を一枚買って、当たるのを期待して職場を辞めるようなものだ」と元NBAのスターで、上院議員のビル・ブラッドレーは言っています。高校で活躍しているスポーツ選手のうち、大学の一部リーグでプレーできるようになるのは一〇〇人に一人、プロになれるのは一万人に一人なのです。

大学で私と一緒にプレーした何百人というプロ志望の選手の中で、プロ入りできたのはほんの一握り。反対に、スポーツのためだと言って、精神を荒廃させてしまった人、チャンスや成功の糸口すらつかめないまま、日雇い労働者になってしまった人なら、たくさん知っています。

ライバル校との対戦前夜、チームメイトの一人が、選手たちの闘志をかき立てようとスピーチをしました。勉強はいいかげんで、自分を表現するテクニックを学んでいなかった彼は、ただ粗野な言葉の弾丸を、大木もなぎ倒す勢いで乱発していました。三分かそこらのうちに、彼は下品な四文字言葉

（スラング）を名詞、動詞、形容詞、代名詞、接続詞代わりに使ってのけたのです。「ちょっとは頭を使えよ」と思いながら、私はこのミーティングを後にしたものです。

目を覚ましてください！　あなたの未来を開く鍵は、教育なのです。

学校が嫌い？　それがどうした、と私は言いたい。本当にいいものが楽に手に入るでしょうか？　あなたは毎日の練習が好きですか？　医学部の学生が四年間の勉強を楽しんでいるでしょうか？　自分のすべきこと、すべきでないことを、いつから好き嫌いで決めるようになったのですか？　欲しいものを手に入れるには、ときにはやる気の出ないものにも取り組まなければなりません。

勉強しようと思っても集中できない？　自分の心をコントロールする方法を学ばない限り、あなたは大物にはなれません。精神の鍛錬は、身体の鍛錬よりもかなり高度な技なのです。自分の身体をベストの状態に鍛えることと、自分の考えをコントロールしたりまとめたり、長時間集中したり、創造的・分析的な思考をしたりすることとはまったく別のものなのです。「努力はしている」と言うのはみっともない言い訳です。「今夜は食事をするのかい、それとも食事をするように努力するのかい？」という質問はバカげているでしょう。ただ、自分を律して取り組むだけです。

勉強しなくてもいい、一夜漬けで何とかなる、システムの裏をかけば、及第点くらい取れるって？　でもあなたが刈り取るのは、自分で蒔いた種です。農業に一夜漬けが可能でしょうか？　春に種蒔きをせず夏中怠けて過ごし、秋になってやる気になっても、収穫が得られるでしょうか？　たまにバーベルを上げるだけで、ベンチプレスのパワーを向上させられるでしょうか？　頭脳は、二頭筋と同じなのです。知性のパワー、スピード、耐久力を上げるには、トレーニングが必要です。近道はないのです。ある日オズの国へ飛んでいき、魔法使いから知性をもらおうなどと思ってはいけません。

ここに五つの手があります。一つはクラシック音楽の演奏で聴衆を魅了するピアニストの手です。もう一つは顕微鏡視下手術で失った視力を回復させる眼科医の手です。三番目は、プレッシャーに耐えて難しいショットを確実に決めるプロゴルファーの手です。四番目はページの上の点字を驚異的なスピードで読み取る盲人の手。最後は、人の魂を揺さぶる美しい彫刻を刻む芸術家の手です。彼らの手はどれも同じに見えるかもしれませんが、それぞれの手には長年の献身、鍛錬、忍耐が秘められているのです。彼らはそれだけの代償を支払ってきたのです。彼らが一夜漬けをしたでしょうか？　抜け道を使ったでしょうか？

私が一番後悔しているのは、高校時代、一〇〇冊の小説を読む代わりに、文学の参考書に載っている要約を読んですませてしまったことです。反対に、一〇代を読書三昧で過ごした友人の頭脳は二〇〇キロ以上のベンチプレスに耐えられるぐらいパワフルなのです。そんな頭脳が手に入るなら、多少の犠牲も払えるはずです。

それなりの代償を支払わなければ、学位は取れても本当の意味で教育を修めたことにはなりません。これは大きな違いです。偉大な思想家の中には、たいした学歴もなく、独学に近い人もいます。彼らはどうやって勉強したのか？　本を読んだのです。読書は、人が身につけることのできるもっとも偉大な習慣です。でも、読書が習慣として身についている人はほとんどいません。学校を卒業すると読書も勉強もやめる人が多いですが、それは脳の退化を意味します。学ぶことは生涯を通じた探求です。本を読まない人は、本を読めない人と同じです。

今がすべてだから、将来は考えない？　人と動物との違いは、人は明日のことを考えられるけれど、動物にはできないということです。長期的な人生設計を、科目履修手続きの行列の長さで決めてしまう学生のように、一時の感情に流されないでください。将来の可能性を広げましょう。心に目的を持って決断しましょう。明日、いい仕事につきたいなら、今夜、宿題をやらなければなりません。

格言がすべてを物語っています。

「教育を真っ先につかめ。離してはならない。守りとおせ。なぜなら、それはあなたの人生だから」

まるで、知性などいらないと言わんばかりのアナタ。知性こそ重要だと私は言いたい。

あなたを怒らせるつもりも、悪気もありません。ただ、今から一〇年後、『スケアクロウ』*みたいに、こんな歌を歌ってほしくないだけです。

ただの無意味な存在ではいたくない
私の頭にいっぱいの
――そう、脳みそがありさえすれば

どうか考えてみてみてください。

ショーンより

【スケアクロウ】
米国映画（1973）南カリフォルニアからミシガン州まで無賃乗車やヒッチハイクで放浪し、固い友情で結ばれる下層中産階級の二人の男の物語。ジーン・ハックマンとアル・パチーノが演じた。カンヌ映画祭グランプリ受賞。

高校卒業後の進路を考えよう

学校での専攻や分野を気にしてはいませんか。でも大丈夫です。要するに、きちんと考える力を身につけていれば、職業・進学の選択肢はたくさんあります。大学の入学選抜事務局や採用側の企業は、専攻にはあまりこだわりません。彼らが知りたいのは、**あなたが本当の意味で賢い人かどうか**です。主なポイントは次のような点です。

1. 志望動機――その学校、学科、職業を志望する理由。どれくらい真剣なのか。よく一つの大学の全学部を受験する人がいますが、それは本当に意味のあることでしょうか。
2. 課外活動――どんな活動（体育・文科系の部活動、生徒会、スポーツ、アルバイト、地域の奉仕活動など）に参加していたか。
3. 推薦状――自分をよく知っている人からの評価。大学によっては自薦を受け付けているところもあります。
4. 内申書――高校での成績。
5. コミュニケーション・スキル――書くこと（志望時の作文などに基づく）と会話（面接に基づく）で、コミュニケーション能力を見ます。

選考側は現在の能力だけでなく、これからうまくやっていけるかどうか、潜在的な能力も見るという点が肝心です。仮に成績が不本意でも、第二志望で妥協することはありません。たとえば留学していて規定の単位数が取れていなくても、受験を認めてくれる学校もあります。公表されている情報だけで判断しないで、直接入試担当者に相談してみましょう。

また、どこそこは難関だといううわさにひるまないこと。合格確率もそうです。模擬試験で五〇％と出たとしても、あなたの体半分が合格するというわけではありません。数字がどうあれ受かるか落ちるか、二つに一つなのです。だから数字に一喜一憂するのはやめましょう。

知性の三大障害物

知性を育てるには、いくつかのハードルを克服しなければなりません。そのうち三つを見ていきましょう。

スクリーンタイム

パソコン、スマートフォン、タブレット、テレビゲーム、映画、テレビのように、スクリーンの前で過ごす時間のことです。ある程度の時間なら問題ありませんが、長時間のメール、フェイスブックやツイッターのチェック、ゲーム、テレビは、思考がマヒするおそれがあります。アメリカの平均的なティーンのテレビ視聴時間は週二〇時間だということを知っていましたか？　これは一年で四三日間、一生では八年間に相当します。（あなたはまさか、平均ではありませんよね？）いったいこの四三日間を、外国語やダンス、コンピューター・プログラムの勉強といった生産的なことに使ったらどうなるでしょう。

スクリーンタイムについては自分で方針を決め、成り行きに任せるのはやめましょう。リモコンを捨てるというのも結構効果的ですよ。

ガリ勉シンドローム

面白いことにティーンの中には、周りからガリ勉と思われるのが嫌で、勉強を真剣にやらない人がいるんですよね。そんなのダサイというわけです。また、男の子が敬遠するから「知的」な印象を与えたくないという女の子もいるらしい。やれやれ。もし賢く、自分の意見を持っているからといって敬遠されるとすれば、それはきっと彼らがあなたに恐れをなしており、あなたの時間を無駄にする価値もないからでしょう。自分の知性や教育を大切にしていることに誇りを持ちましょう。かつてガリ勉といわれて、その後成功したお金持ちもたくさんいます。

プレッシャー

学校の成績がいいと不安になる人もいます。それはプレッシャーのせいです。優秀な成績の通知表を親に見せて褒められたりすると、そういう成績を取り続けてほしいという期待がかかり、プレッシャーが大きくなります。成績が悪ければそんなこともありません。

でも、ベストを尽くさなかったと後悔するよりも、成功から生まれるプレッシャーを乗り越えるほうがはるかにいいのです。プレッシャーを気にしないでください。必ず乗り越えられます。

知りたいという気持ちがあれば

最後になりますが、**学びたい・知りたいという欲求こそが知性を磨く鍵**なのです。心底からの欲求でなければいけません。学ぶこと＝喜びです。そのためには努力も必要です。学ぶことへのやむにやまれぬ情熱に駆られ、読むという単純な喜びのために大きな犠牲を払った人もいます。読書のために虐待と闘った男の子の話をしましょう。

キッチンのドアが開いた。見つかった、完全に。証拠を隠そうにも手遅れだ。証拠はまさに、私の膝の上にあった。酔っぱらった父は、顔を真っ赤にして私の前によろめく足で立ち、恐ろしい顔でにらみつけた。私の足は震え始めた。私は当時九歳だった。たたかれることはわかっていたが、逃げ道はなかった。父は本を読む私を見つけた……。

ちょうどアルコール依存症の祖父母が以前父にしていたように、父も私を殴った。何度も繰り返し、手ひどく。暴力は続いたため、私は一六歳のとき高校をやめて、家を出た。しかし子ども時代に私が不満だったのは、父の虐待よりも、私の読書に対する父の執拗な怒りだった。まるで恐ろしい万力で身体を締めつけられるような感じだった。でも読書をやめるつもりもなかったし、やめられもしなかったのだ。私は好奇心と欲求――自分がどこか別の場所にいると信じたいという欲求――に駆られて本へと引き寄せられ、父に反抗した。今、ここで書いたように、その行動のつけも払わされた。でも、それだけの価値があった。

これはウォルター・アンダーソンが『Read with Me（自分を友として学ぶ）』で述べている体験です。ウォルターは現在、さまざまな文芸団体の役員を務める一流編集者で、四冊の本を出しています。ウォルターは次のように続けています。

子ども時代の私は、暴力的な家庭、暴力的な地域で暮らしていた。しかし行く場所が一つあった。図書館だ。図書館員全員が、読書する私を励ましてくれた。本を開けば、どんな場所にでも行くことができた。何でもできた。私は想像することでスラムから脱出し、想像することで貧困から逃れ、やがて、自力で貧困から抜け出したのだ。

学ぶのに遅すぎることはありません。よく考える方法を身につけることができれば、未来の可能性が開かれるはず。それがまさしく天啓*なのです。

【天啓】
天からの教え。導き。自分の進むべき道はこれだという確信など。

心の手入れをしよう――感情生活を豊かに

ある午後、ドアをノックする音がしました。
「誰かな？」
ドアを開けると、一九歳の妹が立っていました。身体を震わせて泣いています。

「どうしたんだ？」

何があったのか察しはつきましたが、声をかけて部屋に通しました。なぜってこうして妹が泣きながら駆け込んでくるのは今月三度目だったからです。

「彼がひどいの」と彼女は涙声で言って、赤く腫れたまぶたを拭いました。「あんなことを私にするなんて、信じられないわ。私、とってもみじめで」

「今度は何をされたの？」

これまでにも結構面白い話をしてくれた妹なので、今度は何だろうと勢い込んで尋ねました。

「あのね、彼が家で一緒に勉強しようと言ったの。二人で勉強していると、女の子が何人か訪ねて来たの。そしたら、彼、急に他人行儀になっちゃって」

「気にするなよ。そんなことなら、ぼくもしょっちゅうやったもんさ」と私はなだめるように言いました。

「でも、彼とはもう二年も付き合ってるのに。おまけに、その子たちにその子誰って聞かれて、私のことを、妹だって……」

あちゃー！

妹はすっかり落ち込んでいました。でも、これも時間の問題だとはわかっていました。予想どおり二、三日もすると、妹はまたもや「やっぱり彼って最高！」と熱を上げ始めたのです。

こんなふうに、日によって上がったり下がったりする感情のジェットコースターを経験したことはありませんか？　自分は世界一感情的な人間で、もう自分の感情をコントロールできないと思ったことはありませんか。もしあるなら、ようこそ、あなたも私たちの仲間です！　こうした感情は一〇代のときにはつきものなのです。皆さんも知ってのとおり、人の心はとても気まぐれです。だからこそ心にはたえず栄養と手入れが必要なんですよ。ちょうどあなたの身体と同じように。

自分を磨き、心に栄養を与える一番いい方法は、人間関係をしっかり築くことです。言い換えれば、あなたの人間関係信頼口座と自己信頼口座にコツコツと預け入れをすることですね。ここで預け入れについておさらいしておきましょう。

人間関係信頼口座　預け入れ

・約束を守る
・小さな親切
・誠実でいる
・人の話に耳を傾ける
・謝る
・見通しをはっきりさせる

自己信頼口座　預け入れ

・自分との約束を守る
・小さな親切
・自分に優しく
・正直でいる
・自分をリニューアルする
・自分の才能を掘り出す

お気づきのように、自己信頼口座と人間関係信頼口座はよく似ています。なぜなら、人への預け入れはすなわち自分自身への預け入れでもあるからなのです。

一日の始めには、預け入れをし、長い友情を築くチャンスを探してください。見返りを求めることなく友だち、両親、兄弟、姉妹の話にじっくりと耳を傾けてください。今日は一〇回、人を褒めましょう。誰かを守りましょう。親に約束した時間に家に帰りましょう。

マザー・テレサがこんなすてきなことを言っています。

「訪ねて来た人に、来る前よりもいい気分、幸せな気分になって帰ってもらえるようにしましょう。あなた自身が神の優しさを表現する人になりなさい。あなたの顔にも、あなたの瞳にも、あなたの笑顔にも優しさを表しなさい」

人間関係を壊すのではなく、築いていく道を探しながら人生を送れば、他の人に幸福をもたらし、また自分も幸福になれます。あなたもきっとその効果に驚くはずですよ。

さて、自分の心の手入れには、注意すべきことがいくつかあります。

Let no one ever come to you without leaving better and happier.
Be the living expression of God's kindness: kindness in your face, kindness in your eyes, kindness in your smile.

訪ねて来た人に、来る前よりもいい気分、
幸せな気分になって帰ってもらえるようにしましょう。
あなた自身が神の優しさを表現する人になりなさい。
あなたの顔にも、あなたの瞳にも、
あなたの笑顔にも優しさを表しなさい。
ーマザー・テレサー

あなたは乗り越えられる

たまに落ち込むことがあるのは、ごく普通のことです。でも気分が落ち込むのとうつ状態が続くのは違います。毎日が本当に苦痛だという気持ちが長引き、絶望感から抜け出せないようなら、事態は深刻です。幸い、うつ病は治療ができます。医師、または専門家にためらわずに相談しましょう。

もしあなたが自殺を考えているなら、どうか私の言うことをよく聞いてください！　生命を大切にしてください。あなたにはできます。人生は好転します。私が約束します。あなたはかけがえのない存在で、必要とされているのです。つらい時期もいつか過ぎる。そういうものなのです。いつか人生を振り返ったとき、思いとどまってよかったと感じるでしょう。次の若い女性のように。

私は、いわゆるいい家庭に育ち、トラブルなど無縁なはずでした。ところが、違ったんです。中学・高校時代、友だちが大切になって、家での生活がとても退屈になってしまって。毎日家を出て、友だちと一緒にぶらぶらするのだけが楽しみになりました。二年足らずの間に、私はありとあらゆる悪い遊びを覚えました。でも気分はちっともよくなりませんでした。むしろ逆。

家に帰るのもつらくなってしまったんです。料理のいい匂いが漂う明るい平和な家、そこに足を踏み入れるのが苦痛なんです。家族が皆善良で完璧に見え、私には家族の期待に応えられないという気がしました。居場所がないと思ったんです。私は家族が誇りに思えるような生き方をしていませんでした。逆に不幸にしてしまいそうだった。そのうちいっそ死んで楽になりたいと考えるようになって……。そして、何度も自殺を図ったのです。

当時の日記を今読み返すと、自分が本当に崖っぷちにいたんだなあと、ぞっとしてしまいます。ほんの二、三年たった今、私は大学生で成績はオールA、付き合いも楽しく、私をとても愛してくれるボーイフレンドがいて、家族との仲もとてもうまくいっています。計画ややりたいことがいっぱいあります。人生を愛し、生きがいを感じている今は、あんなふうに思っていた自分が信じられないほどですが、当時はそう感じていたんです。自分が変われることに気づくきっかけとして、あの深刻な経験も必要だったのだと思います。今、ここに生きていることを神に感謝します。

忘れないでください。今あなたが直面している苦しみは、いつかあなたのエネルギーの源泉になるのです。哲学者のハーリール・ジブラーン*が言っています。

「我々の笑いがあふれ出るその寸分違わぬ井戸が、ときに涙で満たされる。我々の人生に注がれる悲しみが深ければ深いほど、それだけ多くの歓びも、そこには入るのだ」

泣くのはイヤだ、笑っちゃおう

つまるところ、心を健やかに、強く保つ究極のポイントは笑うこと！　そう、笑うのです。でも、どうやって？　クヨクヨせず、上機嫌になりましょう。誰しも、人生がつまらなくなって、どうにかしようにもあまり手がないというときがあります。だったら、笑ったほうがいいんです。

年を重ねるにつれて人は、子ども時代の素晴らしさを忘れてしまいがちで

【ハーリール・ジブラーン】
Kahlil Gibran（1883～1931）レバノン生まれ、ニューヨークで活躍した哲学者、神秘主義者、詩人。愛、結婚、子ども、与えること、など28のテーマからなる『The Prophet（預言者）』という長篇の美しい詩文は20世紀の「神曲」とも言われている。

す。幼稚園に入る年頃の子は、一日におよそ三〇〇回笑っているそうです。それにひきかえ一般的な大人は一日に一七回弱々しく微笑むだけ。子どものほうがずっと幸せそうに見えるのも無理はありませんね。なぜ、私たちはこんなにまじめくさっているんでしょう？　もしかしたら、笑いすぎるのは子どもっぽいと言われてきたせいではないでしょうか？　偉大なジェダイ・マスターであるヨーダは、「学んだことを捨てるのだ」と言いました。私たちも笑うことを学び直さなければなりません。

『サイコロジー・トゥデー』*にユーモアのパワーについてのとても面白い記事がありました。ポイントは次のようなものです。

笑うと――

・心のギアを緩め、もっとクリエイティブに考えられるようになる。
・人生の苦労に対処できるようになる。
・ストレス・レベルが低下する。
・心拍数、血圧が下がり、リラックスできる。
・人との関係を築き、うつや自殺の主な原因となる疎外感を打ち消す。
・脳の自然な鎮痛剤であるエンドルフィン*が出る。

笑いが健康を増進させ、病気の回復を早めることも証明されています。笑いの大量投与という治療法によって、重病から自然に回復した人の話を私は何度も聞いたことがあります。笑いはまた、人間関係の傷を癒す効果もあります。エンタテイナーのビクター・ボージ*がこう言っています。

「笑いは二人の間の最短距離だ」

もし、最近あまり笑っていないなら、どうやって笑いを取り戻せばいいでしょう？　私が提案するのは、自分自身の**「笑いのコレクション」づくり**です。本、漫画、ネットで話題のネタ、ユーチューブのビデオ、コメディのポッドキャストなど、自分が面白いと思うものなら何でもかまいません。気分が落ち込んだり、あまりにも深刻になっているときには、このコレクションを眺めるのです。たとえば私はくだらない映画が好きです。その人のことを思い浮かべただけで、笑ってしまう俳優が何人かいます。私は彼らのB級映画をごっそり買い、「明るく」なりたいときにはいつもこれを見ます。兄のステファンは『ザ・ファー・サイド』*というコミックスの史上空前のコレクションを持っています。ひどいストレスがあっても自分を正気に保てるのはこのコミックスのおかげだと彼は言っていましたよ。

自分の身におかしな事件、バカバカしい出来事が起きたときこそ、自分自身を笑うチャンスです。そういう事件はきっとまた起きるからです。「人が手にすることのできる最大の切り札は、優れたユーモア感覚」なのです。

【サイコロジー・トゥデー】
1967年創刊。米国の一般向け心理学専門月刊誌。

【エンドルフィンが出る】
脳内で分泌され、ある種快感・興奮状態のような感覚が生じること。ランナーズ・ハイの状態などがそのいい例。エンドルフィン効果と呼ばれる。

【ビクター・ボージ】
（1909～2000）デンマーク生まれのピアニストでありコメディアン。ブロードウェイで、ギネスブックに載るほど数多くのワンマンショーのステージをこなした。彼のステージはお得意のピアノ（一時はソロピアニストを目指したほどの腕前）を用いたコメディー・ショー。デンマークに生まれヨーロッパでデビューするが、ナチスをあてこすったステージをしたとしてマークされ、やむなく渡米。大人気を博する。

【ザ・ファー・サイド】
米国の新聞連載漫画。1979年にゲイリー・ラースンが連載を開始。ブラック・ユーモアで世界的な人気を誇る1コマ漫画。

精神の手入れをしよう

あなたの魂を揺り動かすものは何ですか？　名曲ですか？　それとも、名作？　映画を見て、泣いてしまった経験はありませんか？　それはあなたに何を語りかけてきたのでしょうか。

人を深く衝き動かすものは何でしょうか？　音楽を聞くこと、絵を描くこと、大自然の中に身を置くこと、それとも文章を書くこと？

私の言う魂とは「日常生活の下に深く埋もれた内面の自我」という意味です。内面的な自我こそがあなたの核心であり、そこにあなたの一番深い信念と価値が横たわっているのです。それが私たちの意志、意味、内なる平和の源泉なのです。人生の精神的な側面を磨くということは、じっくりと時間をかけて、内面的な自我をリニューアルし、覚醒させるという意味です。作家*パール・バックがこう書いています。

「内面の自我は私がたった一人で生きている場所であり、枯れることのない自分の泉をよみがえらせる場所です」

魂の栄養ってなんだろう？

ティーンの頃、私は日記を書くことやいい音楽を聴くこと、山の中でたった一人で過ごすことでエネルギーを取り戻していました。それが自分の精神をリニューアルする方法だったのですが、当時はそんなふうには考えていませんでした。その他に、励みになる金言・名句からも元気をもらっていました。たとえば、元農務長官の故エズラ・タフト・ベンソン*の言葉がそれです。

「神に自らの人生を委ねた男女は、神が、人間よりもはるかに多くのことを、私たちの生命から生み出されることを知るだろう。神は私たちの喜びを深め、視野を広げ、心をよみがえらせ、筋肉をたくましくし、気持ちを高め、恵みを倍加し、チャンスを増やし、平和をもたらすのだ」

魂は人間の生命のきわめてプライベートな部分です。当然ながら、魂の栄養補給にはいろいろな方法があります。ティーンが教えてくれたアイデアをいくつか紹介しましょう。

- 静かに自分を見つめる
- 他の人を手助けする
- 日記をつける
- 散歩に出る
- やる気を起こさせる本を読む
- 絵を描く
- 祈る
- 詩を書く、曲をつくる

【パール・バック】
（1892～1973）米国、ウエスト・バージニア州生まれ。両親は熱心なクリスチャンで、宣教師として中国へ渡り、その半生を中国で過ごす。『土の家』3部作（「大地」「息子たち」「分裂せる家」）と『霊肉の書』と言われる両親を描いた自伝的作品「闘う天使」「母の肖像」によりアメリカの女流作家として初のノーベル文学賞受賞。『大地』は世界的なベストセラーとなり、ピューリッツァー賞も受賞。たくましく、かつ繊細な彼女の作風の背景には両親の信仰と、東洋の伝統的精神、そして重度の知的障害を持つ子どもを育てた体験が生きている。晩年は東洋との対等な交流を目的とした社会活動にも熱心で日本にも訪れている。

【エズラ・タフト・ベンソン】
アイゼンハワー大統領の時代に農務長官を務めた人物。その後、ブリガム・ヤング大学学長を経て、末日聖徒イエス・キリスト教会大管長に就任した歴史家。

・深く考える
・気持ちが盛り上がる音楽を聴く
・楽器を演奏する
・信仰を実践する
・気のおけない友だちと話す
・自分の目標、自分のミッション・ステートメントを思い起こす

その中でも特にお勧めするのは次の二つです。

自然と触れ合う

自然には、他に比べようのない、何か魔法のような力があります。川、山、海辺から遠く離れた街中に住んでいたとしても、ちょっと足を運ぶことのできる公園はたいていあるでしょう。ライアンという男の子にインタビューしたとき、彼は崩壊寸前の家庭にいながら、大自然の持つ癒しの力を体験していました。

高校時代、うまくいかない時期があって、当時は何もかもが崩れていってしまうような気がしていた。あの川の入江を見つけたのは、そんなときだった。年老いた農夫の土地の裏手にある、ただの木

立の中の土手で、たいした景色じゃない。でも、そこがぼくの隠れ家になった。人も来ないし、声も聞こえない。美しいところだった。一泳ぎするだけで、自然と触れ合う安らぎを感じられたんだ。ストレスに押しつぶされそうになったときには、いつもそこに行っていた。自分の生命が正常に戻る気がした。

既成の宗教に道を求める人もいるけど、ぼくにはそれは無理だった。ぼくは宗教心を持っているし、その信仰に揺るぎはないんです。でも、起きて教会に行くのがつらいときもある。行けば、「幸せでいなさい。きっとうまくいく。ひたすら信じることです。何事も家族とともに解決なさい」とみんなが言うから。ぼくにはナンセンスとしか思えない。おいおい、家族なんて、いつもうまくいくとは限らないだろって。うちの家族はめちゃめちゃだった。

でも、川に来さえすれば、ぼくが裁かれることはない。あの場所は、何をしろとか言ったりしない。ただ、そこにあるだけだ。そこにある平和と静けさが、ぼくが物事に対処するのに必要だった。そこにいると、何もかもうまくいくという気持ちになれるんだ。

ティーンの最良の友「日記」

自然に触れるのと同じように、日記をつけることも、精神面の癒しに奇跡的な効果があります。日記は慰め、最良の友となり、喜怒哀楽、恐れ、恋、不安や途方に暮れる気持ちなど、自分自身を思いっきり表現できる唯一の場所となってくれるのです。日記には自分の心を吐き出すことができます。日記はただ、そこにいて耳を傾けてくれます。口答えもせず、あなたの陰口も言いません。ネットに投稿するブログは日記のようにプライベートなものではありませんが、自分自身を表現するよい手段になることもあります。整理しきれない思いを書き留めれば、気持ちがすっきりし、自信も出てきて自分を見つけることもできるでしょう。

日記は、さらに**自覚**というあなたのツールを強化してくれます。過去に書いたことを読み返して、自分がどれだけ成長したか、以前言っていたことがどんなにバカバカしくて幼稚だったか、誰かさんにどれだけ夢中になっていたか、なんてことを思い返すのは楽しいことです。ある若い女性は、古い日記を読み返すと、自分を虐待したボーイフレンドの所には絶対に戻りたくないと思うそうです。

日記をつけるのには正式なやり方はありません。思いつくままチケットの半券、ラブレターなど、思い出になるものを貼り込みましょう。私の古い日記は、下手くそな絵やいいかげんな詩がいっぱいで、奇妙な匂いまでします。

日記とは単に、自分の思いを紙に書きつけることに過ぎません。他の呼び方や形式もあります。アリソンは、自分にあてて書いた手紙を「聖なる箱」と名づけた特別な箱に入れて保存しています。カイヤは「感謝の本」を書き綴ることで、自分をリニューアルしています。

私は人生をもっとポジティブなものにしてくれる本を持っていて、それを「感謝の本」と呼んでいます。その本に、その日にあった私にとってうれしい出来事やいいことを書き留めるんです。この本のおかげで私の毎日は一新され、ものの見方が整理できるようになりました。嫌な出来事ではなく、いい出来事を見るようにしているからです。これは他の人がいいことも悪いことも含めて起きたことを全部書き留める日記とは違います。私は日記もつけていますが、この本とはまったく別物です。「感謝の本」には、好きな曲、好きな感触（兄の腕の中）、好きな声（母の笑い声）、好きな感覚（涼しい風）などのページがあります。その他に私は、たとえば「ブライアンが私の代わりにテーブルを片づけようと言ってくれた」とか「ジョンがわざわざ私にあいさつをしに来てくれた」とかいった小さな出来事も書き留めています。こういう出来事って気分を明るくしてくれるんです。私はこの本を読み返し、こうしたいい出来事を思い出します。すると嫌な出来事はみんなどこかへ消えてなくなってしまうんです。嫌な出来事は忘れてしまうので、それ以上影響されません。

私は他の人にも「感謝の本」をあげていますが、皆とても役に立ったと言います。それは「自分を幸せにできる人間は自分だけ。他の人にはできない」という私なりのメッセージなんです。

あなどれないメディアの影響力

もし何年間もソフトドリンクとチョコレートだけ食べ続けたら、その人はどうなってしまうでしょう。どんな様子、どんな気分になる？　おそらくひどい状態になっているでしょう。では、もし自分の魂に何年も続けてカスのようなものばかり与えていたら、結果はどうなるでしょうか？　人は食べ物によってつくられるだけではなく、何を聞き、読み、見るかによっても決まるのです。身体に摂り入れるものよりもっと重要なのは、何を魂に摂り入れるかです。

では、魂にとっての食べ物とは何でしょう？　あなたは自分の魂に栄養のある食べ物を補給していますか、それとも核廃棄物を放り込んでいますか？　一日にどのくらいの情報をメディアから取り入れているか意識したことはありますか？　メディアには、インターネットの動画やテレビ、ソーシャルメディア、インターネットの広告、本、雑誌、さらには町の看板も含まれます。

今日、「メディアから遮断された生活」を過ごすのは、たった一日でも不可能だと思われます。試してみれば、私の言う意味がわかるはずです。グーグルで検索もせず、雑誌も読まず、音楽も聴かず、テレビも見ない。そんなことは事実上不可能ですよね。私たちの今の社会はテクノロジーやポップカルチャーにあふれているので、ひどく疎外されたような気持ちになるかもしれません。

もし自分はメディアに影響されてなんかいないと思うなら、大好きな曲のこと、そしてその曲を聴くとどんな気分になるか考えてみてください。あるいは前に見た、上半身裸のモデルがもったいぶってスクリーンを横切っていく様子を思い浮かべてください。この間買ったシャンプーはどうですか。なぜ、それを買ったんですか？　おそらくテレビの三〇秒コマーシャルや雑誌の全面広告のせいではないでしょうか？　そして、一ページの広告でシャンプーを一本売ることができるとすれば、一本の映画、一冊の雑誌、一枚のCDはライフスタイルさえ売ることができる、そう思いませんか？

他のものと同じように、メディアにも明るい面と暗い面があります。だから、何を摂り入れるかは自分で選択する必要があるのです。

私にできる唯一のアドバイスです。自分の倫理観に従い、オリンピック選手が自分の身体にするように、自分の精神的な側面にも敬意を払ってほしい！　たとえばあなたが見たり聞いたりする映画や音楽が、あなたを落ち込ませたり、怒りや暗さ、暴力を感じさせたり、焦燥感をあおったとします。それはどういうことなのでしょうか？　たぶん、あなたはそんなクズのようなものを必要としていないんだというサインなのです。反対に、リラックスできたり、幸福感、インスピレーション、希望、平和が得られるなら、それを摂り続けましょう。あなたはそのうち、見るもの、聞くもの、読むものに、たえず「これを自分の一部にしたいだろうか」と問いかけるようになるはずです。

あなたがゆで蛙になる日「ポルノグラフィ」

ドラッグ、うわさ話、ショッピング、過食、ギャンブル――すべての中毒には共通の特徴があります。

中毒は――

- つかの間の快楽をもたらす。
- 人の生活の中心に居座る。
- 一時的に苦痛を和らげる。
- 自負心を持たせ、権力や支配力、安定感、親密感があるという錯覚に陥る。
- 逃れようとしている問題や感覚を悪化させる。

非常に実体がとらえにくく、危険な中毒の一つにポルノグラフィがあります。ポルノグラフィは今、どこででも手に入ります。こう言うとあなたは、何がポルノグラフィで何がポルノグラフィではないかはっきりさせろと言うかもしれません。でも、心の奥であなたもわかっているはずです。ポルノグラフィは甘美な感覚を一時与えてくれるかもしれませんが、徐々に人の繊細な感受性を鈍らせ、最後には良心という内なる声の息の根を止めてしまうのです。

「気楽に考えろよ、ショーン。ちょっと裸を見るくらい、なんの害にもならないよ」

困るのは、他の中毒と同じように、気づかないうちにポルノ中毒になってしまう点です。こんな蛙の話があります。蛙を煮えたぎった湯の中に入れると、すぐに飛び出します。ところが、生ぬるい湯に入れてゆっくり温度を上げていくと、飛び出さなければと思う前にゆで上がってしまうのです。ポルノグラフィにも同じことが言えます。今、目にしているものは、一年前にはショックを感じたかもしれないものです。でも、ゆっくりと温度が上げられたせいで、あなたは自分の倫理観がゆで上がってしまったのに気づかなかったのかもしれません！

ポルノグラフィを遠ざけ、拒否し、投げ捨てる勇気を持ちましょう。人間は、そんなものよりも優れているのです。

ある男の子が次のような話をしてくれました。

高校二年から三年の夏、ぼくはある建設会社で働いていました。ある日ぼくはボスに、現場に行って、監督にある件を確認してくれと頼まれました。

現場監督がオフィスにしている作業トレーラーに入ると、壁中にポルノ写真が貼られていました。しばらくの間、写真にすっかり気を取られてしまって、ぼくは自分が何をしにここに来たのか忘れてしまいました。もう興味シンシン。トレーラーを出てから、こういう写真はどこで買えばいいのかと考え始めました。売っている場所は簡単に見つかりました。

初めてポルノ写真を見たときは、まるで悪いことでもしているかのようにビクビクしていましたが、中毒になるのに、そんなに時間はかかりませんでした。他のこと——家族や仕事、睡眠——は何も考えられないくらい、心がむしばまれてしまったのです。自分が堕落した気がしました。

仕事の休憩時間に、ぼくたちはよく誰かの車に行って、雑誌を引っ張り出し、それを見て笑っては猥談しました。ポルノグラフィにすっかりハマってしまった人たちは、ただ見ているだけでは満足できなくなっていました。自分たちが寝た女のことを延々と話し、人生の他のことはまったく眼中にないようでした。彼らの会話は雑誌、映画、セックスに終始していました。

ある午後遅く、ぼくが働いていると、同僚の何人かが口笛を吹き、下品なヤジをとばすのが聞こえました。何の騒ぎかと目を上げると、ぼくの妹がちょうどフォルクスワーゲンから降りて、ぼくを探しているところでした。「あんな女とやりてえな」と誰かが言うのが聞こえました。ぼくは恐い顔で振り向いて、「黙れ！　あれはぼくの妹だ！」と言いました。

うんざりでした。ぼくは就業時間の少し前に職場を出て、一人でしばらく車を走らせました。無邪気にぼくを訪ねて来たのに、あんなふうに扱われて傷ついた妹の顔が頭にちらつきました。

翌日、職場に戻ったぼくは、男たちが雑誌を回し読みし始めると、立ち上がってその場から離れました。最初はかなりの勇気が必要でしたが、繰り返すうちに簡単になりました。会話が露骨で下品な方向にいくと、ぼくは立ち去って別の場所に行くようにしたのです。そんなものが面白いとはもう思えませんでした。彼らが誰かの姉や妹のことを話していることに気づいたからです。

第7の習慣

冗談じゃない、と言うけれど

この章の締めくくりに二つほど私の考えを言わせてください。私は以前、ラリッサという女の子と、自分を磨くことについて話していました。すると彼女から鋭いつっこみが入ったのです。

「冗談じゃないわよ、ショーン。そんな時間がある？　昼間は学校、放課後は部活、おまけに一晩中勉強しているのよ。大学に入るにはいい成績を取らなくちゃ。どうしろって言うの？　早目にベッドに入って寝て、翌日、数学の試験に落第しろって言うの？」

それでも、です。人生にはいろいろなときがあります。バランスのとれるとき、とれないとき。ろくろく眠れずに、一日、一週間、あるいは三ヵ月、自分の身体をぎりぎりまで酷使しなければならないときもあります。自動販売機で買ったジャンクフードで、飢えをしのぐしかないときもあるでしょう。それが現実の人生です。それでもやっぱり、リニューアルのときというのもあるのです。

長期間自分を酷使すると、考えがまとまらなくなり、怒りっぽくなり、バランスのとれたものの見方ができなくなるでしょう？　いい成績を取ったり、チームの代表に選ばれるために頑張っているのだから、身体のトレーニングや友だちとの交流、インスピレーションを得る時間はないという人は、自分で自分を追い込んでいるのです。自分を磨くための休憩時間は、すぐに効果を現すはずです。なぜなら、普段の生活に戻ったとき、あなたの感覚はもっとシャープになっているのですから。

あなたにもできる

あなたはもう、自分でも気づかないうちに、かなり自分を磨いているかもしれませんね。勉強に一心に打ち込んでいれば、知性が研ぎ澄まされます。スポーツやフィットネスに打ち込んでいれば、肉体の手入れになります。友情を育て、よい息子/娘/孫/兄弟姉妹でいれば、感情・情緒に栄養を与えられます。自分をいろいろな側面から同時に磨いている場合もあるでしょう。メラニーが乗馬の効果をこんなふうに表現してくれました。

馬に乗ることとは、肉体のトレーニングになった。馬に乗りながら深く考えをめぐらせることは、知性のトレーニングになった。そして自然に身を委ねることは、魂の栄養になった、と。そこで私は尋ねました。

「人間関係についてはどう？　乗馬はあなたの心をどんなふうに育んでくれたのかな？」

彼女は「馬と仲よしになれたわ」と答えました。そう、馬もやはり仲間ですね。

成り行きまかせでは自分は磨けません。それは時間管理のマトリックスの第Ⅱ領域の活動「**重要だが緊急ではない**」なので、主体的になり自ら行動しなければできないのです。一番いいのは、一五分でも三〇分でも、毎日自分を磨く時間をとることです。中には、毎日特定の時間、早朝、放課後、あるいは深夜一人になって考えたり、トレーニングしたりする人もいます。また、週末にそうした時間をとる人もいます。正しい方法は一つとは限りませんですから、自分に合った効果的な道を見つけてください。

エイブラハム・リンカーンは「八時間で一本の木を切り倒せと言われたらどうしますか？」と聞かれ

てこう答えました。

「最初の四時間を、のこぎりを磨くために当ててるね」

さて次は……？

次の章はきっと気に入ってもらえるはずですよ。とても短いからです。もうこの本はもう読み終えたも同然です。

最初の一歩

肉体のために

1. 朝ご飯を食べよう。

2. 今日からトレーニングを始め、30日間、計画どおり忠実にこなそう。ウォーキング、ダンス、水泳、自転車、スケートボード、ウェイトリフティングなど。本当に楽しめるものを選ぼう。

3. 悪い習慣を1週間断とう。アルコール、炭酸飲料、揚げ物、ドーナッツ、チョコレートなど、身体に悪そうなものは食べない。
1週間後、どんな気分か確かめる。

知性のために

4. 教育的価値の高いブログを読もう。

5. オンライン新聞を読もう。トップニュースと論説に特に注目しよう。

6. 今度デートするときには美術館に行くか、一度も入ったことのないエスニック料理店に行ってみよう。自分の視野を広げよう。

感情生活のために

7. たとえば母親や兄弟とか、家族の誰かと2人だけで外出してみよう。野球の観戦、ショッピング、映画を見るのもいい。

8. 今日から自分の「笑いのコレクション」をつくろう。笑えるイラストや動画をブックマークしてもいいし、傑作ジョークをコレクションするのもいい。ストレスを感じたときに、頼れるものができるはずだ。

魂と精神面のために

9. 今日の日没を見よう。あるいは早起きして日の出を見よう。

10. 日記をつけていない人は、今日からつけ始めよう。

11. 毎日、自分の1日を振り返る時間、瞑想する時間を持とう。自分に効果のあることをやろう。

THE SEVEN HABITS OF HIGHLY EFFECTIVE TEENS

Part 4 希望を持ち続けよう
——あなたも山を動かせる

何年か前、ジェシー・ジャクソン師*が民主党全国大会でこうスピーチしました。それは会場がわき立つ力強いメッセージでした。彼が使ったのはたった三語です。「keep hope alive! keep hope alive! KEEP HOPE ALIVE!（希望を持ち続けよう！）」

ジャクソン師はこの言葉をまるで永遠に続くかのように繰り返しました。会場は喝采でどよめきました。彼の言葉は真心を伝え、皆を励まし、希望を生み出したのです。

私がこの本を書いた理由も同じです。あなたに希望を持ってほしい！ **自分は変われる**、依存症からでも立ち直れる、大切な人間関係を修復することができるという希望を持ってください。悩みにも解決策が見つかる、自分の可能性を十分に伸ばすことができると信じましょう。家庭がめちゃくちゃでも、学校で落ちこぼれていても、仲よしがスマートフォンのゲームだけだとしても（しかも最近では、あまりメールが来ないとしても）、そんなことは何でもありません。希望の灯をともし続けるのです！

もしこの本を読み終えて、呆然としてしまい、何から手をつけていいかわからないなら、次のことをお勧めします。各章にざっと目を通し、基本的な考え方を知り、自分にこう質問してみるのです。

「毎日の生活が一番ハードなときに、どの習慣が役に立つだろう?」

そして二つか三つ選んで、それに取り組んでみてください（あまり夢中になって二〇も選ばないように）。それらを書き出して、時々読み直せる場所に貼っておきましょう。そうしておけば、プレッシャーをあまり感じずに、毎日、いい影響を受けられます。

ちょっとした小さな変化が驚くべき結果につながるはずです。だんだんに自信が出てきて、幸せを感じ、「自然に」ハイになり、目標は現実となり、人間関係はうまくいくようになり、安心感が出てくる——どれも一つのステップから始まるのです。

もし主体的になることや人間関係信頼口座など、ピンとくる習慣やアイデアがあったら、それを自分のものにする一番いい方法は、まだ記憶が新しいうちに、誰か他の人に教えることです。自分自身の体験と言葉で、人を導いてあげるのです。もしかしたら、その人はあなたの話に興味を持って、一緒にやってみたいと思うかもしれません。

もし自分が前進できない、力不足だと感じても、がっかりしないで。

航空機のフライトをイメージしてください。飛行機が離陸するときには、飛行計画を立てます。しかし飛行機はルートの途中で、風や雨、乱気流、航空交通量、人的ミス、その他の要因で、たえずコースから外れ続けています。事実、航空機は飛行時間の九〇%をコースから外れて飛んでいるのです。肝心なのは、パイロットが計器類を読んだり、

【ジェシー・ジャクソン】
1941 年生まれ。米国における黒人の地位向上運動の指導者。マーティン・ルーサー・キング牧師の後継ぎ的存在。1984 年民主党大統領候補指名の予備選に黒人として初めて出馬。7 月 17 日に行ったスピーチの「Keep hope alive!」という言葉は有名。1999 年にはユーゴスラビアで拘束された米軍兵士 3 名の釈放に尽力した。

管制塔にこまめに連絡したりすることで、小さなコース修正をたえず行っているということなのです。その結果、航空機は目的地に到着するのです。

たとえ飛行時間の九〇％は自分の飛行プランからそれていると感じたとしても、それが何だと言うのでしょう？　常に自分の飛行機に目を配り、たえず小さな修正を行い、希望の灯をともし続ければ、いつかきっと目的地に到着できます。

では、この本もこれでおしまいです。私と一緒に旅を続け、最後まで読み通してくださってありがとう。あなたに知ってほしいのは、私があなたの未来を心から信じていることです。あなたは偉大なことを成し遂げる運命にあるのです。どうか忘れないで。**あなたは成功に必要なものを、すべて持って生まれてきた**のです。他を探さなくてもいいのです。その力と光はあなた自身の中にあるのですから！

最後に私の大好きな、企業コンサルタント、ボブ・ムアワッドの言葉を引用します。ここにすべてが集約されています。ごきげんよう、さよなら！

座ったままでは、時という砂に足跡を刻むことはできない。
それに、誰だって時という砂に自分のしりもちの跡を残したいとは思わないよ。

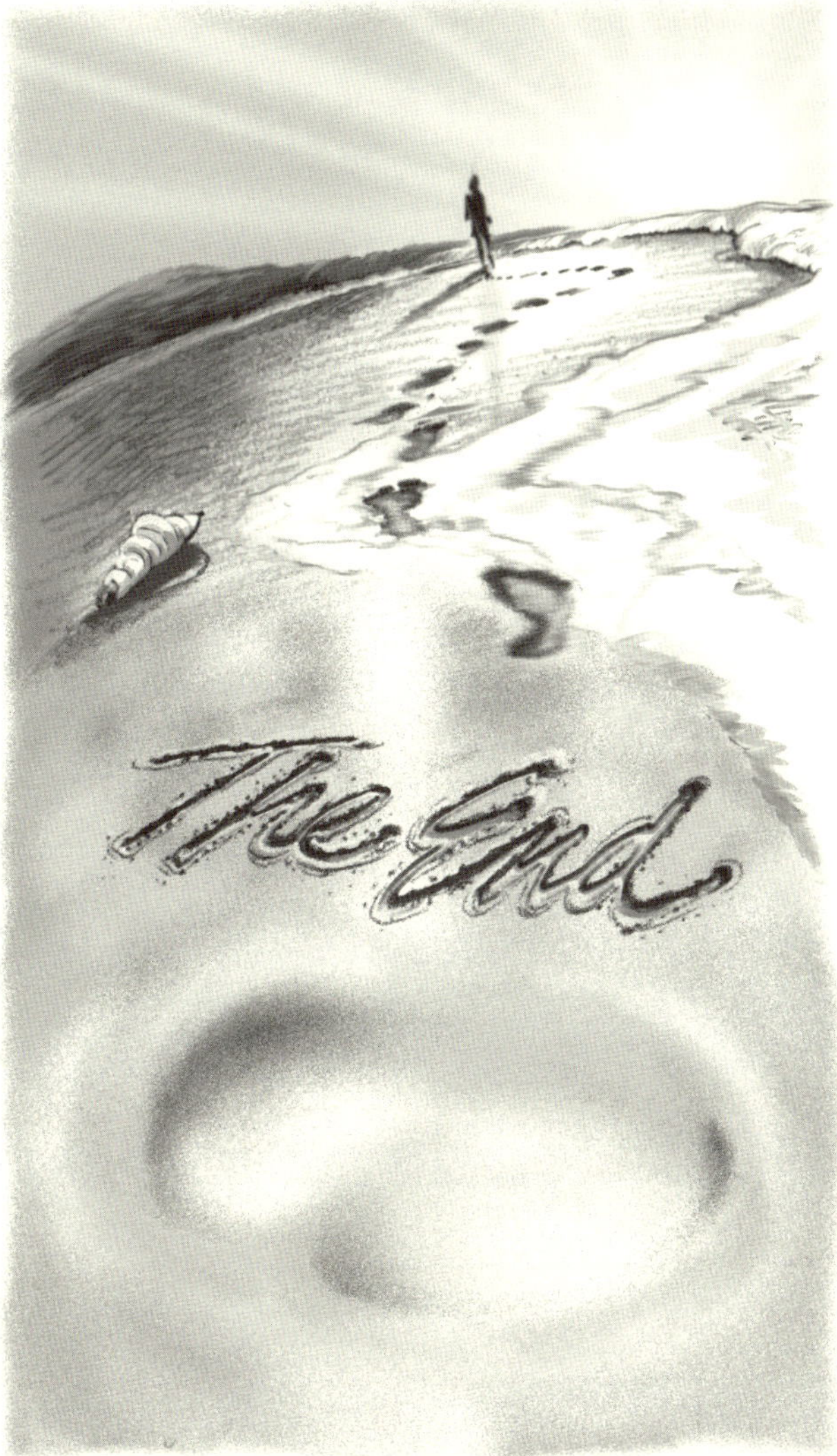
The End

THE SEVEN HABITS OF HIGHLY EFFECTIVE TEENS

Part 5

日本のティーンズ「7つの習慣」実践編

・チームメンバー全員が都立の志望校に合格！
・「7つの習慣J」でいろいろな考え方を学ぶことができました
・一人で生きる力を身につけたい…
・「7つの習慣」は人間形成の一つ。勉強が頭なら、「7つの習慣」は心を育てるもの

THE SEVEN HABITS OF HIGHLY EFFECTIVE TEENS

チームメンバー全員が都立の志望校に合格！

——ＩＴＴＯ個別指導学院　三軒茶屋校　チーム茶々々

受験勉強は、自分が勝ち他人が負けるというＷｉｎ・Ｌｏｓｅになりがちですが、ＩＴＴＯ個別指導学院三軒茶屋校に通う中学三年生八名は「チーム茶々々（チャチャチャ）」を結成して猛勉強し、チーム全員が満足するというＷｉｎ・Ｗｉｎの「全員志望校合格！」を成し遂げました。これは、チームメンバーが同校が授業に採り入れている授業コンテンツ*「７つの習慣Ｊ」を学び、実践した結果です。なお同校では、公立高校の受験生を対象に「７つの習慣Ｊ」を教え、チームで受験勉強に取り組んでいます。

チーム茶々々（男子三名、女子五名）では志望する都立高校全員合格に向けて、各人が委員長（まとめ役）、自習係（自習時間の管理）、勉チャレ係（宿題管理）、声かけ係（提出物のあるとき、事前に声をかける）、アンパンマン（係が休んだ際のサポート係）という役割を分担し、モチベーションを上げることで全員合格を成し遂げました。高校生になったばかりのチーム茶々々のメンバーである伊藤恵さん、永井美智子さん、箕輪麻央さん、鈴木美樹さん、山崎隆哉君、岡田和泉さんに（男子二名は欠席）、どのようにして全員合格を成し遂げたのか、そして全員合格をサポートした阿部信一先生にお話しをうかがいました。

◎チーム茶々の取り組み

「全員が志望校に合格するために、宿題二四〇〇枚、自習時間一二〇〇時間を達成する」

今日は高校生になったばかりの皆さんから、「全員志望校合格！」をどのように成し遂げたのかをうかがいたいと思います。もし一人で勉強していたらどうだったでしょうか？

阿部先生 都立受験講座では『7つの習慣J』のクラスがあり、理科・社会の時間の中で教えています。今日参加した六名は同じクラスであり、そのままチームを結成したのです。志望校全員合格という目標は塾で設定しますが、合格するための具体的な取り組みは生徒自身に任せています。

岡田さん 塾が三軒茶屋なので鈴木さんが「チーム茶々」はどうかと提案したら、全員納得して、チーム名が決まりました。私は勉強が嫌いで、自習なんてしたことありませんでした。ただ、チームのメンバーが自習に取り組んでいるところを見ると、自分も頑張ろうという気持ちが出てきました。

【7つの習慣J】
株式会社FCEエデュケーションが、全世界3,000万部、国内180万部のベストセラービジネス書『7つの習慣』をベースにして、日本の子どもたち向けに開発した授業コンテンツ。小学校4年生～大学生を対象とした本授業コンテンツは、「生きる力」「人間力」といった、「テストで点をとるためだけではない教育」の必要性が高まっている現代の日本において、多くの保護者様のニーズにマッチし注目を集めています。

伊藤さん　もしチームがなかったら、あんな勉強しなかったので志望校も上げていなかったと思います。チームで取り組むことで勉強時間が増えました。

永井さん　チームがなかったら、たぶん自習していなかったと思います。声かけ係もいるので自習するようになりました。

箕輪さん　塾に入るまでは、自習をほとんどしたことがありませんでした。チームがなければ、自分から進んで勉強していなかったと思います。

鈴木さん　もともと勉強は大嫌いでしたが、塾に来てから勉強する習慣ができて、チームで取り組むことで自ら勉強しようという意欲が出てきました。

山崎さん　入塾した四月からチームができるまでは、あまり勉強しませんでした。九月にチームが結成されてからは、積極的に勉強に取り組むようになりました。

岡田さん　自習一二〇〇時間を達成するにはチーム全員が頑張らなければならず、仲間に迷惑をかけないよう頑張りました。

◎チームで勉強したことで良かったことは何でしょうか？

鈴木さん　九月に入塾してすぐの授業で、チャレンジカップ*のことを初めて聞きました。内容がよくわからないままチャレンジカップにエントリーして、三つの目標（自習時間一二〇〇時間、勉チャレ二四〇〇枚、全員の平均偏差値が五八）を決めて取り組みました。一一月中旬くらいまではあまり勉強していませんでしたが、声かけ係に「自習時間が足りないよ」と声をかけられて危機感を感じました。それ以来、遊ばずに自習するようになりました。

永井さん　勉チャレというプリント教材は、合格点に達するまでやり直すことになり、自習時間内で合格した枚数がカウントされるので大変でしたが、皆で一緒に取り組むことでやり遂げることができました。

箕輪さん　問題を間違えてしまうと、自分のせいで成績が良い子の足を引っ張ってしまいます。また、委員長としてのプレッシャーもありました。委員長を続けることが不安だと親に話したら、「辛いなら相談した方がいい」と言われたのですが、途中で変わってもらうことは無責任だし、決めたことは最後までやり抜きたいと思い、二週間考えた結果、委員長を続けることにしました。一人でやっていると飽きてしまいますが、

> **【チャレンジカップ】**
> 一般社団法人日本チャレンジ教育協会が主催する、小学生～高校生を対象とした「自分で決めた目標に挑戦する」大会。大会にエントリーした子どもたちは、勉強であったり、スポーツであったり、地域貢献活動であったり、それぞれが挑戦したい分野で参加し、半年後の目標を決めることが全員の参加条件となる。

周りが頑張っているので頑張ることができました。

伊藤さん　目標設定の話し合いではあまり意見が出なかったのですが、委員長がまとめてくれました。チームで勉強したおかげで偏差値が二〇も上がり、志望校のランクを上げることができました。

阿部先生　岡田さんは責任感が強くて、誰よりも塾にいる時間が長く、毎日二二時頃までいて自習していました。それで、お腹が痛くなり胃に穴が空きそうになりましたので、ブレーキをかけたのです。岡田さんは、チームで頑張ったので精神的にだいぶ変わったと思います。

山崎さん　自分以外の男子二人の間にコミュニケーションがないことが、チームのまとまりを邪魔していました。そこで、自分が間に入ってコミュニケーションをとるようにし続けて、最終的には男子三人とも仲良くなれました。

◎7HJを学んだ中で役に立っていることはありますか？

鈴木さん　「第4の習慣　Win-Winを考える」が記憶に残っています。そういう考え方を知る前は、自分の集中力が切れると隣の人に声をかけていたのですが、そうすると相手が集中できなくなるので話しかけることをやめました。声をかけないことがWin-Winだと思ったのです。

伊藤さん

都立高校の受験対策講座があると知って入塾したのですが、夏休みまでは本気で勉強していませんでした。ただ、7HJを学んでいるうちに、自ら勉強方法を変えなければならないと考えるようになりました。また、7HJで受験当日の気持ちの切り替えが役に立ちました。国語で失敗しても数学に影響しないように、二〇分の休憩で気持ちを切り替えることができたからです。

永井さん

最初は意味があるのかなと思っていたのですが、一一月に志望校を決めてから、7HJが言っていることを実感しました。入る高校は人に決めてもらうのではなく、自分が決めることであることに気づき、それが第1の習慣だとわかったのです。自分から行きたいと思った高校だから、どうしても受かりたいと思いました。それと、「影響の輪」を覚えています。そのお陰で、関心ある事柄ではなく、自分の努力で変えられる事柄に集中することができました。

箕輪さん

もともと勉強する習慣がありませんでした。皆で目標や役割を決めて、勉強に取り組んだことで成長できたと感じることができました。それは家族から「頑張っているね」と言ってもらえるようになったことでも実感できました。今までは、具体的な目標は立てたことがありませんでした。最初は簡単そうに見えた目標ですが、とても大変でした。目標を達成するために、よく見ていたテレビドラマを見なくなりました。そのうち、ドラマに興味がなくなりました。7HJは勉強とは直接関係ないと思いますが、今後きっと役に立つと思います。

岡田さん　面接で高校に入ったら何をしたいかと聞かれたとき、看護師になるために一～二年で基礎を固め、三年で苦手な理系を克服したいと答えました。これは7HJの「第2の習慣の終わりを考えてから始める」に当てはまると思いました。終わりから考えることで、大学に行くために何をしたらいいのか三年間のスケジュールを考えことができるからです。

山崎さん　一一月に時間を四つの領域に分ける（時間管理のマトリックス）を頭に入れて、勉強以外のことをしないようにしました。ゲームは第Ⅳ領域、第Ⅰ領域は勉強と睡眠です。そのお陰でやり切ることができたと思います。

◎目標を達成したときの気持ちはどうでしたか。また志望校合格という目標を達成した今、新たな目標をどう考えていますか？

箕輪さん　今までは目標を立てても達成できませんでしたが、チームで立てた「全員が志望校に合格」という目標を達成することができて本当にうれしかったです。特に将来の夢は決まっていませんが、大学に行きたいと思います。

伊藤さん　自分だけでなく、全員が合格して本当にうれしかった。将来の夢は決まっていませんが、大学には行きたいと思います。今は高校生活に慣れるようにしたいと思い、軽音楽部かクッキング部に入ろうと考えています。

岡田さん　小さい頃から看護師になるのが夢です。今通っている高校には看護師を目指す先輩が多く、私も高校三年間のカリキュラムで国公立大を受けられるよう、目標を設定したいと思います。大学に行くと決めたからには、そのためにどういう勉強したらいいのか先生とも相談して計画を立て、三年間の過ごし方を考えています。

鈴木さん　将来、保育士になりたいので短大に行きます。ただ、高校の成績で一や二をとると推薦をもらえませんので頑張ります。勉強の先延ばしをやめ、高校受験で身についた勉強する習慣を続けたいと思います。

山崎さん　バスケット部に入ると週七日の練習があり、部活が終わるのが六時で、家に帰るのは七時半になります。やることが多くて忙しいですが、サボってしまうとやりたい勉強も部活もできなくなるので、塾にも行き学校の宿題もやって生活リズムをつくっていきたいと思います。

永井さん　将来は決まっていませんが、英語の勉強が楽しいので、英語を生かせるように予習復習をやりたいと思います。

阿部先生　今年のチームは、以前のチームと比べても圧倒的に頑張っていました。ですから、私たちも彼らを絶対に合格させなければならないというプレッシャーを相当感じていました。全員が合格することはわかっていましたが、今年は最後まで気が抜けませんでした。

◎あなたにとってチーム茶々とは何でしょうか？

山崎さん　一人で勉強するのは大変ですが、チームだとあらかじめ用意された場があり、そこに参加するだけで頑張れたと思います。また、わからないことを教え合うことができたこともよかったです。

伊藤さん　他の人たちも頑張っているので、私もやらなければならないという気持ちになります。一人でやるよりは勉強しやすいです。

永井さん　試験前日に、お互いの背中を押し合えたことがよかったと思います。

箕輪さん　他人が頑張っているのを見て、自分も頑張るという気持ちが強くなりました。また、チームで目標を決めることで皆頑張ることができました。

岡田さん　チームは同じ目標に向かっている仲間がいるという安心感がありました。

鈴木さん　同じ塾、同じ講座を受けているチームなので、同じ気持ちでいることができました。自分が崩れると、頑張っている仲間たちに迷惑をかけてしまうという意識が力となって、頑張ることができました。チームは私を支えてくれる柱でした。

阿部先生　受験は自分に克つことであり、仲間が大きな役割を果たします。皆のキャラクターは違いますが、チームで頑張ることによって大きな成果を上げることができました。特に、今回のインタビューの様子を見ていて、自信を持って話せるようになったことが成長したことを証明しています。皆、自分を乗り越えてきたんだと思います。

THE SEVEN HABITS OF HIGHLY EFFECTIVE TEENS

「7つの習慣J」でいろいろな考え方を学ぶことができました
――池田美佳さん（仮名）

筑波大学一年生の池田さんは、桜の聖母学院中学校二年生のときに「7つの習慣J」（以下7HJ）に出会ったことがきっかけで、チャレンジカップ二〇〇九に参加。V24というチームであいさつ運動にチャレンジして、見事チャレンジカップ二〇〇九の「優秀賞」に選ばれました。7HJで学んだことを生かし、将来は海外派遣の看護師になるべく勉学に励んでいます。

◎今でも役立っている「7つの習慣」

私の学校はカトリック系の学校ですが、「7つの習慣」は聞いたことがなかったので、最初こんな授業を受けてもいいのかと少し心配でした。中学二年生と高校一年生のときに7HJの授業を受け、合計二年間ぐらい学びました。中学生のときは遠藤校長先生（当時）に教えていただきました。

授業を受けてみると授業自体はとても面白くて、ためになる内容でしたので、人生論というか道徳のような感覚で受けるようになりました。

たとえば、制限時間内に腕相撲で勝った人は、勝った回数分の飴玉をもらえるというルールのゲームをしました。自分も対戦相手もたくさん飴玉がもらえるように、相手とパタパタパタパタと腕を倒し合って、勝った回数を増やしました。勝ち負けの概念を覆すやり取りだったので、とても面白かったです。

また、高校一年生のときには、ある問題を早く解けた人から出してくださいというゲームをして、みんなが一生懸命取り組んだのですが、実は最初の方がとても難しい問題で、最後の方がとても簡単な問題だったというひっかけがあり、「終わりを考えてから始める」ということの大切さを学びました。

あと、テキストに載っていた話では、バスケ部の女の子のエピソード、周りにパスを出し続けることで友だちとの関係が戻ったというＷｉｎ‐Ｗｉｎのお話が印象に残っています。

大学に入ってからも、７ＨＪの授業で習った言葉や考え方は結構使っています。「パラダイムシフト」とか「自信貯金箱」「犠牲者菌」「Ｗｉｎ‐Ｗｉｎ」とかです。７ＨＪで習った言葉は、大学に進学しても日常会話の中にも出てきてしまい、大学の友だちに「あ！　それパラダイム転換だね！」とか言ってしまうことがあります。友だちからは、「え!?　何それ？」って言われますが、そんなときは「あぁ、見方や視点を変えてみることを言うんだけど……。そうか、７ＨＪを習ってないから、知らないのだな」と気づきます。

◎Win-Winを意識して取り組む

特にWin-Winについては、考えを口には出さずとも、意識したり、取り組んだりするようになりました。たとえば、大学に入ってからは、周囲と協力してレポートを作成したり、課題を分担して協力することで三時間かかる所を一時間半くらいで仕上げたりしています。

時間短縮になるだけではなく、一人の視点ではなくみんなで議論を重ねるので、三人寄れば文殊の知恵というか、内容も深まっている気がします。これは、Win-WinというよりシナジーかもしれませんWが、皆でWin-Winを考えながら大学生活を送っています。

ただ、自分も反省しているのですが、受験のときは、周囲に勝って合格するという考えに無意識のうちに陥ってしまったこともありました。

大学生活はとても楽しいですが、少しキツイところもあります。一年生だと実習がなくて、座学ばかりなので、レポートが多くて一週間に六つ書いたりしているからです。レポートは、「人間環境論」「人間関係論」「基礎看護学概論」という学問で、昔の偉人のお話や考えから、現在を考察したり、ケア（看護）の本質を考える内容です。高校生の時には、仕事の本質を知らないままに道を選択してしまうので、やっぱり大学で勉強しておかなくてはいけないと思います。

◎大学生活は時間管理が大変

大学での時間割は、金曜日以外は授業が一八時まであります。そのうえ、月・水・土は授業後にバドミントンサークルの練習があるので帰宅は二二～二三時くらいになります。ですから、レポートが多い週は泣いています。睡眠時間が三時間ぐらいになってしまったり、徹夜をしたこともありました。

友だち同士でレポートの内容を分担して作業したり、お昼ご飯を食べながら、議論したり、グループワークを進めたり効率を考えてします。また、授業やサークルが終わった後に、情報管理室にこもって集中して、レポートを作成したりもしています。

◎チャレンジカップの経験は今に活きている

チャレンジカップやグランプリ決定戦での経験は、私にとってとても大きい経験でした。当時はバレー部に入っていて、部活で大きな声を出せるようにあいさつ運動をするというチャレンジでしたが、おかげで人に対してあいさつすることへの抵抗はなくなりました。

未だに大学でも「ごきげんよう」ってあいさつしてしまうほどです。講義後に教授に向かって「ごきげんよう」ってあいさつしてしまったり……。どこのお嬢様だろう⁉という感じで受け取られているようです。一番大きかったのは、あいさつ運動をコツコツ続けることで、自分に自信貯金が貯まったことです。

チャレンジカップはいろいろなことに影響はありましたが、わかりやすいところでは、高校のときに取り組んでいたボランティアの募金活動で大きな声で呼びかけできたことです。自分に自信が貯まったからできたことですが、あいさつ運動で毎日大きな声を出すことに抵抗がなくなったことも大きかったです。

高校生になってから社会貢献に興味があったので、ボランティアができるインターアクト部という部に所属して、赤い羽根募金とかあしなが募金とか、花の種を配るボランティアなどを行いました。後は仙台の仮設住宅に行ったりもしました。ロータリークラブの方々に主催していただいたセミナーにも参加しました。

◎国際看護師を目指す

私の父は医師をしていて、社会貢献は父の影響があるかもしれません。私は父をとても尊敬していますが、父が目標としているのが赤ひげのお医者さんなんです。赤ひげのお医者さんの話を父から聞いて、私も人から必要とされる存在になりたいと思ったのがきっかけです。まずは、自分にできるところから始めてみようと思い、ボランティアや社会貢献に関心を持ちました。

社会に貢献することや人のために働きたいという気持ちがありましたので、将来は海外派遣の看護師になりたいと思っています。筑波大学への進学を決めたのも、国際的な面での学びが深められると思ったからでした。

筑波大学は留学生も多く、四つもキャンパスがあるので、たくさんの人たちと関わることができるのが魅力だと思いました。国際看護師になるにはいろいろな人との関わりが大切になってくると思います。また、一年次から初修外国語（第二外国語）の選択肢が豊富にあることが筑波大学を志望した決め手でした。海外派遣されるときに、植民地の名残なのか、南アフリカの方はフランス語を母国語にしている国が多いので、フランス語を習得しておくと役に立つだろうということで第二外国語に決めました。

ただ、世界の人口では中国語かスペイン語が多いので、中国語かスペイン語でもいいかなという想いもあったのですが、必修の授業と時間がかぶってしまうところもあり今回はフランス語にしました。

◎懐が深く頼りになる看護師に

父を尊敬しており、私も自分も人から必要とされる人になりたいという気持ちがありましたので、看護師になりたいと思うようになりました。

父は医師なのですが、小さい頃は医師の仕事内容を把握していませんでした。しかし、中学生、高校生になるにつれて医師という仕事のリスクの大きさや延命治療や脳死のような正解のない問題を抱えていることも知って、医師すごいと思うようになりました。

そういう父の姿を見ていたので、私も医療に関わってみたいという想いを持つようになりました。いろいろな視点から考えられる、一つのことにとらわれない、懐の深い、頼りになる看護師になりたいと思います。

また、高校のある授業でマザー・テレサのドキュメンタリー番組を観たことがあります。異国の地まで赴いて、他人のためにひたむきに取り組む姿にとても感銘を受けました。自己満足かもしれませんが、私もマザー・テレサのようになりたいな思いました。

ただ、看護師になってしまうと、その立場から患者さんに接することになります。しかし、患者さんの気持ちを理解できてこそ本当の意味でのケアだと思うので、患者さんの気持ちを理解する視点を失いたくないと思い、いろいろな気持ちや視点や立場を理解できる看護師になりたいと考えています。

◎人生観を教えてくれた「7つの習慣」

最初は7ＨＪの授業は変わっていると思っていましたが、今は受けてよかったと思います。いろいろな考え方を学ぶことができたからです。中・高の頃の考え方は一つの視点しかなかったと思いますが、7ＨＪの授業は他の見方や考え方を教えてくれる授業だったので、すごくよかったと思います。

たとえば、苦手だと感じる人でも、見方を変えると良い部分が見られたりして、いろんな人と先入観を持たずに接することができるようになりました。見方を変えることができると、自分の行動や態度も変えることができるので大事なことだと思います。しかし、こういう考え方を持てるようになったのに、実践することは時間がかかった気がします。

中・高では一九人のクラスで六年間いたので、大学でいろいろな方と接する機会に恵まれて初めて見方を変えて接することを実践できました。看護師になって、いろいろな患者さんと接する機会があると思うので対応の幅を広げるためにも、本当にためになったと思います。

7ＨＪを簡単に言うと道徳のようなもので、哲学まではいかないけれど人生観を教えてもらうものだと思います。生き方とか、人と人との対応の仕方、いかに自分と他者との関係をよいものにするか、という教えのダイジェスト版という感じです。当たり前すぎてみんななかなか気づかないことですが、とても大切なことです。

『追跡Ｖｏｌ１』（二〇一三年一一月）の記事をアレンジして掲載

THE SEVEN HABITS OF HIGHLY EFFECTIVE TEENS

一人で生きる力を身につけたい……

――横田理恵さん（仮名）

小学生だった横田さんは、第一回チャレンジカップ二〇〇八の初代グランプリを受賞した「J町田チャレンジャーズ」の一員として、「カンボジアに募金をするためのバザーの開催と地域のごみ拾い」というチャレンジを行いました。それから六年、高校三年生になった横田さんからチャレンジカップ事務局に一通の手紙が届きました。そこには、チャレンジカップがきっかけで大きく成長したことが綴られていました。

◎チャレンジカップのきっかけはディズニーランド

手紙を出したのは特に何かあったわけではなく、以前から一度感謝を伝えたいと思っていたからです。そう思いながら過ごしていて、ふとチャレンジカップについて検索してみたら、今も続いているということを知って手紙を送りました。

第一回目のチャレンジカップの初代グランプリをいただいたのは、私が小学六年生のときでした。今高校三年生になったので、もう六年前になります。チャレンジカップを始めるきっかけは「みんなでディズニーランドに行けるかもしれないからやってみよう」ということでした。先生に「賞に選ばれたら、ディズニーランドに行けるよ」って乗せられたんです。最初はそんな楽しい感じでした。

チャレンジもメンバーの一人がカンボジアに一〇円給食というのがあるというのを見つけてきて、募金をしようという話になりました。そこで、カンボジアの子どもたちを助けるためにどうやったらお金を集められるかという計画を立て、バザーしようという話になりました。最初はバザーだけだったのですが、もう一人の男の子が「ゴミ拾いもしよう」って言い出して、両方やることになったのです。

◎メンバーの交通事故で本気モードに

チャレンジ期間中にチームメンバーの一人が交通事故にあってしまいました。命は無事でしたが、ケガをしました。そこまでは、比較的、能天気にやっていたように思います。その事故を受けて、チャレンジカップをやめるか、続けるかという議論をしたのですが、そこで「みんなでやる」って選択をしたんです。そこから、本気になれたと思います。先生はもうやめようって言っていたのですが。

チャレンジカップを経験して、すごく大きく変わったと思います。昔は人見知りでした。自分の意見を言ったり、話しかけたりするような人ではありませんでした。J町田チャレンジャーズで活動し始めたときも、ほとんど発言をしなかったし、皆に流されてやっているような感じでした。

特に男子と話をするのが苦手でした。女の子が二人いて、その二人が男子と話をしてくれるからいいだろうと思っていたからです。私の意見を代弁してくれるし……。でも、あの事故があって女の子が減ってしまい、私も意見を求められることも多くなってきました。

そこで、ある日、勇気を出して自分の意見を言ってみました。そうしたら周りが「おお、いいね！」って言ってくれたんです。「理恵の意見は的確だよね」って褒めてくれてのが、すごいうれしいと思ったのです。そこから、意見を言うことが少しずつですけど、怖くなくなってきました。

◎チャレンジカップに出て苦手意識が消えた

チャレンジカップに出てからは、意見を言う苦手意識もなくなりました。今はアルバイトを頑張っていて、リーダーも任されています。理由は経験が一番長かったからですが……。アルバイトのメンバーには年配の方も多いので、そういう方にも注意をしないといけないのですが、きちんと伝えられるようになりました。

自分よりの年上の六〇歳ぐらいの方もおられるので気は遣いますが、相手が嫌な気持ちにならないように、まずは感謝を伝えてから言うようにしています。「こういうところがとても助かります。あと、ちょっとここの仕事をもっとこうしてほしいです」という具合です。最近は「おいしくない」とか「あの店員の対応が悪いとか」というクレーム対応をすることも多くなりました。

今アルバイトをやって、学費、携帯代や食費、生活費も自分で出しています。実は、ちょっと複雑な家庭環境で、今は母と一緒に暮らしていないのです。母は病気で、父もいないので、今はおばさんの家にお世話になっています。アルバイトは社会勉強になっていると思います。年上の方と話をするのは楽しいし、自分もいろいろなことを学べるので、とてもよい経験になっています。

◎将来は人に役に立つ看護師に

将来は看護師になりたいと思っています。実は、一緒に住んでいるおばさんが看護師をやっていています。でも、つい半年ぐらいまでは絶対に看護師だけは嫌だと思っていたんです。おばさんは夜勤があって大変そうだし、採血も嫌だし、絶対に看護師にはならないと思っていたからです。

でも、学校の職業体験で、看護師や作業療法士、理学療法士、技能士などの実習を受けたことがありました。私が配属されたのは、終末期の人が入る病棟で、身体を動かせない人や話せない人もたくさんおられました。

身体を拭かせていただいたりしたのですが、今年の春まで生きられるかわからないと言われて……。そういう経験をして、最期を看取れる人ってすごいと思ったのです。それで、看護師って素晴らしい職業だと思いました。もともと人のお世話をする仕事に就きたいと思ったのは、チャレンジカップがきっかけだったんです！

チャレンジカップでの活動を通して、私は人を世話するのが好きだと思ったのです。バザーとか清掃というボランティアもそうですが、チームメンバーに何かしてあげるのが楽しいと感じていました。と言っても困っていたら話を聴くとか、それぐらいしかできなかったのですが。

でも、そういう経験を通して、私はお世話するのが好きなんだと思いました。それが、ずっと心の中にありましたので、そういう道に進みたいと考えていました。世話好きでないと看護なんてできませんから。

つい最近のことですが、頑張って介護ヘルパー二級の資格を取りました。看護をするのに、介護って避けて通れない道だと思うからです。介護は看護の基礎だと思います。もちろん注射を打ったり、悪い病気を治すのが、医師や看護師の仕事だと思いますが、それ以上に身の回りのお世話をしっかりケアできる看護師になりたいと思っています。

そういう経験を早くから積んでおこうと思ってヘルパー(の資格)を取りました。あと、うちのおばあちゃんがデイサービスに行ったりしているので、そこにお手伝いをさせてもらったりしました。

◎役に立っている「7つの習慣」

今でも「7つの習慣」は大変役立っています。当時、先生からはよく「Ｗｉｎ-Ｗｉｎを考えなさい」と言われていていました。あなたがいいと思っていることも、他人はそうじゃないかもしれない。だから、お互いにいいと思う方法を考えなさいって言われていました。そういうこともあり、本当に他人のことを考えられるようになったと思います。

思いやりというか、自分でも本当に人の意見を聴くようになりました。自分の意見を言えるようになったり、他人の意見を聴けるようになったというのが一番大きな変化です。

あと、先生からは「自分の人生は自分で決めないといけない」とよく言われていました。先生はあなたの人生にアドバイスをしたり、話を聴いたりはできるけど、決めるのはあなただからというのもよく言われました。

◎「7つの習慣」は私の原点

今、看護師を目指しているのも、「一人でも生きていく力を身につけたい」という気持ちがあるからです。おばさんは私の憧れの人です。母は病気で、今は一緒に住めないのですが、おばさんは母の面倒もみてくれています。

病院でもそういう方たちと関わっており、家でも母の看病があり、おばさんには申し訳ないなと思っているのですが、（そんなおばさんの姿を見て）ああいう人になりたいと思います。

7HJや「チャレンジカップ」が大きな経験になっており、友だちにも「チャレンジカップっていう大会で優勝したんだ」とか「この大会で最初に優勝したのが私なんだよ～」とか自慢しています。

実は、高校の推薦入試のときもプレゼンテーションがあり、自分がやってきたことを三分間でアピールするという課題でした。たとえば、ダンスで優勝したことがあるとかです。

そこで、私は、チャレンジカップでの取り組みを大きな紙にまとめて、三分間プレゼンテーションを行いました。いろいろ振り返ってみて、私が誇れるものは、やはりこれだと思ったからです。だから、プレゼンの材料に選びました。

7HJもチャレンジカップも本当にやってよかったと思っています。今まで、自分の家庭環境の複雑さに「どうして自分だけこんな目に合うのだろう」とか「もう嫌だな」とか、家庭のことで悩んだりしたこともありました。でも、今はこういう家庭環境に生まれてよかったと思います。

辛さや苦しさをわかったらからこそ、同じような人の気持ちもわかってあげられるというか、人に優しくなれるのではないかと思います。そういう痛みをわかっていれば、看護師になったときにも活かせると、今は素直に思えるのです。

今でも7HJを読み返します。ぱらぱらと読み返すぐらいですが、こんなことが書いてあったとか、先生はこんなこと言っていたとか思い出します。私の「原点」だと思います。自分がこの道に進もうと思ったのもこれがきっかけだし、自分の性格がわかったのもこれがきっかけでした。J町田チャレンジャーズというチームだったからこそ、みんなで協力し合えたし、たくさん喧嘩もしたし、でもそこからチームワークが生まれたと思います。

7HJやチャレンジカップをするまでは、人の役に立ちたいとかお世話をしたいと思ったことがありませんでした。しかし、こうした経験を通じて、人と関わることが楽しいと思えたのです。これがなかったら、看護師を目指していなかったと思います。人生の方向性が見えたし、自分も大きく変わることができたから、「7つの習慣」は私の原点だと思います。

『追跡Vol9』(二〇一三年七月)の記事をアレンジして掲載

THE SEVEN HABITS OF HIGHLY EFFECTIVE TEENS

「7つの習慣」は人間形成の一つ。勉強が頭なら、「7つの習慣」は心を育てるもの

――矢原侑真君

早稲田大学三年生になった矢原君は、岡山学芸館高等学校にて一年生の一年間「7つの習慣J」（以下7HJ）を学びました。今は早稲田大学教育学部で、勉強やサークル活動などに励んでいます。矢原君は、勉強が頭を育てるものであれば、「7つの習慣」は心を育てるものだと考えています。

◎半信半疑だった「7つの習慣J」

入学式のときにすでに7HJの説明会があり、スライドなどを用いてこんな授業をやりますよというのを説明してくれました。その説明を聞いて「へぇ、こんな授業があるんだ。楽しそうだな」と思いました。普段の生活にも役立ちそうだなといったよい印象を持ったからです。それから、母親からも「キミには絶対に必要要だよ」と言われたことからも興味を引かれました。

僕は「勉強」があまり好きじゃないので、7HJは勉強ではないという点と、将来に役立ちそうだな

という点で興味がありました。しかし、実際に受けてみると「こんなこともやるのか〜」「これ、本当に役に立つのかな〜」と感じました。

学んでいる間は、あくまでベースづくりというか、英語でいうとひたすら英単語を覚えているような感覚に似ていて、「これ、本当に意味あるのかな〜」と思いました。最初は半信半疑でした。

◎計画できないことに気づき「7つの習慣」の大切さを知る

学んでいる間、「そんなの当り前じゃん…」とか「基本的なことでしょ」と思っているのですが、ふと自分が意外とできていないことに気づくんです。僕の場合は、テストの計画を立てるというところでした。できていない自分に気づいてから、やっぱり「7つの習慣」って大切だというのがわかり、授業の受け方も変わりました。

たとえば、僕は高校時代に生徒会長をやっていましたが、生徒会ではよく書類をつくったりします。本当なら、書類をつくるのは自分でやったほうが速い。でも、それだと組織でやっている意味がないよと思い、お願いをする訳です。そのとき、僕も満足のいく書類をつくってもらって、相手もやってよかったと思ってもらうには、どうすればいいのだろうと考えました。Ｗｉｎ‐Ｗｉｎということです。

また、僕が二年生のときに和太鼓部ができました。校長先生がずっとつくりたかった部活です。僕は小さい頃から和太鼓を習っていたので、「僕もやりたい」と言ったら、先生から「これが入りたいと言っている人のリストだから、本当にやる気があるか聞いて回ってこい」と言われて、一人ひとりに意見を聞いて回って、そこから二年間部長をさせてもらいました。

和太鼓部では僕以外は初心者ばかりでしたので、何から始めればいいのかと思うこともありましたが、「いつが発表会だから、いつまでにこれをやって、その次はいつまでにこれをやって」というふうに、逆算をして計画を立てたりと、「7つの習慣」はかなり役立ちました。

授業の中で、こんなふうに学んだというのは実はあまり覚えていませんが、実践という形でできたので、頭に残っているのだと思います。勉強に例えると、覚えた単語は使わないと意味がないというのと同じで、(「7つの習慣」も) せっかく学んだことだから使わないと意味がありません。

◎部活で「7つの習慣」を実践

実際に使ってみることで、学びもありました。和太鼓部では、僕一人が経験者で、あとのメンバーは全員初心者だったということもあり、発表会に対していつまで何をやるかという逆算は僕がしていました。でも、メンバーは練習しないのです。僕としては、「発表会がいつと決まっているのに、なんで練習しないの？　下手なのに、なんで練習しないの？　発表会に出してもらうだけでもありがたいと思えよ」みたいに思っていました。

最初は一時停止ボタンを押して言い方とか気を付けていましたが、だんだん考えられなくなって、バーッと言ってしまい、僕と三年生五人ぐらいで対立してしまった時期がありました。

こちらの言い分としては「お前ら、下手なんだから練習しろよ！」向こうの言い分としては、「こっちはやったことがないんだよ、お前、俺らの立場に立ってみろよ」ということです。でも、そう言われて、確かに向こうの立場に立っていなかったことに気づきました。

僕の場合は小さいころから和太鼓をやっていたので、基本から叩き込まれて、次に曲を覚えて、ようやく発表できるようになってという順序がありましたが、相手からするといきなり発表会がいつだって言われ、まずは基礎固めだと言われて……。それで、「向こうはそういうふうに感じていたんだな」と気づきました。

僕は、たぶん「自分の中だけ逆算」をしていたのです。僕としては、これをやったらいけるという計画を立てていたのですが、やったことのない人たちの気持ちや状況を全然考えていなかったと、反省しました。

その後、その中で一番もめたメンバーとも最後にはわかりあえて、そこから彼が支えになってくれました。僕が生徒会長と部活の両立ができたのもその彼の支えがあったからです。今は彼とは本当の親友です。高校時代は思い返すと本当に濃かったです。

◎生徒会長とクラブ活動を最後まで両立

二年生から和太鼓部の部長をやり、生徒会長をやってという生活になり、とても自分の能力では、勉強までこなせないという状況になってしまいました。三年生にあがるときに進路の先生に呼ばれて、「キミは勉強したいの？　それとも、生徒会したいの？」という質問をされるほどでした。

でも、自分としては、最後の最後まで生徒会をやりたいという気持ちが強かったのです。自分でやるといって手をあげたものだし、やるといったのに「やっぱ、ゴメン。自分、勉強したいから、他の人やって……」ということは絶対にやりたくなかったのです。やると言ったなら、最後まで自分が責任を持ってやり抜こうと決めました。

そんなとき、一つ上の先輩が自己推薦で早稲田大学に受かったという話を聞きました。それを聞いて、「これだ！」と思いました。「最後まで生徒会も和太鼓もやる！」と覚悟を決めてからは、国公立ではなくて、自己推薦で早稲田大学に行こうと考えるようになりました。

でもそのときは、大学を落ちたら、浪人をさせてもらって、きちんと勉強をしようと考えていました。もし浪人することになったら、次は勉強に集中をして、絶対に大学に行くという自信がありました。

ちなみに早稲田大学教育学部にしたのは、当時、僕は農業をやりたいと思っていたからです。学校の課外学習で、タイの貧しい地域に行ったことがきっかけでしたが、そこで親から暴力を受けているにもかかわらず、笑顔で僕らを出迎えてくれる子どもたちに衝撃を受けました。そういう貧困にあえぐ子どもたちにとって一番大切なのは「食べること」です。そこで農業を学んで、そういう子どもたちのためになることがしたいと思ったのです。

◎大きな石を入れ直す

今は早稲田大学の放送研究会のアナウンス部に入っています。農業をやりたいと思って大学に入ったのですが、いろいろな経験を通してアナウンサーという仕事に魅力を感じるようになったからです。

ただ、大学二年生の頃からちょっと変わってきました。実は、僕は「特撮」が大好きなんです。毎日、「特撮」の録画を繰り返し見るほどです。サークルの先輩が特撮関係の仕事をされていて、仕事のお話を聞かせていただく機会がります。正直、うらやましいな、できるならこんな生活をしたいと思いました。

三年になり、自分が今本当にやりたいのはアナウンサーなのかと、アナウンス部を続けようか悩みました。本気でアナウンサーになりたくて、サークルに残るなら意味はありますが、違うなら無理にそこに所属するよりは、もっと新鮮味のある活動を今からでもやったほうがいいと思いました。

後輩の合宿に参加をしたときに、後輩たちが「侑真さん、侑真さん」となついてきてくれて、それが本当にうれしくて、僕らが先輩から教えてもらったことを、今度は後輩たちに伝えたいなって思いました。それで、サークルには残ることに決めました。

しかし、高校時代は、「貧しい国の子たちのために何かをしたい」という気持ちがあり、僕は人のために何かをしたいと考えるようになりました。人が笑顔になって、その後の人生の中で支えになるようなことに関わりたいと。そういうものを社会に提供して、誰かが笑顔になるような仕事がしたいと思ったのです。そう考えると、アナウンサーという職業って違うと考えるようになりました。

7HJの授業でバケツに大きな石と小さな石を入れるという演習を受けました。今、思うのは、あれは入れるだけではなくて、一度出してみて、この大きな石が本当に自分に合っているのか確認することも大事だということです。

悩んでいるときとか、ある一定の時期とかにガラっと石を出してして、「今の自分自にとって何が大切だろう」というのを考えてみる。それを一カ月ごとにやるだけでも、大きな石が変わってくると思います。それを考え直して、入れ直すことが大事だということに気づきました。

◎心を育てる「7つの習慣」

「7つの習慣」を中学生、高校生から学ぶというのは、僕は人間形成の一つだと思っています。勉強が頭を育てるものであれば、「7つの習慣」は心を育てるものだと思います。

だから、「7つの習慣」を活かす、活かさないというよりは、それを実践し続けることが大事で、意識せずともできるようになることだと思うのです。そして、7HJはそういうことが当たり前にできるように、あえて中学、高校から学んでいるのだと思います。人格のそのものになっていくような感覚であり、それは人の基盤ということになると思います。

たとえば、Win-Winを考えるも、つき詰めると「相手に思いやりを持つ」ということになると思います。これは、日本人として当り前のことです。ですから、「7つの習慣」は人としての基盤、心を育てるものだと思います。日本人が昔から大事にしてきた心というものを取り戻すためのベースだと思います。

今は大学生になって、本当にいろんな人に触れるようになりました。でも、高校で習った「7つの習慣」を大学の友だちとかは自然にできているんです。ですから、本当にやっていてよかったなぁと思いました。7HJを学ぶまでは、我が強いというか、ワガママなところがあったので、「7つの習慣」で本当に自分が変われたと思っています。

中学生から高校と、ちょっとずつ自分の考え方とか中身が変わってくる過程で触れられたものなので、これからの自分の伸び代を考えるとさらに重要なものになってくると思っています。

『追跡Vol5』(二〇一二年一一月)の記事をアレンジして掲載

ショーンがすすめる25冊

◎古典的名作を読みたい人は

『若草物語』ルイザ・メイ・オルコット著／吉田勝江訳〈角川書店〉
『オズの魔法使い』ライマン・フランク・ボーム著／佐藤高子訳〈早川書房〉
『ハックルベリ・フィンの冒険』マーク・トウェイン著／大久保博訳〈角川書店〉
『指輪物語』J・R・R・トールキン著／瀬田貞二、田中明子訳〈評論社〉
『赤毛のアン』ルーシー・モード・モンゴメリ著／掛川恭子訳〈講談社〉
『ライオンと魔女　ナルニア国ものがたり』C・S・ルイス著／瀬田貞二訳〈岩波書店〉
『動物農場』ジョージ・オーウェル著／高畠文夫訳〈角川書店〉
『アンネの日記』アンネ・フランク著／深町真理子訳〈文藝春秋〉
『子鹿物語』マージョリー・キンナン・ローリングズ原著／小林純一文〈世界文化社〉
『さいはての島へ―ゲド戦記3』
　アーシュラ・K・ル・グウィン著／清水真砂子訳〈岩波書店〉
『ハツカネズミと人間』ジョン・スタインベック著／大浦暁生訳〈新潮社〉
『地上最強の商人』オグ・マンディーノ著／無能唱元訳〈日本経営合理化協会〉

◎もう少し最近の作品を読みたい人は

『父さんの犬サウンダー』W・H・アームストロング著／曽田和子訳〈岩波書店〉
『青いイルカの島』スコット・オデル著／藤原英司訳〈理論社〉
『夜』エリ・ヴィーゼル著／村上光彦訳〈みすず書房〉
『ヒロシマ』ジョン・ハーシー著／石川欣一、谷本清訳〈法政大学出版局〉
『ウルティマ、ぼくに大地の教えを』ルドルフォ・アナヤ著／金原瑞人訳〈草思社〉
『オーブンの中のオウム』ヴィクター・マルティネス著／さくまゆみこ訳〈講談社〉
『めぐりめぐる月』シャロン・クリーチ著／もきかずこ訳〈講談社〉
『ふくろうが私の名を呼ぶ』マーガレット・クレイヴン著／片岡義男訳〈角川書店〉
『母の色は水の色―12人の子を育てた母の秘密』
　ジェイムズ・マクブライド著／長野きよみ訳〈早川書房〉
『ワトソン一家に天使がやってくるとき』
　クリストファー・ポール・カーティス著／唐沢則幸訳〈くもん出版〉

◎自分探しをしたい人は

『魔法の糸―こころが豊かになる世界の寓話・説話・逸話100選』
　ウィリアム・J・ベネット編著／大地舜訳〈実務教育出版〉
『こころのチキンスープ9　もうすぐ大人になるあなたへ』
　ジャック・キャンフィールド、マーク・V・ハンセン、キンバリー・カーバーガー編著／吉田利子訳〈ダイヤモンド社〉
『生きるためのレッスン25―母から息子への手紙』
　マリアン・W・エーデルマン著／下村満子訳〈新潮社〉

フランクリン・コヴィー社について

フランクリン・コヴィー社は、戦略実行、顧客ロイヤルティ、リーダーシップ、個人の効果性の分野において、コンサルティングおよびトレーニング・サービスを提供するグローバル・カンパニーです。顧客には、米国の『フォーチュン』誌が指定する最優良企業上位一〇〇社のうち九〇社、同じく五〇〇社の四分の三以上が名を連ねるほか、多数の中小企業や政府機関、教育機関も含まれています。フランクリン・コヴィー社は、世界四六都市に展開するオフィスを通して、一四七カ国でプロフェッショナル・サービスを提供しております。

トレーニング提供分野：

- 7つの習慣
- リーダーシップ
- タイム・マネジメント
- 実行
- コミュニケーション
- プロジェクト・マネジメント
- キャリア
- セールス・パフォーマンス

詳しくは、弊社Ｗｅｂサイト（www.franklincovey.co.jp）をご覧ください。

ショーン・コヴィーについて

作家、講演者、イノベーター、ビジネスエグゼクティブとして活躍。フランクリン・コヴィー社において、イノベーション、国際的パートナーシップ、教育イニシアチブの分野を率いている。ブリガム・ヤング大学で英語の学位を取得し優等で卒業、その後ハーバード・ビジネス・スクールでMBAを取得。世界20カ国語に翻訳され販売部数500万部以上を記録するベストセラー『7つの習慣 ティーンズ』を含め著書多数。

リニューアル版
7つの習慣 ティーンズ

2014年5月31日　初版第1刷発行

著　者　　ショーン・コヴィー
訳　者　　フランクリン・コヴィー・ジャパン株式会社
発行者　　竹村富士徳
発行所　　キングベアー出版
　　　　　〒102-0075　東京都千代田区三番町5-7　精糖会館7階
　　　　　電話：03-3264-7403（代表）
　　　　　URL：http://www.franklincovey.co.jp/
印刷・製本　大日本印刷株式会社
ISBN978-4-86394-028-4